易经的处变学

易经应该这样用

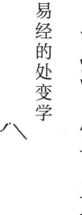

吴 怡

著

团结出版社

图书在版编目（CIP）数据

易经应该这样用 / 吴怡著.—北京：团结出版社, 2020.8
ISBN 978-7-5126-7834-7

Ⅰ.①易… Ⅱ.①吴… Ⅲ.①《周易》—研究 Ⅳ.①B221.5

中国版本图书馆CIP数据核字（2020）第059715号

出　版：团结出版社
　　　　（北京市东城区东皇城根南街84号 邮编：100006）
电　话：（010）65228880　65244790（出版社）
　　　　（010）65238766　85113874　65133603（发行部）
　　　　（010）65133603（邮购）
网　址：http://www.tjpress.com
E-mail：65244790@163.com（出版社）
　　　　fx65133603@163.com（发行部邮购）
经　销：全国新华书店
印　装：北京天宇万达印刷有限公司

开　本：145×210毫米　1/32
印　张：16
字　数：344千字
版　次：2020年8月第1版
印　次：2020年8月第1次印刷

书　号：978-7-5126-7834-7
定　价：68.00元

前　言

扫一扫，
进入课程

二〇〇九年间，唐荣明博士曾邀我到北京，在他所创设的领导力培训班，讲解中国传统哲学的领导学。唐君在美国整体学研究院和我有同事之谊，他教管理学，我教中国哲学。后来他又随我修习第二个博士，专攻中国哲学。他对领导力的培训，是通过了他的管理学专才，这是一个新的研究和应用的领域。领导学在今天的商业界又是一个非常时髦的学科。而我是研究中国传统哲学的，去讲领导学，似乎有点不搭调，我当时在课堂上问学生的意见，他们都异口同声地说"好"，接着我半开玩笑地说："我教你们老庄与禅学，一个讲'无为'，一个讲'无心'，那么我只有讲无领导的领导学了。"

二〇一一年，我从山东大学国际易学会议回途，到北京时，荣明邀我在他的领导力培训班做了一次"如何解读易经"的公开演讲。与会听众的问题很多，会后荣明约我会见作家林锋先生，林君一再和我谈起写一本《易经》与领导学的书，我当时并没有回应。因为我对目前坊间所有领导学的著作一无所阅，而《易经》又是三千年前的占卜之书，把两者拉在一起，好像是在赶时髦。可是回到美国后，我仔细地想这个问题，中国传统的哲学都是讲圣人之治，落实来说，就是帝王之学。《尚书》如此，《老子》如此，《易经》"十翼"也是如此；《论语》纵然是孔子和学生的对话，但孔子训练学生，也都是为了辅助君王治理国家。那么用现代的话来说，岂不就是领导学吗？所不同的是，古代的圣人或帝王之学，是以德性为基础，以"治国平天下"为目标，今日的领导学，以管理学为方法，重在人事或商业问题。如果我们把古代的圣人或帝王之学，用在今日的领导学上，也许可以提升领导学的品质与功能。这一想法的转变，使我突然产生了兴趣和动力，在《易经》和领导学上去作新的探讨。

这一尝试，我一方面扣紧原始《易经》占卜的精神，避免了后代易学上有关象数及预测等的神秘性，而采取了道家和儒家易学的无为及德性修养；另一方面，着重《易经》原有的应变和自修两个特质，把领导别人转入领导自己。我在《易经》上所讲的领导学，就是先领导自己，再去求应变。

领导自己，虽然是一个新名词，但却具有传统哲学自修的意义。试看，我们的心意识不正像一个王国或大公司吗？意识中的七情六欲所衍生出来的，不知有多少的麻烦之事。佛学中说有尘沙般多的烦恼，中国俗话也说三千烦恼丝。我们如果对自己心意识中的这些亲近的眷属和跟班都不能摆平，都无法领导，又如何能应付员工，领导别人？

在本书的撰写上，每一卦，除了语译和解义之外，加上领导学一项。在领导学中，我把每一卦分作三部分，初爻和二爻讲德性和学识的"自修"，三爻、四爻和上爻讲"应变"，第五爻讲领导者的自处。在"应变"和"自处"方面，我尽量根据占卜的原有规则来分析，而避免作文字的枯燥考据及义理的烦长引证。我受儒道两家思想的影响，也不可避免地吸取了前人的智慧，但我所引用的，都尽量简要、易懂，可以配合了《易经》爻辞来运用。

在"自修"的德性方面，我个人不仅受传统中国儒道两家的影响，也深受佛家禅宗的感染，也很自然地掺有这三方面的思想。就《易经》占卜的原始面貌来说，如果是文王演易，他又哪里会想到后来儒家的德行、道家的修养，甚至禅宗的功夫？在这方面，我自然地，也当然地，会越出《易经》占卜的素朴色彩。但我觉得在德行的自修上，就现代人来说，是越多元越好。为了应变，应今日之变，我们必须"日新又新"，有新的德行思维和实践方法，来应付复杂的现象和变化快速的社会问题。

在这样一个框架中，使我在某些方面，大胆地做了一些新的探讨，譬如：

（1）乾卦九五的"飞龙在天"，一般都把"天"当作天空解，不加深解，而本书为了自修与应变，却把"天"演释为天道，而提出七种意义。同样在坤六五，强调学习地道，也分析了地道的七种性能。

（2）履卦九五卦的"夬履，贞厉"。本爻九五中正，为刚毅果决，这是正面的意思；可是刚愎自用，"清官杀人"（《老残游记》语），又是负面意思。历来注释仅就一面来说，不是刚毅就是刚愎。但在自处上，本书又试着从《老子》《中庸》思想中提供了四点方法，使我们能刚毅果决，而不流于刚愎自用。

以上只是一些例子而已。本书是一个新的尝试。本来是准备以"《易经》和领导学"的书名问世，可是当我写完了之后，发现《易经》本是帝王之学，可是这词又太封建了；它也是圣人之学，这词又太高标了。至于"领导学"一词，不仅西方有他们的领导学，而这个词在国内又太通俗，通俗得人人都想做别人的领导。所以为了符合《易经》应变的精神，最后我又改为"易经的处变学"，把书中的"领导学"一节的标题改为"处变学"，内容仍然包括自修、应变和自处三部分。虽然文中谈到很多领导者运用的问题，但人人都是自己的领导者，人人都在处变之中，所以领导学只是处变学的一部分而已。本书成稿匆匆，疏漏之处，尚望有兴趣的朋友，不吝指教为幸。

　　本书由"领导学"改名为"处变学"，内人方俶曾提供很多建议。随我至美国三十余年的学生劳嘉建君在公务繁忙之余，为本书画图及做编订，幼媳杨淑雯把我的手写稿转为电子版本。他们为本书付出的一片真诚令人感动，使本书得以提早问世，在此一并致谢。

目录

六十四卦

占卜概要

一、卦爻辞通例

这些通例是我们解读易卦文辞最早的根据。可见之于《系辞下传》九章。

1. 爻位的特性

这是指每一卦的六爻各有它们特殊的性能与作用，如：

（1）初爻，潜。

（2）二爻，多誉。

（3）三爻，多凶。

（4）四爻，多惧。

（5）五爻，多有功。

（6）上爻，危。

2. 当位与不当位

初爻、三爻、五爻，设定为阳位。二爻、四爻、上爻，设定为阴位。占得一卦，初爻，或三爻，或五爻，如为阳爻，则位当，否则位不当。二爻，或四爻，或上爻，如为阴爻，则位当，否则位不当。位当可能有正面意义，位不当也许多负面意义。

3. 相应与不相应

初爻与四爻为一对，二爻与五爻为一对，三爻与上爻为一对。在每一对中，如一阴一阳则相应；如两者皆阴或皆阳，则不应。相应则多有正面意义，不相应则多负面意义。

4. 内外卦

下面三爻为内卦，上面三爻为外卦。内卦在内，主思想、主家庭等；外卦在外，主行为、主朝廷等。

5. 三才

每一卦可裁为三份，最下两爻是地之位，当中两爻是人之位，最上两爻是天之位。

6. 二五两爻

每一卦的二爻和五爻往往都是一卦的主角。二爻代表君子，指修德。五爻代表君主，指功业。

7. 乘

"乘"字在爻辞中出现过，它的作用是指邻近相贴的二爻，如果上面是阳爻，下面是阴爻，就乘得正，即合作得宜。最好的例子是九五之阳与六四之阴，君臣相辅相成。如果上面是阴，下面是阳，则有蒙羞之象。

8. 比

《易经》有比卦。比也指两爻相邻，正好和前面之"乘"相反。如下是阴上是阳，就下面的阴爻来说，比得好，有辅弼之意，否则相反。

用以上的通例读爻辞，并非百分之百准确，因为爻辞判断，需要好几个规则放在一起来看，而且还要参照该卦本身的意义。

9. 特殊卦的主爻

另外还有一个条例，不在最早的"十翼"中，而是后来魏晋时期的王弼所创的。如在一卦中，只有一阳，其他为五阴，此一阳为该卦的主爻。同样只有一阴，其余为五阳，此一阴为该卦主爻。由于此条例简单而合理，可以解释很多爻辞，所以本书采纳。

至于后代易学研究者又发明了许多条例，错综复杂，不如原始《易经》之朴素，有时不免刻意在卦内求象太过，所以本书不备载，希望留给读者多点思考的空间。

二、蓍草占卜之法（参见朱熹《易学启蒙》）

蓍草虽传说是通灵之草，但用于占卜，只是取其易得，茎硬直，易于操作，如手边无蓍草，用其他物品替代也可。在占卜时有四点值得注意：

（1）切忌急功近利。

（2）应无成见而求。

（3）心神合一以臻最高艺术宗教之境。

（4）玩其占。《系辞上传》第二章："君子动则观其变，而玩其占。"

1. 选五十株蓍草，或其他五十种相同之物，如铜板、棋子等。现在为了方便，以及下面的图表易于表达，所以就以棋子为例，方便说明。首先把五十颗棋子合在一起，抽出一颗放在一边，在操作时，永远不动用它。这一颗象征太极，所以不动。如图一。

2. 把所剩四十九颗再任意分成两部分。如图二。

3. 在右边一堆中，取出一颗，放在左边空位上。如图三。

4. 在左边一堆中，以四数为一批，一批一批数至最后一批，可能剩一颗，或二颗、或三颗、或四颗。把所剩一，或二、或三、或四，放在左边空间，在图三的一颗之下。如图四。

5. 再从右边一堆中，照样以四数为一批，一批一批，数至最后一批，可能剩一颗，或二颗、或三颗、或四颗。把所剩的一颗，或二颗、或三颗、或四颗，放在左边的同一空间，在图四之下。如图五。把这三次所放之棋子加起来，即图三、图四、图五加起来，不是九颗就是五颗才算正确，否则一定算错。然后把这九颗或五颗放在一边不动。

6. 接着把剩下的左右两堆合起来，再任意分开成两堆。如图六。

7. 再依前面，按3、4、5的方法再演一次。如图七。左边空间三次加起来的数目，不是八颗就是四颗才算正确。

8. 然后再把所剩的两堆合起来，再任意分开。接着再依前面，按3、4、5的方法，再演一次。如图八。得到左边三次加起来的数目，不是八颗就是四颗才算正确。

9. 再把所剩两堆合起来，以4除之，必得四个数目：即9（老阳，画成▬），或8（少阴，画成▬▬），或7（少阳，画成▬），或6（老阴画成▬▬）。于是就得出一卦中六爻的初爻。须从下向上画。

10. 照以前的方法，再做五次，即得六爻，成一卦，称本卦。

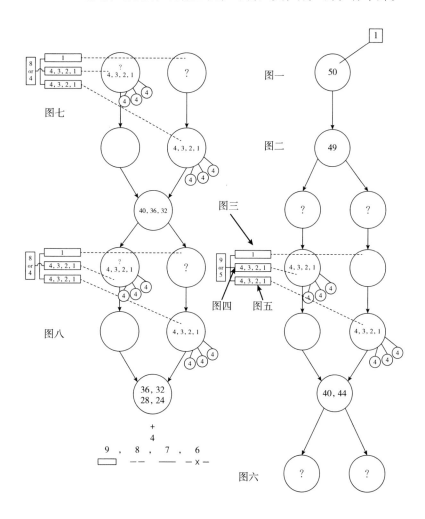

图一　图二　图三　图四　图五　图六　图七　图八

11. 在本卦中，凡老阳（9）须变成少阴（8），即 ▬ 变成 ▬▬ ；老阴（6）须变成少阳，即 ▬▬ 变成 ▬ ，其余各爻少阳少阴不动，于是便得出第二个卦。变卦得到两卦之后，再依照下面读爻之规则，即可以知道自己所占的问题是在哪一爻或二爻，或卦辞之上了。

三、易占读爻位之规则（参见朱熹《易学启蒙》）

1. 一爻变：读本卦之该变动的爻。

2. 二爻变：读本卦之该变动的两爻，以上面一爻为主。

3. 三爻变：读该两卦之卦辞。

4. 四爻变：读变卦之该两不变之爻，以下面一爻为主。

5. 五爻变：读该变卦之不变的一爻。

6. 六爻变：

（1）读本卦为乾卦之用九（本卦为乾，变为变卦之坤）。

（2）读本卦为坤卦之用六（本卦为坤，变为变卦之乾）。

（3）读变卦之卦辞。

7. 六爻皆不变：只有一个本卦，读本卦之卦辞。

四、卦爻辞中几个重要的术语

1. 元、亨、利、贞：这是乾卦的四德，也是《易经》全书的四德；在本书解义和处变上，都各有诠释，现仅就其简要处予以说明。

（1）元：善之始——固本培元——气——精神。

（2）亨：意之通——体天知人——知——智慧。

（3）利：物之和——物我兼利——行——行为。

（4）贞：性之正——正道自持——德——德性。

2.吉与凶：事之结果——可以趋避。

3.咎：外来的责备——在于不自取。

4.悔：心之懊恼——（1）后悔；（2）悔改，可以悔悟。

5.吝：意之羞耻——（1）羞愧；（2）知耻。

6.厉：境之危险——（1）可克服；（2）有磨砺作用。

7.灾：外之灾害，力求避免。

8.眚：己之偏见，须不自是、不自见。

9.艰：知之警觉，知所警惕。

10.九：在每一卦的六根爻前，有"九"字是指该爻为阳爻，因九是老阳，会变，《易经》讲变，所以用"九"字指阳爻。

11.六：在每一卦的六根爻前，有"六"字是指该爻为阴爻，因六是老阴，会变，《易经》讲变，所以用"六"字指阴爻。

12.八卦：这是八个基本的三画卦，即乾☰、坤☷、震☳、巽☴、坎☵、离☲、艮☶、兑☱。由这八卦再重叠而为六十四卦。这八卦各有象征，在《易经说卦》一文中已有介绍，此处仅简举本书常用到的，如：

乾：天、父、健、刚、首。

坤：地、母、顺、柔、腹。

震：雷、长男、动、起、足。

巽：风、长女、伏、卑、股。

坎：水、中男、陷、险、耳。

离：火、中女、明、丽、目。

艮：山、少男、止、制、手。

兑：泽、少女、悦、安、口。

六十四卦

䷀ 乾 一

扫一扫，
进入课程

乾。元、亨、利、贞。

初九：潜龙勿用。

九二：见龙在田，利见大人。

九三：君子终日乾乾，夕惕若厉，无咎。

九四：或跃在渊，无咎。

九五：飞龙在天，利见大人。

上九：亢龙有悔。

用九：见群龙无首，吉。

一、语译

乾。元其始善，主亨通，重利之和，坚守贞固。

阳在初爻：深潜的龙，不宜于有用。

阳在二爻：龙现在地上，能见大人则有利。

阳在三爻：君子终日处于两个乾阳之间，需要在夜间警惕自己，好像面临危机，则没有咎患。

阳在四爻：或者能从深渊中跃出，就没有咎患。

阳在五爻：飞龙翱翔在天上，能见大人则有利。

阳在上爻：过高的龙，会有悔事。

阳爻之用：现出群龙没有首领，吉。

二、解义

1.这六根阳爻是由八卦中的两个乾卦重叠而成，是纯阳之气。就"乾"的形象来看，该字的左边是象征日在树林中，右边是象征气的向上升。所以乾是象征纯阳之气的上升。乾卦象征天道、阳刚、生生不息。

2.卦辞"元、亨、利、贞"四字，是描写这一卦的总纲。这四字在占卜的原始《易经》中，常解"元"为"大"，"亨"为"祭"，"利"为有利，"贞"为"占"，即大祭、利占的意思。可是在孔子及其门人所作的"十翼"的《系辞传》中，把"元"解为"善之长"，"亨"解为"嘉之会"，"利"解为"义之和"，"贞"解为"事之干"。这样一来，即把占卜的"易"，转变为义理的"易"，而影响了此后二千五百年来中国人的思维。在这四字中，"元"，象人之首，有始和大两义。始和大表面上有矛盾，因为始时必微、必小，何以有大？本书的解读是"始"中具有变"大"的因子，这是万物变化的必然。"亨"字象祭祀之形，祭之大者为祭天地，祭天祭地必出于诚，这是天人上下沟通之诚。"利"是阴阳相合，万物化生之利，所以是利人利物之利。"贞"是象鼎之形，是代表重和定的意思，也代表处事的正道、为人的正性。这四字在其他的各卦爻中，"元""亨""利"是原则性的，所以都是正面的，都是好的意思。只有"贞"字在各卦爻中，有正负的不同，这是因为"贞"需要就各爻之位来看。贞是信念，坚持原则，由于爻位的阳阴相应关系，所以"贞"是处在实际情形中的，它的运用是有条件的，有时需要坚持，有时却要变通。

3. 初九：本爻当位，与九四不应。潜龙是指"位"而言，是刚开始时，如把六爻分成天地人的三才，初九、九二属地，初九在地下，自然是"潜"，这个"潜"字，并非退隐如道家人物，而是指深潜于地下或水中，是指潜修德行的意思。"龙"是纯阳之气的象征，在全部《易经》中，"龙"字出现在乾卦中四次，是指纯阳之爻，在坤卦中出现一次，还是指的乾卦的纯阳之龙。"勿用"是因时而说的，在占卜的意义来说，是指这个位置上，虽然是阳爻在阳位，可动，但初九与九四都是阳爻，不相应，还是不动、不用为宜，这是实践语。但从深一层来解义，在潜修德行时，不要想到"用"，因为急功近利之用，会自限了德行本身的意义，这时的"勿用"相当于老子的"无为"。"无为"并非不为，而是"无不为"的功夫。同样"勿用"也是一种功夫语。不是要我们放弃"用"，也不是要我们只求"用"，而是建议我们在潜修德行时，专心于德行本身。这才是真正潜修、为学的功夫。

4. 九二：本爻位不当，与九五不相应。"见龙在田"，是指的位在第二爻，也是在地面上，本爻是阴位，却是阳爻，所以位有不当，且九二、九五皆阳爻，不能相应，而有所不足。"利见大人"，并非说在这一爻上就能有利，而是条件语，是指如能见"大人"则有利。"大人"两字就占卜来说，二五相应，是指的九五这一爻。因为九五是阳爻在阳位，而且第五爻，一向视为君位，正好又是阳刚中正，所以二爻上的臣子，如遇中正的明君则有利。在第二爻上，多半象征臣子、君子或人民，而爻象的意义，多半着重在修养德行上。如与第一爻的潜修比较，第一爻的修养在潜，也就是内心的修养，而第二爻在地上，也就是指道德修养着重在人际关系上。同时"大人"两字除了象征明君外，也代表领导、主管，以及教师、原则等等。

5.九三：本爻位当，与上九不应。"君子终日乾乾"是指"位"而言，九三在内卦三阳爻之上，是位处阳刚之盛，而面临的又是三根乾阳，所以本爻处阳刚极盛之中，且又面临内卦转向外卦，所以"夕惕若厉"。"厉"是指险象，是由外面产生的，这是指内外转变的鸿沟。"夕惕"是深夜的警惕。"夕"是代表阴气，照理说应该来自阴爻，可是本卦各爻全阳，何来阴气？可见这个"夕"字有深意。因为九三与上九都是双阳，不能相应，九三在阳位，本来当位，但需要阴气相应，所以说一个"夕"，要我们深夜警惕，则可以无咎。这个"咎"字第一次出现，此后在爻辞中经常用到，它比"吉""凶"两字还重要。"咎"是指外来的责难和过患。"咎"字常出现在该爻上，指该爻象本有麻烦，如果照爻辞的教训去做，则可以"无咎"。这两字正对应了孔子所说"加我数年，五十以学易，则可以无大过矣"（《论语·述而》），"无大过"，即"无咎"的意思。在这爻上，也可以看出孔子读《易》的心得，以及用《易》的原则了。

6.九四：本爻位不当，与初九不应。"或跃在渊"是指"位"而言。"或"是疑虑和可否之辞，这是描述从内卦到了外卦之初的心情。虽然"或"有进退之意，但退不是退入内卦，因为易理是由下爻一直向上进的，"退"的真意乃是退居本位，不宜躁进，目的仍然是向上进，只是稍有考虑而已。"在渊"是指在它的位上，当然是指第四爻。这个"渊"字有不同的象征，可指从内卦到外卦的这条鸿沟，也可指内卦的三根阳爻。就"鸿沟"来说，这一爻刚跳过了鸿沟，在鸿沟之上，便有戒慎恐惧的心情，只能向上跃，不能再回头。如果就下面的三爻来说，这一爻在三个阳爻之上。三个阳爻代表纯阳之气的积累，由"潜""见大人""夕惕"的进德修业，正是第四爻向上跃进的动力和资粮。所以说"无咎"。"咎"是由于本爻是在阴位，却是阳爻，且和初爻同为双阳，不能相应，因此有咎；但如果有跃进的精神，以及"在渊"的基础，就能"无咎"了。

7. 九五：本爻位当，与九二不应。"飞龙在天"是指位而言。第五爻是在天位，所以说"飞"，说"天"。本爻在阳位中，是阳刚中正，可惜与九二爻同阳，不能相应，所以有不足。"利见大人"便成为条件句，即能遇见"大人"则有利。这里的"大人"，按五二相应来说是指九二，按君臣相辅来说可指九四。但九二、九四皆为阳爻，与九五不能相应，所以为条件句，能见大人则利。

8. 上九：本爻位不当，与九三不应。"亢龙"是指位的过高。"亢"有高和骄两义。上九为六根阳爻的最高处，是阳刚过盛，本为阴位，可是却为阳所占，所以有悔之象。"悔"在爻辞中有两义：一是事后的悔，一是事前的知悔。知有悔而不致后悔，才是《易经》"悔"的真正作用。《易经》最上一爻处高危，都有险象，而《系辞传》说"易知"，就是知悔的作用，可以避免危险。

9. 用九："见群龙无首"是说全卦六爻的总结教训。"群龙"

是指六爻，"无首"是指"龙"的无首。"龙"如何能无首？这是象征各龙的不亢首傲视，而能潜藏于密，和谐相处。在《易经》中只有乾卦有用九，坤卦有用六。这是因为这两卦都是纯阳和纯阴。"用九"，就是九之用，也是阳爻之用。"群龙无首"是指把这六爻合成一爻，以说明阳爻在其他各卦中的运用。"无首"也正是谦虚之意。阳爻的性质是刚强，而在运用上，却以谦柔为用，才能与阴爻相和合。"吉"是判断语，是随前面的语句而判断，并非对该爻的判断。如"群龙无首"，则吉；相反的，"群龙有首"，则就不吉了。

三、处变学

这里的处变学，就《易经》的爻位来看，可分为三部分：一是"自修"，以初爻、二爻为主；二是"应变"，以三爻、四爻、上爻为主；三是处变者的"自处"，以第五爻为主。

（一）自修

1. 初九：这里的自修分德和业两项。初爻的自修以德性为主。"德"字加一个"性"字，可见德性以性为体，与一般的道德不同。在儒家的德性中，最能具有此种特质的就是一个"诚"字。为什么？有以下两个理由。

（1）这初爻无论是阳是阴，都是进入了相对性的现象界，因为六十四卦的六个爻都是位，都是属于现象界的，而在初爻之前，却在阴阳之前，一片空阔。宋儒要我们观未画卦，或未画一爻之前的气象，其实这就是天道的气象。《中庸》上所谓的"诚者，天之道也"，是"不勉而中，不思而得，从容中道，圣人也"。这个"不勉""不思"，也正对应了《系辞传》第十章的"易，无思也，无为也，寂然不动"。所以"诚"正可以作为这一爻通透天道的性德。

（2）在六十四卦的卦爻辞中，虽然没有这个"诚"字，但却有一个作诚信解的"孚"字，而且有中孚一卦也正是代表内心的诚之德。孔子读《易》，强调"不占而已矣"。如果我们在画卦之前，便修此诚德，无论进入哪一卦，都能如《中庸》所论"至诚不息""至诚如神""至诚能化"，无论占与不占，都能一以贯之。

然而要如何潜修这个诚德，儒家的功夫很多，择要而说，可归纳为两个要点：

（1）闲邪。《文言传》说："闲邪存其诚"，这句话宋儒程颐解释得很好："闲邪则诚自存，不是外面捉一诚，将来存着。"也就是说，"诚"不是外在的一个道德行为，而是内心不受外在邪念进入的一种纯净的心性。禅宗六祖慧能在《坛经》一开始便说："菩提自性本来清净。"尽管禅宗和儒家的修养有很大的不同，但这个"诚"的性体和菩提自性，在邪念不入不生的纯净境界时是一致的。

（2）勿用。这两字是由初爻"潜龙勿用"而来的。"勿用"的深一层意义前面已说过，是不要想到"用"，不要为了"用"，因为一念想到"用"便把真正的修养"利用"化了。诚的"不勉""不思"，易的"无思""无为"，并不是像木头、石块一样的没有感觉，而是在于功夫的不着于实用。这在儒家"绘事后素"

（《论语•八佾》）的"素"，道家"见素抱朴"的"朴"，禅宗的"无心""平常心"都是一样的。以上是初爻上的潜修，我们举了圣哲之言，以天道为喻，并不是造道太高，其实一个普通人也可以有此境界，因为修德本来是为了自己，不为了夸示于人。以德性本身来修，而不存任何目的，不把德性当作工具，这就是真正的诚。

2.九二：在本爻上，因为"见龙在田"，也就是到了地上。这一爻上，一方面把前一爻潜修的诚德体现了出来。《中庸》说："自诚明，谓之性，自明诚，谓之教"。"自诚明"是初爻上潜修的诚的性体，清明在躬，到了二爻的"见龙"，就是"明"的发露，而把这个"诚"推扩出来，成为对人处事的诚的德行了。这不正是《中庸》上说的"诚之者，择善而固执之者也"？到了第二爻上，这个"诚"便转化为各种其他的德行，如宋儒周濂溪在《通书》上所说："诚无为，几善恶，德爱曰仁，宜曰义，理曰礼，通曰智，守曰信"。"诚无为"在初爻，"几善恶"，就在二爻。二爻爻辞上所谓"利见大人"，这个"大人"除了在占卜的对应上指九五之外，广义的说法就是圣哲的德行教言等。另外，在这一爻上除了道德，也重视智慧和知识的培养和扩充。因为这一爻上讲"明"是知之事。《中庸》说："诚者，非自成己而已也，所以成物也。成己，仁也；成物，知也。"初爻在纯粹的"成己"，而二爻在成己之上更要"成物"，所以必须有"知"。也就是在这一爻上，要打好道德和知识的双重基础，才能接着应付以后的发展和变局。

（二）应变

《易经》讲应变，在每卦六爻中，注重应变的是第三爻、第四爻和最上一爻。

1.九三：在处变学上，第三爻有下面初爻和二爻两爻在德和知方面的修养和充实，虽然在占卜上，第三爻有面临内外卦转变的危机，而能变危机为转机，把在初爻和二爻上所积聚的力量，引导为一种转化的作用。我们在占卜上讲转变，而在处变学上讲转化。转变是物理现象上的平面的变动，而转化却是向上的、精神上的提升。在第三爻上的转化有以下三种特色。

（1）运用德性去转化知识，由知识提升为智慧，这是由初和二爻的力量，去辅助第三爻的应变，使这个应变不是技术性的，而是德知蕴积丰厚的自然的转化。

（2）本爻在内卦进入外卦的位置上，内外卦皆乾，有阳刚过盛之虞，但乾阳的特性毕竟是行健的、正面的，而且内外皆乾，也是有一致性。这对某些事业来说，转型前本是健全的，转型后也会在原有的基础上发展，不可能走上一个和前面相反的转变或突变。

（3）阳刚过盛的缺点是忽略了阴柔，所以爻象上要"夕惕"。当然真正处变，只是在晚上警惕还是不够的，爻象的建议就是要能用阴柔的方法。老子所谓"柔弱胜刚强"（第三十六章），就是采取老子的方法，能柔、能细、能温、能徐，能无为而无不为，在不大动干戈下顺利转型。

2.九四：在本爻上，宋儒解《易》都是就君臣的关系来论，第四爻是大臣，辅助君王。君主如果是阳刚，大臣最好是阴柔，才能相应相配。而本爻在阴位，却是阳爻，且和初爻不相应，所以爻辞应该是负面的。但本爻的爻辞，讲"跃"、讲"在渊"，都避免了负面的解释，只就"在渊"上强调跃进。这在处变学里有两层意思。

（1）第四爻在外卦之初，已代表转型成功，到了新的领域。这时从深渊中跃出，固然是积聚了前面的成就和力量，但对以前的成就也不能过分依赖和执着。庄子所谓"道隐于小成"（《齐物论》），就是说追求大道，不能被以前的小成就所掩盖，要能舍除了"小"，才能成得了"大"；舍得了旧，才能开得了新。用力向下蹲，才能向上跳，这就是"跃"。

（2）在跃进之时，必有所舍。那么是否一切都舍，或有的舍，有的不舍呢？如果一切都舍，那便是突变，而不是转化。前面在初爻时，我们强调的诚德，这是一个不能舍的德性，《中庸》所谓"不诚无物"。它升入二爻、三爻、四爻、五爻，直到上爻，是一以贯之的。这个诚在二爻上所衍生的相对性的道德，在三、四、五、上爻的发展可能有或多或少的转变。至于在二爻上所建立的知，却不断地累积，也不断地推陈出新，甚至有时还必须打破以前知识所造成的樊篱，才能走入新的领域。所以这一跃，还是靠诚的动力使我们向上发展，而舍弃了许多具有障碍性的小知。

3. 上九：本爻处一卦之极，就六爻的发展来说，物极必反，自然要变。如果第五爻代表君王或领导者的话，那么他们所面临的，就是第六爻的变化。但这第六爻在最高的天位上，天道的变化又该如何因应？

（1）知返：上九爻辞"亢龙有悔"，这是因为过高且傲的意思。老子说："富贵而骄，自遗其咎"（第九章）。所以自第五爻到上爻时要能知返，即是返回本位，不致过高。

☰ 乾 一

（2）能虚："虚"是道家的一个重要功夫，老子说"虚其心"（第三章），就是虚掉自己的欲念、执着。所谓"绝圣弃知"（第十九章），连圣智都要虚掉。在处变学上，这是说连自己是君主或领导的念头都要虚掉。

（3）致诚：在初爻时，我们强调潜修诚德。由二、三、四、五到上爻，通达天道至诚。由上爻往上通一片虚空，由初爻往下通，也是一片虚空。这上下相通，就是宇宙一气，是虚空的、无限的，也是一片真实的。这就是"至诚不息"的天道。

（4）明白天的不可预知性：这最高一爻的背后是无限的天，是有其不可预知性的。俗语说"人算不如天算"。最高明的政术，或最精到的管理，都有它们失算的一面。因此在我们做任何事业，都不能百分之百地计划周到，应留有那一点不可预知，让上天去决定。

（三）自处

本卦第五爻为处变者自处之位。宋儒解《易》都以第五爻为君主，尤其本卦第五爻就被称为九五之尊。这一爻，说低了，是君王的治国方法；说高了，就是圣王的治道。关于圣王的治道，《尚书》的《尧典》《皋陶谟》《洪范》，老子的"圣人之治"，《大学》的"八纲"，《中庸》的"九经"，都有详尽而深入的讨论，我们无法一一介绍。在这里，仅就《易经》卦爻辞中所涉及的，分析如下：

1. 利见大人。九五上说："利见大人"。在占卜的对应关系上，这里的"大人"，可指第二爻与第四爻。本爻与第二爻是二五相应，与第四爻是上下相比。按易理的规则，一阴一阳才能和谐地相应。可是本卦九五的阳爻在阳的正位是刚毅的中正之君，可是二爻和四爻都是阳爻在阴位，位不当，但却是刚强之士、正直之臣，和君王的刚毅是否有冲突？就占卜的原理，当然有所缺憾。可是乾卦全是纯阳，是理想性的，所以双阳之相遇，是不可避免的。这就要看高明的君主是否能化解个性上的相冲，而能善用刚强之士与正直之臣了。"大人"的另一深义，就是指的德和知。在处变学上，一位高明的领导者，必须用他的诚德去感人，用他的明智去用人。

2. 飞龙在天。九五说："飞龙在天"。这在占卜上说，只是指第五爻已进入天的爻位，有飞龙之象。所以就爻辞来说，只是爻位，只是物理现象的天空，并无深意。但这个"天"在中国哲学上，以及修养功夫上，却有极重要的特性。冯友兰的《中国哲学史》把"天"解为以下五种意义：物质之天、主宰之天，运命之天、自然之天和义理之天。此处我们把"天"在修养上分为以下七种意义，而这七种意义也是处变者在第五爻上的七种功夫。

（1）开放（大心）。人与天不同，人拘于肉体，心量比较狭小。老子说："人法地，地法天。"（第二十五章）人能法天，就是学天的开放，转"小心"为"大心"。

（2）提升（天命）。《中庸》说："天命之谓性"，我们的性是由天所命，人性和天相通，由天的力量，使我们的性向上提升。

（3）普遍（无限）。天代表时，是永久性的。人在空间，受形体的限制。如庄子所举井蛙的坐井观天，而不知天之大全。人取法于天，就是要突破某一小环境的局限。

（4）无私（无己）。天无不覆，没有私心。而人有自我，常有私念。我们常讲"天良"，就是以"天"来除掉我们心中的自私。

（5）超越（无执）。天是超越的，人却生活在相对的现象中，常受片面的观念所影响，而产生了许多执着而不自知，也无法自拔。我们"法天"，就是由天的超越性，打破我们陷于相对中的执着。

（6）至善（良知）。我们讲道德，推到源头，便是至善，而至善的源头，就是"天德良知"（张载《正蒙》），也就是诚明之性。所以我们的至善之性，是来自于天的。

（7）自然（无为）。天是自然的。"自然"有二义：一是大环境的自然，二是万物自然发展的自然。老子说："天法道，道法自然"（第二十五章），道法自然，即道的自然如此，天法道，就是天的自然如此。这个在天的自然，在"圣人之治"来说，就是无为的自然。"无为"最主要有二义：一是无欲，二是无目的。能无欲、无目的，便"无为而无不为"。

以上七义，都是在乾卦第五爻上处变者的修养功夫，此处只能原则性地简述，而以后六十三卦的第五爻都会有较具体的表现。

3. 元亨利贞：这"元亨利贞"四字是卦辞，是针对整个卦来说的总纲。但我们研究六十四卦的每个卦辞，发现卦辞都和该卦的主爻爻辞有关，甚至有的还是以主爻的爻辞来作卦辞的，所以此处我们以乾卦辞来论第五爻，因为这第五爻正是乾卦的主爻，是处变者所自处之位。

（1）"元"兼有始和大两义。今天称最高领导者为"元首"，正是元在本爻上的意思。我们曾说元是万物始生时，已含有将来变大的潜能，因此这个"大"也是此后发展的一以贯之的因素。譬如，在创业时，当然是始、是小，可是应该把变大的性能、可能与目标放进去，以后才有变大的发展。这个"大"，并不是指野心的大、规模的大，而是变大的潜能与空间。

（2）"亨"是指的沟通。就原义的祭祀来说，是天人的沟通，是诚其意。而除了向上沟通之外，还要重视向万物的沟通，也即用诚来感物、成物。承继了这个"元"的大而来，"亨"也需"大"。以"大"去沟通，使万物都能从小变大，都能成其性、达其生。

（3）"利"，这是一个自古至今最诱人的字，但一般都往私利上说，可是乾《文言传》却直说"利者义之和"，把"利"转到"义"上。而"义"又古训为"宜"，所以"利"乃是适合万物之宜的"大利"。一位君主或领导者，必须注重对人对物的大利。当然在这"大利"中，个人的小利早已存在其中。

（4）"贞"是贞固、正定的意思。《尚书·洪范》讲"皇极""王道正直"，"皇"是大，"极"是中，所以清室宫殿以"大中至正"为匾额，虽然这是理想，但一位君王处理任何事，无论大小，都应以"大中"为正道、为处事的原则。

4.群龙无首：这"群龙无首"是用九的释辞。一般"群龙"是指六爻而言。但在处变学上，这个"用九"可用在第五爻上。本来，我们指六爻的六条龙没有首，这样的解释不甚合理，如果我们在这一爻上，比喻在高位的人为龙，他"绝圣弃智"（《老子》十八章），不自以为圣智，不为其他各龙之首，这就是谦让的意思，也正是最高境界的无为而治，无领导的领导学。

䷁ 坤　二

扫一扫，
进入课程

坤。元、亨、利牝马之贞。君子有攸往，先迷后得主。利。西南得朋，东北丧朋，安贞吉。

初六：履霜坚冰至。

六二：直、方、大，不习，无不利。

六三：含章可贞。或从王事，无成有终。

六四：括囊，无咎，无誉。

六五：黄裳，元吉。

上六：龙战于野，其血玄黄。

用六：利永贞。

一、语译

坤。要原其始善，要能沟通。利于像雌马一样地贞定。君子如有地方去，开始时有迷失，后来找到了顺从之主，就会有利。往西南方，得到朋友；往东北方，失去朋友。安于贞定，则得吉。

阴在初爻：脚踏到霜，知道坚冰即将来临。

阴在二爻：平直，方正，广大。没有习染，没有不利的。

阴在三爻：涵盖彰显，可为正性。或者，为君王做事，虽起先没有成就，但会有好结果。

阴在四爻：扎紧口袋，没有过咎，也没有赞誉。

阴在五爻：披上黄色的衣裳，能元大，则得吉。

阴在上爻：和龙大战于荒野，流出玄黄两色的血。

阴爻之用：利于永远地贞定。

二、解义

1. 这六根阴爻是由八卦中的两个坤卦重叠而成，是纯阴之气。就"坤"的字形来看，左边的"土"是指土地。右边的"申"，原为象形人的脊骨，所以坤是表示人与土地的关系。而六根阴爻，正象征土地的凝聚之气。所以坤卦象征地道、阴柔、含养万物。

2. **卦辞**：坤卦的卦辞较长。它和乾卦卦辞一样都有"元亨利贞"四字，可见地道与天道都是天地之道。坤卦也是元之始，亨之通。至于利贞却是有条件的，要能如雌马一样的柔性，才有利，才是它的正性。坤的作用是"先迷后得主"，这是取象于我们播种于土地中，先是深深地播入，然后种子发芽，才会向上滋长而结果。"后得主"是说明坤卦最后随顺乾卦，即地道取法天道，而产生万物。在八卦的方位上，西南属阴，坤卦是纯阴，所以和西南相合。东北属阳，因此坤卦之阴在东北便有所失。最后卦辞的总结，说明坤卦的性能是安于它柔顺的贞性，才能得吉。

3. **初六**：本爻位不当，与六四不应。本卦六爻皆阴，初爻是阴的开始，所以有"履霜"之象。上面五根爻都是阴，阴气沉重，而有"坚冰"之象。阴代表暗，有前途坎坷的预示，这个"至"字代表即将来临，应该心里有所准备。

4. 六二：本爻位当，与六五不应。这一爻在地上，所以"直、方、大"三字是取象于地的。因为地在古代的观念中，是平直的、四方的、广阔的。"不习"的"习"为习惯、习染的"习"，是指一再反复的动作，因为这样就不直、不方、不大了。这一爻是阴爻处阴位，位置正当，所以是"无不利"。六二与六五同为阴爻，不能相应，所以并没有鼓励前往，而是就像大地一样安处在下位就好了。

5. 六三：本爻位不当，与上六不相应。这一爻阴处阳位，位也不当，而与上六为双阴，也不能相应。所以是有缺陷的。但六三下面有两阴爻，阴气过盛，所以要"含章"，即掩盖它的阴气的表现。"可贞"，即以阴柔为它的本色。这个"或"字在乾卦出现在第四爻，此处出现在第三爻，都是处内外卦相转的前后，而有疑惑、两可之辞。"从王事"，本是第四爻辅助第五爻的君主的职务。现在第三爻要走出去辅助君主，自然是吃力不讨好的，尤其第三爻是阴居阳位，和上六同为双阴，不能相应，所以说"无成"。但由于前面已经认清"含章可贞"，不求有成，因此最后还是有好结果。"无成有终"，是爻辞上的惯用语，和卦辞的"先迷后得"正好相应。

6. 六四：本爻位当，与初六不应。"括囊"是扎紧袋口。袋口喻嘴巴，就是紧闭嘴巴不要说话的意思。本爻已由内卦到了外卦，阴居阴位，虽然当位，但与初爻同为双阴，不相应。故无内应，又深陷在众阴之中，阴气太重，所以有"括囊"，以防邪气侵入。

同时上面一爻为君主，本爻为辅助之大臣，最重要的是守口如瓶，"无咎无誉"，是不求赞誉，只求无过。

7.六五：本爻位不当，与六二不应。本爻是天位，也是人君之位，但却是阴居阳位。与六二的阴爻又不相应。在众阴之中，处境并不理想，因此需低调行事。"黄"是中下的颜色，中国北方为黄土高原，所以"黄"是土地之色，正是本卦地道的表现。"裳"是低下的服饰。所以"黄裳"表示穿着低下不起眼的服饰，代表谦让与卑顺之意。"元吉"，都解为大吉。虽然元有大之意，但为什么不直说大吉，却说"元吉"？因为"元"字还有始善的意思。所以"元吉"，含有本源上有善，自始即得吉的意思。

8.上六：本爻位当，与六三不应。本爻在众阴之上，阴气已到极境。坤卦六爻皆阴，根本没有纯阳的龙之象，所以此处之龙并非上六，而是指乾卦之龙象。"龙战"，本爻是阴，却强悍得要与阳龙争战。"于野"是在地上，可是本爻在天位，乃是因为相斗，而落到地上。"其血玄黄"，由相斗而流血，天玄地黄。"其血玄黄"，就是指天地被颠覆了，以致玄黄之色相混。

9."用六"是指阴爻之用，"利永贞"，是指有利于保持永恒的柔顺性格。

三、处变学

（一）自修

1.初六：本爻在众阴爻之下，又正位在地下，所以阴气凝重，

"履霜"知"坚冰"之将至。"坚冰"并非在六五或上六，因为那是在天位，无"坚冰"之可言，所以"坚冰"就在初六之中，这说明了困难即将来临。这一爻的教训就是要有心理准备，要谨慎小心。但谨慎小心，只是一种处事的态度。老子说："豫焉，若冬涉川"（第十五章），在冬天结冰的河面上行走，当然要小心。可是就处变学来说，一位领导者只讲谨慎小心还是不够的，因为那只是一种处事的态度而已。这种态度的后面，必须有更深、更广、更为永久的德性，那就是谦之德。谦的反面是骄，先师吴经熊博士曾说，"万恶，骄为首"。我问他为什么把俗话说的"淫为首"改成"骄为首"。他说："淫出于骄"。所谓骄淫，骄所造成的罪恶比淫更多、更大。骄不只是对别人，如君主骄必虐民，即使对自己，也是咎由自取，如老子说："富贵而骄，自遗其咎。"（第九章）在这里，我们所说的谦正可以治骄之病。《尚书》说："满招损，谦受益，时乃天道。"（《大禹谟》）谦是天道，也是地道，也是坤道。《易经》的第十五卦是谦，乃是就谦本身来分析的。至于这个谦德却是通贯了《易经》的各爻中，凡是阴爻都以谦为德性。近年来，我在国外讲学，谈到《易经》中的阴阳，外国学生都能了解阴阳的性能，可是在生活实用上，如何用阴? 如何用阳? 他们便不知所以。最近我改用谦和诚译阴阳。凡是遇到阴爻，告诉他们修谦，遇到阳爻，就劝他们修诚。这样一来，就把一般都用阴阳去控制外在变化的易理，转为内心修养的易德。所以在这一爻上的修德，应重在一个"谦"字。

2. 六二: 本爻在地上，也就是到了外界，还需要谦德的运用，还需要在知识方面的耕耘。"直、方、大"在占卜的意义上，是取象于土地。就处变学上来说，我们应如何运用这三个特性而建立应变的功能？"直"是平直、正直的意思。孔子在《论语》中对"直"非常肯定，如"人之生也直"（《论语·雍也》），"举直错诸枉"（《论语·颜渊》），"子为父隐，父为子隐，直在其中矣"（《论语·子路》）。可见"直"是指人的本性，是指处事的公正，以及不矫情的真性。这个"直"用在知上，也就是说我们追求的知识不离人性，不离公理，不离人情。"方"是方正，有轮廓，也就是有规矩的意思。没有规矩，不能成方圆。所以这个"方"的规矩是所有知识和理智的根本。《系辞传》说："卦之德，方以知"（上传第十一章），所以"方"是"知"的特质。我们应如何用"方"去建立在知识发展上的基础？坤《文言传》解释说："直其正也，方其义也。君子敬以直内，义以方外。""义"是宜，"义"是理。"义以方外"，就是用适宜所有人的义理去建立制度、政策。"大"本是指地之广大，在处变学上，就是指我们心量的广大和思虑的宏大。心量的广大通乎谦德。在《老子》中，讲卑下、讲无欲，以水和海为喻。水之下流，处众人之所恶；海之广大，容纳百川的来归。这正说明了谦德者心量的广大。至于思虑的宏大，通乎诚德，以天为法。古代的观念，天圆地方，地以天为边，地和天同其大。在乾卦中，我们在九五的主爻上，讲君王或领导者的自处，去分析天道的七点修养功夫。本卦的主爻是六二，本应在这一爻上谈地道，但六五是处变者的自处之位。我们拟在六五爻上，谈如何运用地道的性能。"不习"是承着上面"直、方、大"而来，又接着后面的判断语"无不利"，所以"不习"是条件句，意思是能够做到"不习"才能无不利。"阴"是背阳，是黑暗的意思。但本卦各爻的教训都采取逆转，从正面来发挥。坤《象辞》写坤的作用是"含弘光大"。初六爻重在"含弘"，而本爻必须"光大"。这个"习"字有以下各义：学习、练习、习惯、习气、折叠、掩盖、因袭等等。其中学习、练习犹有正面意义，但朱子注说："不待学习而无不利"，即指自然的意思。其余各义都是负面的，"不习"就是不流于习惯，不拘于习气，心中坦然，不折叠，不掩盖，不因袭。

（二）应变

1.六三：本爻处在两个坤卦之间，正说明这位处变者所面临的困境，就大局面来看是阴暗的，不宜于有为。自己又处于众阴之上，也不宜于发挥自己的才能。相反的，他还需含藏自己的才华。如老子说的"蔽不新成"，即遮蔽自己的光彩，也不求新成，不贪速成。"无成有终"的"无成"，正是这个意思，不求新成和速成，甚至无所成就。也即是说，在原有的位置上保持不变，以静制动。"有终"并不是说为了求"有终"，这样"无成"便成为工具和手段了。"无成"是他在心境上超脱了成败，处之泰然。所以"无成"本身就"有终"，"无成"就是他的成就。

2.六四：本爻已在外卦之初，是另一个坤卦之始。就内外卦的作用来说，本爻已到了外卦，也就是说已到了行为上或政治上。对于处变学来说，并不是面临变动像六三，而是已在六四爻的变动中。就爻位来说，下面有三个阴爻的冲击，上有第五阴爻的挡路，他的做法必须非常低调，极度谨慎，因为"坚冰"就在足下，要战战兢兢，如履薄冰。"括囊"的"囊"是口袋。口袋里装的是什么？当然是机密。不过《易经》是圣人君子之学，不崇尚权谋，所以我们把机密解作计划和理想。本来计划和理想可以公之于世的，但就本爻夹在众阴之中，处境维艰，不得不"括囊"，既然扎紧口袋，自然就成了机密。也就是说要在默默中进行，不必预先揭露而引起横生的枝节，以及不必要的麻烦。这个"囊"的口袋，也象征了嘴巴，"祸从口出"，在这一爻上最忌多言，尤其在六四的这个环境中。老子说："多言数穷，不如守中。"（第五章）这里的"中"指中空，即心之虚。而正巧六四在全卦之中，是阴爻，也正象征了中空。"言"本来是心声，心中有多少就说多少，这是事实，但还是要有所顾忌，因为我们还该考虑对人对事是否该说，何况多言！人为什么喜欢多言？就是要表现自己，夸大自己。一多言，就会失言，就会有咎。本爻爻辞上说"无咎无誉"，"无咎"是只求无过，可是为什么要"无誉"？因为"咎"和"誉"都是来自外面的。老子说："宠辱若惊，贵大患若身。何谓宠辱若惊？宠为下，得之若惊，失之若惊。"（第十三章）"宠"与"辱"，都是把自己寄托在别人的"宠"和"辱"，为了求宠，讨好别人；为了避辱，也同样会在意别人。这样就失去了自己的主体性。同样"咎"和"誉"都是来自外面的。做事要求"无咎"，本无可厚非，但一为了求誉，以致患得患失，反而使"誉"变成了"咎"的原因。孟子说："不虞之誉，有求全之毁"（《离娄上》），说这不是你自己应得的，或自己也想不到的外在的赞誉，一方面，别人会以此来要求你、检视你，因为不是你应得的，所以结果反而成为毁掉你的"誉"；另一方面，你为了保有这种不是你应得的"誉"，而自己刻意去掩饰去伪装，结果反而使自己不应得的"誉"，成为"咎由自取"。所以在这一爻上，应紧闭口袋，慎用语言，不求赞誉，只求无过。

3. 上六：本卦的阴气是向下凝而在地下，现在到了第六爻，是天上。天上是纯阳之气，现在阴气上升，照理说应该和纯阳之气和谐相处，这是正面的解释。但本爻爻辞却逆说，从反面来指出，阴阳不能谦让，以至于产生争斗而流血。就处变学来说，这位领导者，不安于他所处六五的位置，而逞强好斗，向上直冲的话，就会遇到上六的变局。本卦讲变，重在六三、六四两爻，也就是说，一种事业的转型或重新发展，应该在这两爻上。六三有下面两爻的修德和建立知识的基础，尚可以应变。六四有内卦三爻所积聚的阴柔的力量，还能应变。可是上六则脱离了这个基础，又不服六五的自处的智慧，自然会走上变的困境。老子说："鱼不可脱于渊"（三十六章），因为深渊才是鱼的安全的地方，脱离了渊，浮到水面上来，便会被渔夫捕获了。鱼是阴性，而渊也是阴气凝聚的地带，老子这话正可作本上六爻最好的说明。

（三）自处

六五爻是处变者的自处之位，有以下四个方面。

1. 黄裳：在占卜上，"黄裳"只是穿着中下色的衣服，以遮掩光彩而已。"黄"虽然是中下之色，但它代表柔和的颜色，因有含蕴，而内具光芒。如黄金的黄色，是柔中有刚的。"黄"也指黄土，虽然是居下之地的颜色，但地之广大无边、内藏产物的丰富却是深不可测的。所以一位领导者不仅需要在表面上穿着素朴、言语谦逊，他还要有真正的内涵、丰富的学识、透彻的智慧，从柔和中显露出来。

2. 元亨利贞：在六五爻辞上，虽然说"元、吉"，只单举一个"元"字，但这个"元"字也涵盖了"亨利贞"三字，故卦辞上便有元、亨、利、贞四字。在处变学上，我们仍然可以用卦辞中的几个重点来诠释他的自处。

（1）牝马之贞。这里的"牝"是指的阴柔，而马却是健行的象征。明儒王船山说："乾坤同健"，也就是说坤卦同样是健行不息的。所以这位处变者，他的柔不是弱，他的谦不是退。他一面收敛，一面却是在收敛中勇往直前，不屈不挠。

（2）先迷后得主。这位处变者处在一个阴气凝重的环境中，有很多困难，有不少挫折，容易使人迷失、退缩。但最后能"得主"。这个"主"字，在占卜上本解为乾阳或天道，而在修养和运用上，则可解为心中之主，或天理、原则。

（3）永贞。"安贞吉"是卦辞的判语，"利永贞"是用六的爻辞。这两者中，重点就是一个"贞"字。本来"用六"是指坤卦六爻合成而为一个阴爻的运用，所以拿用六的"利永贞"来释六五的自处，也是合理的。"利永贞"的"贞"字，当作女性贞洁的意思，是通俗引申的女性之德。"贞"的本义是"贞固"和"贞定"。这个"固"是"择善固执"；"定"是"定于一"，如《系辞传》所谓："天下之动，贞夫一者也。"（下传第一章）本来"贞"字指柔德，而这个"固"和"定"，却是柔中之刚。《老子》说："以天下之至柔，驰骋天下之至坚。"（第四十二章）又说："弱者，道之用。"（第四十章）老子的重柔、用弱，正可以作为此处"利永贞"的运用。

☷ 坤 二

3. 地道：坤是地，是讲的地道。本来六二爻属地，应该在六二爻上说地道。但在处变学上，六五是处变者之位，而六五与六二应该相应，也就是说六五必须用六二的德和知来修养和培养。所以我们在这一爻上讲地道。地道本和天道相通，是天道入地而为地道，不过地由于它本身的地位和性质也有所不同，可以分为以下七点。

（1）生物。这是地的最重要的特性，就是生养万物。"生"是使万物生长，"养"是供万物以生命之所需。如《坤文言》所谓："至哉！坤元，万物资生。"老子说："人法地"（第二十五章），就是效法地的生养万物。

（2）卑下。"天尊，地卑"（《系辞上传》第一章），地的卑并不是贱卑的卑，而是处卑下之地，让万物容易接近，得到它的庇护而发育成长。

（3）开敞。天的开放，是使万物都能向上提升；而地的开敞，却是由于它的宽大，使万物都能归向于它。也就是说它能容纳万物而无不遗。所谓"能容则大"，是指地的大，也是一位领导者的心胸的宽大，有容人之量。

（4）处静。大地是静的，虽然地中各种生物都在萌芽、活动，但大地的本身却是静的。由于它的静才能让万物凭借自己不同的潜能而生长。这个"静"在人生的运用上，就是无欲。所谓"不欲以静"（《老子》第三十七章），人学习地道，就是在于处静而无欲。

（5）无私。大地是无私的，它没有分别心。万物的种子播在土地中，土地从来没有偏爱，种瓜得瓜，种豆得豆，各依其性而生长。

（6）含藏。大地之所以能含藏万物，是由于它的收敛之性。含就是收敛，藏是包含。地道之大，不只是表面之广，而是它内在含藏之丰富，如《坤文言》所谓"含万物而化光"。

（7）转化。地道在含万物之后，不只是像收容所一样的容纳而已，它能使它们"化光"。"化"就是转化，"光"是光大、光明。所谓化腐朽为神奇，这就是地道的功劳，今天我们的文明赖以维持的石油，就是明证。

以上我们详述了乾坤两卦和处变学的关系，其间已把重要的德性，即诚和谦，以及天道和地道的特性都加以分析。在整部《易经》中，乾坤两卦是易的门户，也就是总纲。乾卦凝缩为一根阳爻，坤卦凝缩为一根阴爻，而这阴阳两爻便作用于其他六十二卦中，因此在以下六十二卦中，我们对于涉及乾坤两卦已述的原则，就不再赘述。以下六十二卦都是专就一种事理的形态来叙述的，下面我们就以六十二种形态来讨论处变学。

☷ 坤　二

䷂ 屯 三

扫一扫，
进入课程

屯。元、亨、利、贞。勿用有攸往。利建侯。

初九：磐桓。利居贞。利建侯。

六二：屯如邅如。乘马班如。匪寇婚媾。女子贞，不字，十年乃字。

六三：即鹿无虞，惟入于林中。君子几，不如舍。往吝。

六四：乘马班如。求婚媾，往吉。无不利。

九五：屯其膏，小贞吉，大贞凶。

上六：乘马班如，泣血涟如。

一、语译

屯。原其始，要沟通，重和利，须贞定。不要有所往。利于建立诸侯。

初九：有大的石块和树干挡在前面，此时利于处贞定，利于建立诸侯。

六二：是如此的屯难，如此不能前进的情形下，乘在马上如此的迂回不进。原来对方不是寇匪，而是婚姻的对象。这位女子守贞不嫁，到了十年后才嫁。

六三：如果追赶麋鹿而没有请管山林的人导路，只会陷入林中。君子预知此事，不如舍弃了追逐。如果照样去追，就会有难堪的后果。

六四：乘上了马却迂回不进。追求婚姻的对象，一直去做，会有好的结果。没有不利的。

九五：在屯难中有膏油，小而贞固，则吉；大而贞固，则凶。

上六：乘上了马却迂回不进，血流如泣下，连连不断。

二、解义

1. 本卦名"屯"，"屯"字的原意是植物从地下钻出，需要很大的努力才能冲破地面，所以有开始时困难的意思。这也是从内震外坎两卦重叠而成的，其象有以下各义：

（1）坎在上，为险；震在下，为动。震的一阳在下，代表一阳初动。有动于险中之象。

（2）坎是云中有雨，震是雷动物生，所以有云雷相合，使万物始生。因为这是继乾坤之后，天地始生时期，所以就人事现象来说，是指任何事业的始创时期。

2. 卦辞：卦辞中"元、亨、利、贞"四字具备，说明本卦和乾坤两卦同样重要，因本卦是天地合气后的开始。"勿用有攸往"是指这是屯难之时，不宜冒进。"利建侯"是指利于建立诸侯，以巩固基础。自武王灭纣后，建立周王朝，当时诸侯有千余，周公订立封建之制，据《荀子·儒效篇》说"周公兼制天下。立七十一国，姬姓独居五十三人"，即分封同姓皇族子弟到各地为诸侯，以巩固周天子的中央体制。

3. 初九：本爻当位，与六四相应，本可以前往。但在屯难之初，而且上面二、三、四皆阴爻，黑暗挡路有如石块、木干。卦辞说："利居贞，利建侯"，即留在原位上，巩固基础，建立盟友。因本爻为本卦的主爻，所以与卦辞所言相合。

4. 六二：本爻当位，与九五相应。本可以前往，但却是有条件的，爻辞的"乘马"，是指本阴爻乘在初九的阳爻上，挡住了阳爻的前进，所以"班如"，有回旋不前之象。因此怀疑前面是否有匪寇，后来发现不是匪寇，而是和自己有婚约的夫婿。但目前的环境还不适合，必须守贞，等待十年之后再嫁。"十年"只是一个描写时间较久的数字，因为有六三、六四两阴爻挡在前面，所以必须等待。

5. 六三：本爻位不当，与上六不应。本爻在内卦之上，面临外卦，有向外追逐之象。本爻以阴爻居阳位，位不当，且与上六不相应，所以有逐鹿无"虞"之象。"虞"为掌管山林之官，了解山林之形势，如果没有他们的引导，深入林中，便有危险。本爻为六二、六四两阴爻所围，有林之象。六三在人位，故称君子。"几"是动之微，变之始。君子看出这个变动之危险，所以舍弃了向外追逐的念头，否则贸然而往，便会一筹莫展。"吝"是羞愧之意。

6. 六四：本爻位当，与初九相应。所以说"求婚媾"，六四婚媾的对象是初九。六四在外卦之始，能得内卦初九之相应，正如得到好的内助，所以可安心向上发展。六四阴爻和九五之阳爻相比，又是最好的辅助之臣，当然是无不利的了。

7. 九五：本爻位当，与六二相应。正是中正的君主，但所处之境适逢屯难之时。所以不能大有为。"膏"是膏火、膏油，是可以燃烧而发光、发热的。这是因为本爻是阳爻，在本卦中，除了初爻和本爻之外，其余都是阴爻，是黑暗。初爻是发动之始，谈不上光亮，因此真正能发光、发热的只有这一爻了。在这一爻，一开始便点出一个"屯"字，说明了大环境的黑暗和困难。所以这个膏火或膏油分量有限，不够燃烧，所以"小贞吉"。是指点燃得小，能坚持做下去，够用，则吉；否则，点燃得大，很快烧尽，要坚持做下去，不够用，则凶。

8. 上六：本爻位当，与六三不应。屯难到了最高点，本爻虽位当，但是阴爻，又与第三爻不相应，当然不能再上进。因为是阴爻，有"血"之象，上六之阴盖住了九五之阳，就"乘"的易例也是不好的，所以有流血之象。

三、处变学

（一）自修

1. 初九：本爻的重点在"居贞"和"建侯"。"居贞"，就自修来说，初九是阳爻，可说是修诚，诚是动力。因为在屯难之始，必须有力量，才能向上冲刺，如小草有生命的动力，才能突出地面。"建侯"，本是政治制度，但《易经》的文字具象征意义，所以"建侯"可解释为巩固基础，如德行、知识、朋友，以及事业或商业上的各种关系等等。

2. 六二：这时到了地面上，虽已建立了很好的基础，但在开创之始，还不宜大有作为。因为本爻离理想的目标尚有一段艰难的历程需要奋斗。在这时候有不利的敌对势力（匪寇），也有对自己有利的助力（婚媾），因此先要把握自己的"贞"定。因为本爻是阴爻，此处的"贞"，在自修上应为谦德，也就是说要谦虚以待，要以耐心等待，用时间来换取空间。

（二）应变

1. 六三：本爻处两阴之间，在黑暗或困难之中，且正面临由内到外的变局，该如何自处？"即鹿"是逐鹿，是有所追求，而且是看到对象，我们常会见猎心喜。可是当我们心中有所求的时候，就容易忘了危险。"虞"是古代的山林之官，在今天来说就是专家。假定我们以处理山林的问题来说，如果不用专家的建议，任意砍伐树林，作为建材，而破坏了生态，就会造成风雨灾害、泥石流的危险。所以在这一爻应变上，最重要的是访求专家人才，听信专家的意见。如没有专门人才，只有按兵不动，培养基础的实力。

2. 六四：本爻已在外卦之初，在屯难中，已到了外面，也就是说已在变化中，这时的应变方法是和以前所建立的基础相连接，即根据以上所累积的经验、学识，所建立的系统、关系而发展，绝不可改弦更张，走入和以前毫无关系的领域。这时必须以六四阴爻谦虚的态度，连接初九之阳和九五之阳，而走向光明的前境。

3. 上六：这是到了屯卦的最上一爻，照理说屯卦是在讲开始时的困难，到了后来，应该是屯难结束。如果到了上六还是阴暗，还盖住了阳光的九五，自然是会流泪流血的了。在这一爻的应变，主要在看九五一爻的处理了。

（三）自处

九五是处变者自处之位。本爻是阳爻在阳位，是处阳刚中正之位。他在屯积之后，而有"膏"泽，也就是说他有了成就，有了可以利人的膏泽。这时候，他应如何自处？在本爻爻辞上有两个字，就是"小"和"贞"。

1. 小："小贞吉，大贞凶"一语中"小贞吉"是重点，"大贞凶"是针对"小贞吉"的强调。其实"小贞吉"一语已够了，再说一句"大贞凶"无非对"小贞吉"的加倍重视而已。这个"小"字是小心、谨慎的意思，这正是老子"圣人之治"的要点。他说："治大国若烹小鲜"（六十章）"小国寡民"（第八十章）"见小曰明"（五十二章）。这里的"小"除了像"烹小鲜"一样谨慎与小心，慢慢地解决问题之外，还能治大若小，把大困难化成小问题来解决。

2. 贞：前面说过"贞"字在爻辞中，有时正面有时负面，此处"贞吉"，固然是正面，但"贞凶"却是负面。如果把"膏"解作膏火和膏油两义的话，"膏火"是照亮用的，也象征了这位领导者的光辉光芒。"小贞"就是小用这个光辉、光芒。如老子所谓"和其光"，即缓和他的光亮，能"和光同尘"。"膏油"是指由不断努力所累积的财富，但在屯难中，这种财富用来建立国家事业或赐予平民百姓，仍然需要有计划地小心使用，否则大量运用，可能很快就会用尽。这个"贞"字对一位领导者来说非常重要，而且运用时有正、有负，还得拿捏准确。就德性来说，本爻是阳，我们可以修诚。但以个性来说，阳爻有刚强的意思，这个"贞"同时有诚德和刚强两义。就"诚"来说，《中庸》所谓"诚之者，择善而固执，人之道也"。"择善"必须所择的是真正的善，否则自以为善加以固执，岂非适得其反？如《老残游记》一书中所谓的"清官杀人"。清廉之官当然是好官，择善而固执。可是他的智慧不够，判错了案子，却杀了无辜之人。再说阳刚中正，正是阳爻在第五爻上的好评，可是阳刚过强，缺乏智慧，便会变成刚愎自用，以致不中不正。所以这个"贞"字在本爻上，同时出现了"大""小"之别，以及"吉""凶"之不同。《易经》此处的微言大义，实在值得一位高明的领导者去深思了。

蒙 四

扫一扫，
进入课程

蒙。亨。匪我求童蒙，童蒙求我。初筮告，再三渎。渎，则不告。利贞。

初六：发蒙。利用刑人。用说桎梏。以往，吝。

九二：包蒙，吉。纳妇，吉。子克家。

六三：勿用取女，见金夫，不有躬，无攸利。

六上：困蒙，吝。

六五：童蒙，吉。

上九：击蒙，不利为寇，利御寇。

一、语译

蒙。要沟通。不是我要去找蒙昧的童子，而是蒙昧的童子来找我。第一次占卜的问话，就告诉他。如果再三请告，就有不信的冒犯。如果他有了不信，就不告诉他。要利于贞定。

初六：启发童蒙，必须利用刑罚之人，为了除去他们的手镣脚铐。如一再用罚，就会有羞吝。

九二：包容童蒙，则吉。娶妻，也吉。儿子能治家。

六三：不要娶这个女人，因她看到有多金的男子，就不能守身，毫无所利。

六四：童蒙处于困境，有吝色。

六五：自处童蒙，则吉。

上九：击掉童之蒙。不利于为匪寇，而利于防范匪寇。

二、解义

1. 本卦名"蒙"，"蒙"是野草遮盖了地面。承接前面的小草努力钻出地面的"屯"，此处正好是这些野草遮盖地面的"蒙"，这是自然的现象。由这个"遮盖"而变成蒙昧，便成为负面的意思。由于这是小草在最初造成的"蒙"，所以用"童蒙"来比喻。但《易经》的立意不只是为了单纯的描写蒙昧，而是有正面的哲学意义，就是为了处理这个"童蒙"，而讲启蒙。所以本卦的"蒙"，真正的作用在讲教育问题。

2. 本卦是由内坎外艮两卦重叠而成。其象有以下各义：

（1）艮在上，为山；坎在下，为水。象征水从山中流出，在山泉水清，说明幼童的心灵本来很纯洁，只是没有知识，所以需要启蒙。

（2）坎险艮止，象征必须消除这个无知的危险。这两者"启蒙"与"止险"正是教育最主要的功能。

3. **卦辞**：卦辞的第一个字是"亨"，强调教育上最重要的是讲沟通，即师生间的互动，要相互信赖、相互了解。一位老师不是去找学生来教，强迫性地传授，而是学生有问题，来向老师请教。

这点正好和占卜的作用一样，凡是占卜的人问卦，对于第一次的答案不满意，同样的问题再卜二次、三次，直至得到心中预想的答案为止。这不是诚心的问卦，"不诚无物"（《中庸》），又如何能得到《易经》的回应？为什么卦辞最后说"利贞"。卦辞主要和该卦的主爻有关。本卦的主爻是九二，代表教师，该爻是阳爻，德性为诚，意思就是师生之间的互动重诚。诚是教育最重要的特质。

4. 初六：本爻位不当，与六四不相应，所以有蒙昧无知的现象。古代的教育，对幼童有刑罚的方法，《礼记·学记》所谓"夏楚二物，收其威也"。"夏楚"乃教师用以处罚学生的荆条之类的物品。用刑罚不只是为了惩处，而是为了使学生们能除掉蒙昧无知的枷锁。但用刑罚只是暂时的，如执以为常，刑罚便会失去它的效果。

5. 九二：本爻位不当，与六五相应。在本卦以教育为主题中，这一爻还象征了教师之位。位虽不当，却是阳刚，和六五仍然相应。六五君主是童蒙，向九二之教师虚心学习。"包蒙"之"包"字，在占卜中都是上面一爻向下一爻的包含，就教师来说则是对学生的包容。"纳妇"的"妇"是指六五，因有对应，所以有婚姻关系。"子克家"的"子"自然是九二的阳爻，"克家"即指父亲年迈儿子当家，这也正指出九二为本卦的主爻，独当一面。

6. 六三：本爻位不当，与上九相应。本爻"乘"九二之上，似乎不听教师所指示的原则，所以此女不可娶。本爻与上九虽相应，有婚姻关系，但两者皆不当位。"见金夫"的"金夫"是指上九之阳。就是贪求有财有势之男士，而不顾德性，以致失了身。当然是一无所利了。

7. 六四：本爻当位，与初六不相应。虽当位，但是阴爻又深陷在众阴之中，所以有"困"之象。由于为众阴所包，故有羞吝之窘境。

8. 六五：本爻位不当，与九二相应。本爻在人君之位，却是阴爻在阳位，有柔弱之病。但这里的"童蒙"，还不只是指它的弱，而是对应于九二的教师，本爻之人君，自认为童蒙，虚心就教于九二。

9. 上九：本爻位不当，与六三相应。蒙卦到了最上爻，正代表蒙昧无知到了极点，不易用启发式的方法加以劝导，所以用一个"击"字以表现对"蒙"的纠正的力道。"击蒙"用今天的话就是向"无知"挑战。我们求知是为了什么？庄子说"知者，争之器。"（《庄子·齐物论》）今天我们的知识反而成为我们争夺的工具。所以说"不利为寇"，就是不以知识去害人，相反的，"利御寇"，是以知识防御我们不为邪恶所侵。这才是教育的正途。

三、处变学

（一）自修

1. 初六：这是初爻，在教育上，本应指受教的幼童，但在六五爻上却出现"童蒙"两字，所以在本爻上，除了有童蒙的含意，也指一般的蒙昧无知。尤其读《易经》的人绝不是幼童，当他们读到这一爻时，所面临的是如何打开无知的蒙昧。这里有两个名词："无知而蒙昧"和"蒙昧而无知"。"无知"有两义：一是幼童的真正没有知识；一是虽有知识，但仍然无知。这里，我们说的是后者，因为先由自己的无知而产生蒙昧，如佛学上的无明，即没有智慧，由无明而产生愚昧，再由这种愚昧而制造了更多、更大的无知。本爻上的"蒙"就是无知的蒙昧。这就是我们心中的桎梏。要打破这个桎梏，必须"利用刑人"。在法律上，是刑人把桎梏套上去，也是刑人把桎梏解除掉。在教育上，教师用处罚帮助幼童除掉蒙昧无知。再深一层从哲学上来说，"刑人"就是自己。是自己的"无知"，使自己套上了桎梏，也只有靠自己的自觉，才能打开这个桎梏。如果不能自觉，就会永远地在"吝"的蒙昧中。

2.六二：这一爻象征教师，有三个爻辞说明教师的特性。

（1）包蒙。指的是教师对学生的包容性。在这一点上，一位领导者就像教师一样，要有耐心、宽恕的胸襟、开放的观念。尤其在今天，还需要有应付多元化的能力。

（2）纳妇。是象征教师和学生的沟通性。一位领导者如教师一样，要能充分了解对方，保持团体的和谐，恕道以待人，同时能够适应个别的差异性。

（3）子克家。是说明教师对教育的责任感。对于一位领导者来说，他需有自我的期许，能挑起一肩的责任，任劳任怨地克服困难。

（二）应变

1.六三：本爻面临的是外在的变化，在行为上有所抉择。而本爻爻辞在负面上已给我们警告，"见金夫"，就是见到财富，"不有躬"，就是失去了原则。用句通俗的话来说，即是"见利忘义"或"利令智昏"。在初六上的"桎梏"，就人生来说，有两大桎梏，就是名和利，此处单挑一个"利"字来说。因为本爻所面临的现实世界，离不了一个"利"字。孔子说："君子喻于义，小人喻于利。"（《论语·里仁》）后来的儒家把这里的"小人"看得太负面，以为是无德之人。其实"小人"本指一般的平民百姓，他们"喻于利"也是无可厚非的。问题是"喻于利"之后，如何去处理这个"利"，在利与义冲突的时候，如何去抉择。事实上，利和义绝对冲突的情形只是一些个例，并不普遍，多的是义利之间的不同比例。这种不同可以调和。利中有义，义中有利。本爻的问题不在"见金夫"，这是事实，而在"不有躬"，失去了自己，失去了原则，失去了德和义。所以本爻的应变还是在于见利思义，以义去创造更大的利。

2. 六四：本爻爻辞上只说一个"困"字。这个"困"本是一个负面的字。我们常因为无知而受困，受困而又困于蒙昧无知。其实有时我们有知也会受困。但如果我们的"知"是大知、真知的话，却可以脱困，转困为安。孔子说"困而学之"（《论语·季氏》），这是从困的经验中得到教训，而成为以后处事的智慧。孟子也说："天将降大任于是人也，必先苦其心志，劳其筋骨，饿其体肤，空乏其身，行拂乱其所为，所以动心忍性，增益其所不能。"（《孟子·告子下》）这是告诉处于困境中的人，让他们把困境当作一种磨石、一种激励、一种考验。这时候"困"反而转化成一种积极的、奋斗的、向上的动力。

关于"困"的内容，《易经》的第四十七卦名叫"困"，专门从占卜上讨论如何解困，此处不赘。

3. 上九：这一爻处蒙之极，必须用力打掉它，否则便失去教育的最终目标。本爻又在天位，适逢阳爻，是光明的，所以提示我们的是转蒙昧为光明。在这一爻上的应变是重在转化，转知识为智慧，转知识为德性。

（三）自处

六五是处变者自处之位，也是君王之位，可是却出现了一个"童"字。不是"童"，而称为"童"，这是君王自处的谦虚。这个"童"的"蒙"，何以竟能得吉？有以下四种意义。

1. 纯真：这是采取幼童天真无邪的一面。一位领导者都上了年纪，有了经验，当然不能再像几岁的小孩子一样天真无邪，否则便是装出来的。这里的纯真是指他本性的纯洁真诚。六祖慧能说"众人自性本来清净"（《坛经·自序品》），也可移在这里，说本性的纯真。

2. 能变：老子说："质真若渝"（第四十一章），"质真"就是承接前面的"纯真"。"渝"就是能变的意思。这里的能变不是指见异思迁、毫无定性，而是指他像幼童一样的有可塑性，而容易适应环境。

3. 好学：孔子说的"好学近乎知"（《中庸》），并不是说幼童会好学，相反的很多的幼童还须受"刑人"的鞭策才肯学。但这里的君王处很高的位置，反过来自称为幼童，就表明了他自认为知识不够，也正是他好学的表现。

4. 天道：通常在第六爻上，如果爻辞是负面的，那么对第五爻的应变来说，就是不要走上第六爻。但上九的爻辞是"击蒙"，在教育上来说，必须积极地、努力地去改变它。这一爻是在天位上，可以视为天道。因为教育的最高目标是转知识为智慧、为德性，因此必须通乎天道。老子说："不出户，知天下；不窥牖，见天道。"（四十七章）这里的主词当然不是幼童，而是圣人，而是君主，他能通达天道，自然可以"不出户，知天下"。至于如何见天道，在乾卦九五爻中已有说明，此处不赘。

本卦是讲无知的蒙昧，但今天的社会最可怕的是有知的蒙昧。很多人有知，而他们的有知却造成了他们的愚昧。这也是本爻和上九爻所强调的，如何去转化今天很多人因为累积了很多知识，却不能消化的毛病。

☳ 需　五

需。有孚，光亨。贞，吉。利涉大川。

初九：需于郊，利用恒，无咎。

九二：需于沙，小有言，终吉。

九三：需于泥，致寇至。

六四：需于血，出自穴。

九五：需于酒食，贞，吉。

上六：入于穴，有不速之客三人来，敬之，终吉。

一、语译

需。要有诚信，要有光明的沟通。把握贞固之性，则吉。利于渡涉大川。

初九：需的等待在郊外，有利于用恒之德，是无咎的。

九二：需的等待在沙中，稍有责言，最后是吉的。

九三：需的等待在泥中，招引匪寇的到来。

六四：需的等待在血中，走出洞穴。

九五：需的等待在酒食，把握贞固之性，得吉。

上六：进入洞穴中，有不请而来的客人三位，以恭敬的态度对待他们，最后是吉的。

二、解义

1.本卦名"需"，"需"字由两部分构成，上面是"雨"，下面是"而"。"而"本义象形胡须，是象征雨水沾湿了胡须，也就是沾湿的意思。在古代，雨水是最需要的，所以"需"字代表需要。

2."需"卦由内乾外坎两卦重叠而成。其象有以下各义：

（1）坎在上，为险；乾在下，为进。为了得到需要，进入危险之中，故不宜躁进，必须有待，所以卦意兼有等待的意思。

（2）坎为云，乾为天。云变为水而下流，有膏泽润下之象，故有饮食以合人民的需要的意思。

3.卦辞："有孚"，孚是诚信，是取象于内卦的乾。"光"是光明，也是乾的表现。"亨"是沟通、了解，因为乾的上进，前面有坎险，所以必须对前面的情况有沟通、了解才能前行。"贞"在卦辞上，是来自本卦的主爻九五，所以"贞"是以诚为德性、原则。坎水是大川之象，在《易经》中大川代表危险。本卦之乾虽进入坎险，但因为有诚、有了解，所以是有利的。

4.初九：本爻当位，与六四相应，所以从卦象上来看，可以往前进，去追求所需要之物。"郊"是郊外，这是对外卦之坎险来说的，上面有两阳爻隔开，离危险尚有一段距离，所以用"郊外"来表明。"恒"是《易经》第三十二卦之卦名，当然非常重要。此处的"恒"对乾阳来说，即有所坚持地前进。"无咎"的"咎"

来自外卦的坎险，因初九跟着九二、九三的双阳，一起奋进不懈，所以不愁有咎难。

5. 九二：本爻位不当，与九五不相应。因本爻离外卦的坎险又近了一步，而坎是大川，所以有水边沙滩之象。"小有言"即稍有言责的意思，这是因为本爻不当位，且与九五不相应。但"小有言"，只是表面的、暂时的，乾阳之诚和恒，终能化险为夷，所以最后还是吉的。

6. 九三：本爻当位，与上六相应，故有前进之象。可是在内卦之最高处，如内卦全为阳，则本爻之阳有过盛之病，且由内而外，进入险境，所以说"泥"，是指又向大川之险逼近一步。"泥"比"沙"更严重，在沙上犹能行进，在"泥"中便有陷入而举步维艰的困境。"寇"是指坎险，也就是面临险境。

7. 六四：本爻当位，与初九相应，所以也有可进之象。但六四阴爻，下有三阳相逼，前有一阳挡路，且正进入坎险之初。阴有血象，故"需于血"。"出自穴"的"穴"是指的坎卦，一阳深陷于二阴之中，故有穴象。照理说六四正进入穴中，为何反而"出自穴"？古注，这爻当位，而与初九相应，所以陷入不深，得初九之援而能脱险，这种解释只备一说。在处变学上，尚有另一种看法，后面再分析。

8. 九五：本爻当位，与九二不相应。但九二与九三、初九合成乾阳，来归于九五，所以就这一现象来看，仍然是正面的。如果本卦讲需求，以食物为喻的话，那么本爻的"酒食"，正是达到需求的最高目标。"贞"是坚持自己的原则，就德性来说，即是"诚"。"酒食"象征最大物质需求的获得，在这时，一般人容易迷于酒食而昏了头，忘了自己。所以说一个"贞"字，劝人把握原则，处诚不乱。

9. 上六：本爻当位，与九三相应。本卦的外卦是坎险，六四说它"出自穴"，九五说它有"酒食"，直到最后的上六才"入于穴"，进入了坎险。这是因为上六以阴而"乘"九五之阳，也就是不接受九五"贞吉"的教训，所以才入了险。但上六当位，而与九三相应，所以仍然可以补救。"有不速之客三人来"，这里的"三"是指九三的"三"，也可指初九、九二、九三的"三"阳。不速之客来了，但如果以"九五"的酒食和他们共享，能待之以"敬"，就可以得到他们阳刚之助，来消除阴柔之险，转危为安而得吉。

三、处变学

（一）自修

1. 初九："郊"是郊外，也就是城外。虽然初九离外卦之坎险尚有点距离，但并不是停止不动，因为初九和上面的两根阳爻合成乾卦，是天行健，是必须上进的。"需于郊"的意思不是立刻行动，而是有所准备。老子说："天下无道，戎马生于郊"（四十六章），战马养于郊就是备战用的。前面说本卦之"需"有等待之意，但这个"等待"不是什么都不做的等待，不是完全停下来的等待，而是等待于行进之中。就像农夫在春天插下了秧，虽然等待秋天的收成，但不是袖手不做任何事情的等待，而是不断地灌溉、不停地施肥的等待。这是在"郊"的准备工作。准备什么？接着说"利用恒"，就是"用恒"。《易经》第三十二卦是恒卦，对于恒卦的作用，暂时不在这里分析。我们就"恒"字最普通、最简单的意义，并适合本爻的作用，可以有下面四种特性。

（1）渐进的。"恒"必须是渐进的，才能持久，否则太快、太突然，都缺少稳定性。

（2）持续的。所谓"持续"，就是一步接一步，连续不断，不能一曝十寒或见异思迁。

（3）有原则的。"恒"是种德性，因此它必须有原则，所谓"诚之者，择善而固执"。"固执"是恒的表现，"择善"就是它的原则。

（4）有目标的。"恒"必须有一个最终的目标或理想，才能使我们持续地去追求它，才能使我们有持"恒"的动力。

本爻是阳，内卦又是乾，乾《大象》说："天行健，君子以自健不息"，正可作为本爻的注脚。

2. 九二：走在沙上，由于沙质的松软，不易疾走，但离坎险还有一段距离，所以还是可以安全地前进。"小有言"的"言"是指批评或建议的言辞，这个"小"字说明了并不是恶意的中伤，可能是小小的抱怨或善意的进言。因此对于这个"小有言"，我们有四种态度。

（1）了解。要听懂别人的话，了解对方说这些话的本意。

（2）自反。要反观自己是否有别人批评的毛病。

（3）接受。要以开放的心胸，接纳别人的言责。

（4）转化。把别人的批评，转化成为自己前进的动力。

所以在这一爻上，遇到一些和自己不同见解的批评，或受到一些小小的挫折，不要灰心，也不要懊恼，这正是给予自己磨炼耐心、打开心胸的一个好机会。

（二）应变

1.九三：这一爻带领着两个强阳，面临着六四的阴柔和外卦的坎险，却不幸踏入了泥中。"泥"的特性使人愈陷愈深，无法自拔。所以接着说"致寇至"。这是说寇之到来，是你自己招来的，所以问题出在你自己身上。在本卦中，初九说"无咎"，九二说"终吉"，九五说"贞吉"，上六说"终吉"，只有九三、六四没有任何吉凶与无咎的判语。事实上"致寇至"，还有不凶之理吗？爻辞不说凶，是给我们深思的余地。为什么我们踏入泥中？为什么是自招的？因为九三在内卦二阳之上，阳刚太盛，易于骄慢自大。本来乾是前进的，"需"卦的卦义又是等待地去达到需求的目标。可是本爻却自我膨胀、自大过甚，而不能持恒的前进，所以他的骄慢变成了他不能前进的泥沼。他尚未真正入险，却自己已掘了险坑。所以这一爻的应变是结合了三阳的力量，不骄不傲地慢慢前进，虽有险在前，但"利涉大川"，终于能够安渡。

2.六四：就处变学的应变来说，这一爻已到了外卦，也就是说已转了型，进入一个新的境地，由于是新的，所以有很多危险的可能性。如果外卦代表行动的话，那么"出血"就是指面临真刀真枪，而有切肤之痛。"出血"固然不好，但转个想法，它却是一种新的挑战。留学生到国外读书，移民者到异国谋生，经商者到其他国家拓广业务，对于不同文化的冲击，都会有"出血"的现象。本爻真正的重点是"出自穴"。本卦"穴"字出现在六四和上六，这两爻都是坎险的阴爻。所以这里的"穴"是指六四的阴暗，必须要脱离这一阴暗之位而向上发展。本爻有"出自穴"的能力来自两方面：一是内卦三个阳爻的刚强的实力，帮助六四渡过难关；二是上面有一阳光明的提升，使六四能走出自我的困境。所以"出血"只是暂时的，只是一个使人激励的警示而已。

3. 上六：本爻在"需"的最高处，表示已达到所需求的境地。就像九五得到酒食之后，却往往因过度享乐，而忘了自己，冲昏了头脑，使自己又陷入险境，又"入于穴"。本爻以阴柔处"需"卦的最高处，有多风多雨的现象。这是说我们在得到事业、财富或名望之后，又会遇到许多变局，因为接着成功而来的，可能是别人的忌妒、毁谤和争夺。这三者也许是爻辞上的"不速之客三人来"，也就是料想不到的找麻烦的人，这不正是老子所谓的"祸兮福之所倚，福兮祸之所伏"（五十八章）吗？但祸福可以互换，谁知这三人不是"风雨故人来"，正是来安慰我们、帮助我们的人呢？这个转变，化敌为友，却落在一个"敬"字，尤其在风雨患难中。宋儒程颐曾有一段故事：据说他"贬涪州，渡江中流，船几覆。舟中人皆号哭，先生独正襟安坐如常，已而及岸，同舟有父老问曰：'当船危时，君独无怖色，何也？'乃曰：'心存诚敬尔'"。（《同治重修涪州志》）这不正是"敬"之一字能用在危难中，克服险境，转危为安的最好佐证吗？

（三）自处

九五是处变者自处之位。爻辞中"酒食"只是象征所需之物，达到了要求的目的，并无深意。值得强调的是一个"贞"字，也出现在卦辞中。本卦九五是主爻，卦辞也是指主爻而言。同时本爻是处变者的主位，也涵盖了所有的爻辞中所讲的修养和功夫。在本卦中除了"贞"字，很特别地出现了三个与德性有关的字，即"孚""恒"和"敬"。所以本卦在本爻上的自处，应注重这四个字：

1. 贞：九五之"贞"，因为九五是阳爻，可解为诚。而卦辞中的"贞"，对全卦来说，对内卦三阳爻之乾，当然是以诚而健行不息。我们在追求任何需要时，最重要就是一个"诚"字。

2. 孚：在《易经》中，这个"孚"字第一次出现。"孚"字的结构，上面是母鸡的爪，下面代表小鸡蛋，所以是母鸡孵蛋的象征。母鸡是非常专诚的一心一意在孵蛋，它也确信蛋中有它的小鸡。所以这个"孚"字除了诚之外也有信的意思，是诚于中而征信于外。内卦三阳是诚，三阳和九五之阳相应，也就是由诚相通而互信。

3. 恒：这个"恒"字出现在初九爻上，我们已解释过"恒"的四义，其中"渐进""持续"两义是指内卦三阳的，而"原则"和"目标"却是九五所给予的，也就是说在本爻上须确立大原则和大目标，给予"需"以精神。

4. 敬：敬是儒家最重要的一个德行。孔子屡言："临之以庄则敬"（《论语·为政》），这是人民的"敬"，"敬其事而后其食"（《论语·卫灵公》），这是臣子的"敬"。又说："无为而治者，其舜也与，夫何为哉？恭己正南面而已也。"（同上）"恭"即是"敬"，我们常以"恭敬"连言。孔子眼中，君主如能恭恭敬敬地在他的位子上，做好他应该做的事，国家自然太平无事。所以这个"敬"也是君主无为而治的功夫。

本卦讲"需"求，却要我们能等待，而且又和危险扯在一起，正说明任何需求不是顺手可得的，而是要经过不断的努力，并时时伴有失败的风险与患得患失的苦恼。禅宗达摩初祖曾说："有求皆苦，无求乃乐。"《易经》虽然不像佛学一样讲苦，但对于人生的需求，却要我们通过三种德行"孚""恒"和"敬"来获得。这在其他各卦中，同时兼有三种德行的并不多见。这也可见写《易经》者的苦心了。

讼 六

扫一扫，
进入课程

讼。有孚窒，惕中，吉。终凶。利见大人，不利涉大川。

初六：不永所事，小有言。终，吉。

九二：不克讼，归而逋，其邑人三百户，无眚。

六三：食旧德。贞，厉，终，吉。或从王事，无成。

九四：不克讼，复即命。渝，安贞，吉。

九五：讼，元吉。

上九：或锡之鞶带，终朝三褫之。

一、语译

讼。应有的诚信被窒息了，心中如能警惕，则会吉。否则恃此以往，会有凶的。这卦，有利于遇见大人，但不利于涉川冒险。

初六：不能持久这件事，虽然其间有一些言责，但最后还是得吉的。

九二：不可从事争讼，须归去而离开它，和你同村三百家相合，没有心中之病。

六三：以固有的德性保养自己。把握贞静之德以面临危险的环境，最后还是得吉的。也许有机会替君王做事，不求功成。

九四：不可从事争讼，回去听从天命。能改变想法，安于贞诚之道，会得吉的。

九五：在讼事中，能从始把握正大之道，是吉的。

上九：也许你会得到贵重的赏赐，一天中会有三次被拿走。

二、解义

1. 本卦名"讼"，"讼"是言论争辩于公府，即是所谓兴讼。本卦由内坎外乾两卦重叠而成，其象有以下两义：

（1）乾阳是向上的，坎阴是向下的，两种气流相背，不能和合，所以有争讼的现象。

（2）乾是刚强的，在外卦，即表现在外。坎是阴险的，在内卦，即在心中。这是外刚强内阴险，正是争讼的心理状态。

2. 卦辞：卦辞上的"有孚室"是说本来是有诚信的，如九二的阳爻，但被初六、六三的双阴夹阻，所以有室息的现象。"惕中"是指九五之阳，能警惕于心，改革争讼，则得吉。"终凶"，指讼事不可强调，如以讼取胜，以讼事解决问题，最后必有凶象。"大人"是指九五，代表审判者或法官，如能阳刚中正，据理以审，则有利。但讼事毕竟不是正途，所以不能冒险兴讼。"不利涉大川"，即不利于冒险，"大川"取象于内卦的坎水。

3. 初六：本爻不当位，与九四相应。"不永所事"的"事"，很多注解都当作讼事，如以占卜的"讼"卦来讲，本爻指"讼"之始，也是可通的。但就全卦来说，对"讼"事的看法是负面的，根本上强调不要兴讼，所以初六之始，不可能涉及讼事。"不永所事"的"事"即是指所做的任何事。"永"是指的永远，但这里当作动词，指使其不能永远，也就是所做之事有了麻烦，有了挫折，所以"小有言"，即受到别人的批评或责难。可是为什么又"终，吉"？这是因为取象于初六与九四的相应，才有吉象。

4. 九二：本爻不当位，与九五不相应。但又夹于二阴之间，所以就"位"来说，有太多负面的情况。"不克讼"的"克"字，虽然有克服、取胜的意思，但古文中也可当作"能够"来解，所以这里与其说"不能胜讼"，还不如解作"不能去兴讼"为佳。"归"是回归到自己，"逋"是离开争讼之事。"邑人"是指同类之人，本爻为阳，在本卦中同为阳一类的，就是外卦的三个阳爻。即不把对方当作敌人，而当作朋友，推诚相与，便可化解争讼。"眚"是生于目之病，不是真正的眼疾，而是看法的偏见，即今所谓的"有色眼镜"。"无眚"，就是没有这种偏见。

5. 六三：本爻位不当，与上九相应。本爻夹于二阳，因此有"厉"，但与上九相应，而有吉之象。至于"食旧德"是重在修德，"食"是受食，即吸取营养。"旧德"乃指旧有的或固有的德性；"贞"即贞定，本爻是阴爻，故可解为谦虚处事的原则。"厉"是外在环境的危险，虽然需要戒慎以待，但不必以此影响自己的努力，最终还是有吉的。在此爻上，退守在位可以避开争讼的风险，但如出外辅助君王或做任何大事业，则可能没有成就，因为本卦主旨在不兴讼，当然没有讼事的成功可言。

6. 九四：本爻不当位，与初六相应，而且在外卦乾阳之始，当然不应兴讼。"复即命"的"复"是回到自己的位置上，不要乱动。"命"字在此处有二义：一是命令，因九四爻与九五爻有大臣与君王的关系，故九四的"即命"乃是等待君王的命令；另一是"安于命"的"命"，即安于命运或天命。"渝"是改变的意思，即改变好动向上的态度，而能固守于自己的位置，即"安贞"之意。此处之"贞"，因为是阳爻，可以解为以诚自守。

7. 九五：本爻位当，与九二不应。本爻只有三个字，"讼"是卦名，"吉"是判语，因此只有一个"元"字可讨论。一般的解释是本爻阳刚中正，在讼事中，本爻是审讼之主，即法官，如他能公正无私，则大吉。可是"大吉"并不等于"元吉"，在《易经》中"大吉"只用了有限的二次，即在四十六的升卦和五十的鼎卦，而用"元吉"却不知其数。"元"字含有大的意思，当然涵盖了"大吉"，可是"元"还有"始"的意思，是原其始，也是指动机。在争讼中，动机非常重要，如能在动机中求其大，自无兴讼的必要了。

8. 上九：本爻位不当，与六三有应；有应，所以有利。"锡之鞶带"之"锡"是赐的意思，"鞶带"是官吏的服饰，象征高官厚禄。可是上九不当位，所以这种受赐并不是名副其实的，就同争讼中所得的利益，"终朝三褫之"，"终朝"是一个早上，喻时间之速，三次被夺，即被夺次数之多。也就是说，因争讼得到的利益，是不可能长保的。

三、处变学

（一）自修

1. 初六：本爻爻辞有两个重点，一是"不永所事"，是指你所做的事有了麻烦。如果你所做的事很顺利的话，你会一直做下去，但人间没有永恒的事，也没有无麻烦的事，任何事，迟早都会有它的麻烦，这是事之必然。二是"小有言"，就是别人指出你的毛病。无论是善意的还是恶意的，对你都是有利的。一般人喜欢接受善意的意见，而排斥恶意的。其实善意与恶意取决于对方的态度。而对你自己来说，有错则是事实。本爻是阴爻，以修德来说，是谦虚。但谦虚之德并不是对别人的一种态度，而是自己在无事时应有的一种精神。孔子"六十而耳顺"是指听到任何逆耳之言，都能超然。我们没有这种境界，至少听到逆耳之言，能反省、能思虑、能改变，这就需要我们平日修养谦德了。

2. 九二，本爻的"归而逋"，是劝我们回归自己。如何能回归自己？在德性上，就是反省自己有无过错；在知识追求上，就是了解自己，根据自己的能力，再一步步地拓广。不能回归自己，就是由于我们知见之病，即是这个"眚"字，即是自心所产生的偏见。老子说："自见者，不明；自是者，不彰；自伐者，无功；自矜者，不长。"（二十四章）自见、自是，即错估了自己；自伐、自矜，即膨胀了自己。这都是自我执着的病，有此病，便不能和人相合，而起争端。

（二）应变

1. 六三：面临由内到外的变局，照理说由内卦之坎险到外卦之乾阳，应该是很好的，不过六三阴柔，面临外面的强阳，不是一蹴可就，而须有三方面的条件。

（1）"食旧德"，"德"字在《易经》中还出现了其他四次，即"尚德载"（小畜卦，上九）"不恒其德"（恒卦，九三）"恒其德贞"（恒卦，六五）及"有孚惠我德"（益卦，九五）。这四次的"德"都出现在阳爻和阴爻上，可以解作诚和谦。此处的"旧"在占卜上，可指九二之阳，有九二之支持，即诚德之力量，可以使六三有上进之力，不致太软弱。

（2）"贞，厉"，即贞于厉。本爻之贞，自然是象征阴的柔和谦虚，这样才能为外面三阳所接纳。所以这一爻接合了诚谦两种特性，在谦虚中又有诚的动力。

（3）"或从王事，无成"。"或从王事"，就是走出内卦，走出自己的领域，面临一个新的开始、新的挑战，可能没有成就。如果预先有这种心理准备，便不会患得患失了。这是在面临变化，无法预知时的一个很重要的心理上的功夫。

2. 九四：这一爻已到了外卦，也已经度过了内卦之坎险。它所遇到的变局在哪里？"不克讼"，就是不要再掉入坎险中，因为下面有六三阴柔，所以基础不够稳。而前面有二阳，且九五是阳。九四与九五同为阳，不是很容易调和的，处于这样的环境，在本爻上有两点提示。

（1）"复即命"：前面说过"命"有命令、运命及天命之意，此处不言命令，也不说命运，而重天命。如言"命令"，则浅显无深意。如说"命运"，则违反了《易经》的精神，因为《易经》根本不谈命运，相信命运的人，也不需要问占求卜了。所以这个"命"解作"天命"，才是《易经》的真精神。孔子"五十而知天命"，这里的"五十"是大约而说的，应是孔子五十四岁后，离开了政局纷乱的鲁国，如内卦的坎险，而走入周游列国的新境，如外卦的乾阳。这时孔子深信天命，自任为救世的"木铎"，迎接未来的新的挑战。

（2）"渝，安贞"："渝"是改变。改变什么？前面六三是阴，到九四是阳，是变；四是阴位，现在是阳爻，是变。但这犹是在占卜上来说的。就这个"命"字来看，以前相信命运，任命运摆布，现在认识天命，健行不息，是变；以前好争好斗，制造了很多纷乱，现在顺从天命，任重道远，却不争而自然。所以说"安贞"，即安心而处于贞定。这个"贞"，是诚，即安于诚，能"自成而成物"（《中庸》）。

3. 上九：这一爻到了讼卦的最高处。爻辞上的话是反说的，是指兴讼所得，也不能长保。至于此处的变化，其应变之道有二：

（1）"讼"扩大它的意义来说，就是一切的争斗。无论是良性的还是恶性的，如果只凭方法、权谋、设计而达到目标、获得利益，得到自以为的大成功，这种利益或成功如果没有稳固的基础，很可能在一夕之间就"货悖而入者，又悖而出"（《大学》），结果一败涂地。

（2）应付这个变之道，乃在于不变之道，也就是不讼，即不争。老子说："以其不争，故天下莫能与之争。"（六十六章）这个"不争"是"不争之德"，不是袖手听人宰割，而是上九与六三相应，采取六三的"食旧德"，以诚和谦的德性，稳固地上进，从而达到自利利人、人我和谐的最高境界。

（三）自处

九五是处变者自处之位。本卦讲讼，如果以讼事为主来说，就是要看他如何处理有争辩性的大问题。因为本爻是主爻，所以本爻除了一个"元"字外，卦辞及九二的爻辞，也都是他应吸取的经验。可以分为四点来看。

1. 元其始。"元"有始和大两义，是万物在开始时，具有成就将来变大的因子。而"元"也可通于"原"，当我们面临一个大问题时，无论是争辩或争议，都须要能"图难于其易，为大于其细"（《老子》六十三章），也就是"原"其始，回到本源上去找出这个"元"的素质来。按理说"元"是"善之长也"（《乾文言》），以后的发展应该是光明正大的，为什么现在又产生了争论的问题？这不是在发展的过程中或处理的方法上出了错误，便是在一开始就种错了种子，不是"元"的善，而是开始时的错误。所以在这一点上，要有"原始返终"的能力。

2. 诚信之德。在卦辞中，一开始便点出了"有孚窒"，要能"惕中"。"孚"就是诚信。当一个争辩性的问题成为一个大难题时，其间主要的原因就是"诚信"出了问题。而要解决这个问题，最根本的还是要以"诚信"来处理问题。

3. 中正处事。本爻处解决讼事的主导位置，他自己必须立身于中正。《尚书·洪范篇》说："王道荡荡，无党无偏，王道平平，无反无侧。王道正直。""无党无偏"，是"中"；"王道正直"是"正"。"中正"是治国的准则，也是一位圣君处理争辩难题的原则。有时争辩之事，本身尚没有达到不能解决的地步，而君王或领导者本身的偏差，非但造成争辩的不可解决，而且还为以后造成更多争论留下原因，正如一位法官的判例成为以后断案的依据一样。

4. 反求诸己。"反求诸己"是儒家修德的话，如何用在处理讼事上？一般说法律不离人情，但什么是人情，如何的人情法律能采用？这都是问题。今天法官的审判，常有"心证"之说，什么样的"心证"才是准确的？这也是一大问题。在这里我们不谈司法问题，因为这是一个专业的领域，至今还有司法改革的建议。此处，我们就处变学来说，这位领导者不仅处理他手下有两方面争辩的议题，甚至更多的时候，他自己就是被控诉的对象，就好比公司的员工对老板本身的不满。所以在这种情况下，主管者必须"反求诸己"。很多人强调处理问题自己要先强势，要得理不让人，却不管自己有理没理。此处说"反求诸己"，正是针对这种毛病来说的。必须先能"反求诸己"，设身处地地考虑，才能公正、诚信，才能推原事情的本末去解决问题。

本卦讲讼事，不在兴讼而在解讼。孔子说："听讼，吾犹人也，必也，使无讼乎。"（《论语·颜渊》）所以本爻最主要的目标是"无讼"，因此说一个"元"字，要在本原上解除讼的起因。以善德除讼，才是真正的吉；否则，即使审判公平，但对薄公堂，总是有遗憾的。

䷆ 师　七

扫一扫，
进入课程

师。贞，丈人吉，无咎。

初六：师出以律，否臧，凶。

九二：在师中，吉，无咎。王三锡命。

六三：师，或舆尸，凶。

六四：师，左次，无咎。

六五：田有禽，利执言，无咎。长子帅师，弟子舆尸，贞，凶。

上六：大君有命，开国承家。小人勿用。

一、语译

师。把握贞定之道，有经验老到之人，则吉，也就没有过患了。

初六：出师要有纪律，如果做得不好的话，则有凶险。

九二：（有经验的将帅）在军队中，则吉，而无咎。君王将会再三授命给他。

六三：行师时，或有车载尸体之象，则有凶险。

六四：行师时，能知停驻不前，没有过患。

六五：田园中有野禽，利于能把握言辞。则没有过患。长子能做将帅，如果年轻的子弟代替，则有车载尸体之象，以此坚持，则有凶险。

上六：伟大的君主承受天命，能开创国运和安定家邦。这时要摒弃小人不用。

二、解义

1. 本卦名"师"，"师"是指的兵众。本卦由内坎外坤两卦重叠而成，其象有以下各义：

（1）坤在上，为地；坎在下为，水。地下有水，水相聚，故原意为聚众的意思。

（2）坎代表阴险，而坤又是至阴之卦，故本卦有阴和险之象。

（3）本卦五爻皆阴，只有九二一爻为阳。以王弼解《易》的条例，本卦九二为一阳，是主爻，正象征将帅统兵，为行师用兵之象。

2. 卦辞：本卦以九二之主爻为对象。这个"贞"字指九二之阳刚，以德来说，就是诚信。"丈人"也是指九二的将帅。"丈人"本指老者，如《论语》的"荷条丈人"。但将帅不一定要年老，而是指有经验的长者。"吉，无咎"，照理说已经是"吉"，一切都好，为什么还要加一个"无咎"？这是因为有经验的人为将帅，在师旅是吉；而"无咎"，是指师道都有杀伤，本来不好，但有此将帅用兵，不以杀戮为主，则可以免于过咎了。

3. 初六：本爻位不当，与六四不相应。且又是坎险之始，这正象征"兵者，不祥之器"（《老子》三十一章），所以军队最重纪律，因为纪律可以抑制用兵易流于凶残。"否臧"的"否"一般都解作不，但《易经》十二卦是否卦，"否"的意思是违逆。"臧"虽可解为善，但有人谋的意思，如我们常说人谋不臧。所以"否臧"两字应该是指初六的兵众违背了九二主帅所定下的纪律及谋略。

4. 九二：本爻位不当，与六五相应。本爻爻辞承接了卦辞"丈人"，是指如有经验的主帅在军中，则"吉"而"无咎"。本爻虽不当位，但与六五的君王相应，得到君王的信任。"三"是指次数的多，也就是君王一再地信任。

5. 六三：本爻位不当，与上六不相应，又乘驾九二阳刚之上，并且还在内卦坎险之极，故有"舆尸"之象。在战场上，士兵的死亡都是暴尸山野或当场埋葬，只有将领死亡才有以车载尸的现象。"或"是疑惑之辞，本来九二之主帅领兵出战胜算在握，可是现在年轻的将领在外不能遵守主帅的指示，本身才能不够却一意孤行，当然是惨遭败北了。

6. 六四：本爻当位，与初六不相应，且夹于众阴，上面又有二阴挡住，所以前途不明，因此只有驻兵不动。"左次"就是留在它的位置上，不要轻举妄动，这样才能免于咎患。

7. 六五：本爻位不当，与九二相应。本爻是君王，本该阳刚中正，但却是阴爻居位。位虽不当，却与九二相应。这在用兵时，符合反常的原则，即君主自谦、守弱而信任主帅在外的用兵，有时君王之命可以不受。"田有禽"是指田地中跑进了野禽破坏农作物，这是象征敌兵入侵国土。"利执言"，是利于把握住正当的言辞，也就是举兵抗敌，出师有名。"无咎"者，本来用兵是有咎的，但为了保卫国家，所以"无咎"。"长子帅师"当然是指有经验的九二为主帅。"弟子舆尸"正是指六三缺乏经验的年轻军官揽权的败事。"贞，凶"是指此年轻军官的固执以为是的凶险之象。

8. 上六：本爻位当，与六三不相应。本爻在师卦之终，代表用兵的战事已完，卫国保家的责任已尽。此时这位伟大的君主祭拜上苍，表达他已顺承天命，接着就是为国家开创太平的新机，不再用兵，也就是不再用六三一样好战的将领。"小人勿用"的意思，不仅不用小人，相反的要用君子来辅政。

三、处变学

在占卜来说，本卦是讲用兵的军事，但《易经》占卜之象本可以用之于其他方面，尤其在处变上，更可推扩到治国、商业、个人处世和其他各方面。

（一）自修

1. 初六：这个"律"，在用兵是军纪，在国家是法律，在社会是礼制，在商业是规约，在个人就是德行。就以用兵来说吧，孙武见吴王阖闾时，吴王有意考验他，让他操练宫中的侍女，以两个宠爱的妃子为队长，孙武第一次告诉她们军纪后，她们在操练时却嬉笑以对。孙武再耐心地把军纪详细陈述了一遍，可是第二次操练时，她们仍然嬉笑以对，孙武在吴王来不及阻止时，即斩了吴王的两位最宠爱的妃子，以树立军纪的重要。这个军纪的"律"在另一位兵家吴起手中，由于他受业于孔子学生子夏，他更扩大为"礼"，如他说"凡制国治军，必教之以礼，励之以义，使有耻也"（《吴起兵法·图国篇》）。又说："居则有礼，动则有威，进不可当，退不可追。"（《吴起兵法·治民篇》）这个"礼"除了治国整军外，更通于个人的修养，如荀子便说："凡治气养心之术，莫径由礼"（《荀子·修身》）。所以在这一爻上，处变者是以礼自修。

2.九二：在这一爻上，承接了卦辞的"丈人"，是指以有经验的长者为主帅。这里的经验，不只是指他作战经验的丰富，而是指他有真正用兵的智慧。孙子对这个"将"的要求是"将者，智、信、仁、勇、严也。"（《孙子兵法·始计篇》）这五者中，除了"严"是对治军而言外，其余四者，都是儒家的德行。其中"仁"，如果兼言"仁慈"的话，老子更有发挥说："慈故能勇，夫慈以战则胜，以守则固，天将救之，以慈卫之。"（六十七章）所以这九二之主帅，不仅有用兵的计谋，最主要的还是具有智慧和仁慈的德行。

（二）应变

1.六三：这一爻面临的是最凶险的环境，爻辞只告诉我们败军的现象，而没有提示我们应变的正面意义。其实"舆尸"两字大有文章，由于本卦讲军事，很容易把"舆尸"解作车载尸体。事实上，这个"尸"字还另有一解，即在祭祀时，让幼童坐在神位上，代表神灵受人祭拜。如《诗经》说："神具醉止，皇尸载起；鼓钟送尸，神保聿归。"（《小雅·楚茨》）又《公羊传》说："祭必有尸者，节神也。礼天子以卿为尸，诸侯以大夫为尸，卿大夫以下以孙为尸。"（《公羊传·宣公八年》何休注）这种以幼童为尸的祭礼，在周代以前就盛行，所以本爻的"舆尸"解作抬着年幼者当作主神也是通行的礼法。这一解释也正合了本爻以年轻才弱的将领代替主帅的毛病。基于这种说法，本爻的应变态度应该是：

（1）要重用有智慧、有德性的专门人才来主导，要相信他，给以权责。

（2）切勿任用没有经验的人，凌驾在有经验的专家之上，包括领导者自己。

（3）不要相信三个臭皮匠胜过一个诸葛亮，三个臭皮匠仍然是臭皮匠，一个诸葛亮却能胜过百万雄师。

2. 六四：本爻已在外卦的变化中，爻辞的教训只有两个字"左次"。在军队中，左边的位置是次要的，老子说："君子居则贵左，用兵则贵右。"（三十一章）所以"左次"即退居，而不用兵。就本爻的位置来说，大环境仍然黑暗，而不利于有为。它的方法有三：

（1）要谦虚自守，不要逞能，不要露锋芒。

（2）应变之道在顺变，不要有意去应变，要能以不变应万变。

（3）不求有功，但求无过。

3. 上六：这一爻在天位上，是承天而变，所以说"大君有命"，这个"命"即天命。古代发动战事，在誓师时都以天命自任。如商汤在誓师革命攻打夏桀时，即说："格尔众庶，悉听朕言。非台小子，敢行称乱。有夏多罪，天命殛之。"（《尚书·汤誓》）即是说，这场战事不是我要造乱，而是夏桀多行不义，我承天命去诛伐他。那么在商汤完成了任务后，也要祭告天命。这时候，他伐罪的天命虽然完成，但他的"天命"并没有终止。他的"天命"就是"开国承家"，使人民安居乐业，以创造太平盛世。所谓"小人勿用"，在用兵时，固然不用年轻气浮的将官为主帅，而在开创新局的政治上，更不能用目光短浅、才质下劣的人去担当治国的大任。所以一位明君，即使安邦定国之后，始终以天命自任，坚持不移。

（三）自处

六五是处变者自处之位，在本爻的爻辞上，有三点可以取法。

1. 正名。所谓"利执言"的"言"就是言辞，在古代所谓"尊王攘夷"，即出师有名。在今天从事任何竞争、变革，都需要有正当的理由。这个理由不是在嘴巴上讲讲去巧言惑众，而是守诚召信，有所坚持，所以要"执言"。

2. 识才。在任何事业上，用人都是一个很基本的要求。可是如何用人，却是一大学问。我们常说，"用人不疑，疑人不用"，如果用错了人，不疑岂非更误了大事？汉武帝一登基，就要"召贤"，用了董仲舒的《天人三策》，固然不错，可是后来，汉武一朝用的却尽是苛刑的法史。曹操也来个《求贤令》，说是"唯才是用"，却不管是否为"盗嫂受金"的败德之人，他又岂能安枕无忧？所以真能用人，必须识才。贤君要找出一位能主导大局的干才委以重任，如汉初的萧何，唐初的魏征等。

3. 自谦。本爻是阴爻而下应九二，故有谦下待士之象。但这里的自谦，并非只是言语上的谦让，或是自己无能的谦卑。因为自己也是第一流的君王或领导，就像老子所谓的圣人要"绝圣弃知"（十八章），掩盖住自己的光芒与才能。本卦九二，按《孙子兵法》的标准，将才是"智、信、仁、勇、严"。而六五的君王也同时具有这五德，才能用九二之将才。所以六五之自谦，乃是把他自己化为九二之分身，以应付实际的战斗或竞争。

䷇ 比　八

扫一扫，
进入课程

比。吉，原筮，元，永贞，无咎。不宁方来，后夫凶。

初六：有孚比之，无咎。有孚盈缶。终来有它，吉。

六二：比之自内，贞，吉。

六三：比之匪人。

六四：外比之、贞、吉。

九五：显比，王用三驱，失前禽。邑人不诫，吉。

上六：比之无首，凶。

一、语译

比。有吉。推求占筮的抉择，能够把握元之德，永远地贞定，则免于咎患。如感觉不安宁，应迅速来归。延后来迟的人，必遇凶险。

初六：有诚信去上比，没有咎患。有诚信，如水充满了缸。最后，来临的是意想不到的吉。

六二：自内而比，把握贞定之性，则有吉。

六三：上比却不得其人。

六四：在外而能上比，能贞定，则得吉。

九五：显示了可比，君王狩猎时，网开三面，让前面的野禽逃走。城内的人民也不因君王狩猎而受到警诫，则得吉。

上六：上比却没有首领，则有凶险。

二、解义

1. 本卦名"比"，"比"字是象征两人相并，表示亲密的意思。本卦由内坤外坎两卦重叠而成，其象有以下各义：

（1）坎在上，为水，坤在下，为地。水流地上，密合无间，这是比的主旨，是比喻精诚合作的意思。

（2）水四散于地上，喻王者的教化无处不到。

（3）本卦仅九五为阳爻，其余皆为阴爻。故九五为主爻，其余五阴爻皆相比于九五。

2. 卦辞："比。吉"，因九五为中正之君，如能比附、亲附于中正之君，则得吉。"原筮"，"原"是推求原意，"筮"是占卜以求抉择。为什么这里要做抉择？因为亲附于人很重要，不能选错了人。"元"和前面的"原"字对照，是指原其本意，也指动机之意，"永贞"是指有所坚持，不能三心二意。这样才能"无咎"。"不宁"是指九五之下的四根阴爻，阴性柔弱，有不安之象。"方来"是指即刻，不容迟疑地来比附于九五。"后夫"指上六一爻位居九五之上，指失去了比附的时机，所以有凶之象。

3. 初六：本爻位不当，与六四不相应。上面又有三阴挡路，比附不易。所以说"有孚"，正强调本爻所缺少的，故反说它需要更多的诚信，才能往上相比，才能免于咎患。"有孚盈缶"。"缶"即瓦做的器具，是指简单、朴实，没有雕饰的瓦器，象征我们素朴的心，这里一再强调满心的诚信。"比"按照占卜的"比"的条例，是两邻近爻之间的相比，是由下向上的相比，所以本爻除了向九五相比外，也是向六二相比、求合，由于六二和九五相应得吉，所以初六通过了六二，也得到了"吉"。"终来"，是指最后，也是指开始困难，后来则得到吉，"它"表示不是直接地，而间接地通过了六二和九五的相应而得到的。

4.六二：本爻当位，与九五相应。因在内卦之中，所以说"自内"，也象征来自内心的真诚。"贞"是指贞固他的心性，由于本爻为阴，所以就贞之德来说也指谦虚之德，才能与九五之阳刚相合，而得吉。

5.六三：本爻不当位，与上六不相应，又乘内卦众阴之上，阴过盛而有虚骄之态。由于这些情况，他的"比"得不到应该比附的人。

6.六四：本爻当位，与初六不相应。由"比"的条例来说，他上比于九五，一阴一阳正好相合相和。在易占中凡第四爻是阴，第五爻是阳，各得其位，就是说谦柔的大臣辅助阳刚的君主，才是真正绵密无间的绝配。

7.九五：本爻位当，与六二相应，而又是一阳为众阴所辅，故为伟大的君王之象。"显比"，是指这一阳爻光辉四射，照破黑暗。"显"的意思是显出了他的开放，让人前来比附。"王用三驱"，是指古代君王田猎，侍卫人员先用网把野兽围住，再让君王射猎。后来的君王表示仁心，把前面的网打开，让能逃的先逃。所以"失前禽"，就是让前面的野兽逃走。"邑人不诫"，是指古代君王出游，都要先警告百姓，躲在家中回避，可是此处九五之君却非常亲民，让百姓照常生活作息，这种不扰民的行为才能得吉，因九五与六二相应，君民相亲，所以有吉。

8. 上六：本爻当位，与六三不相应，以一阴驾临在九五阳刚的君王之上。位子已超过了应该比附的对象，在他上面已无人可比，"无首"之"首"是首领或君主，而他又不能回首下比，所以有凶象。

三、处变学

（一）自修

1. 初六：本爻上两次出现这个"孚"字，"孚"是诚信。可见在上比之初，诚信的重要。因为在开始时，我们发心找好的上司去比附时，动机很重要。动机不正，非但所找非人，而且也扭曲了比附的真意。在处变学上，所要比附的不一定是上司，因为上司本身也要有比附。这个比附的对象是理义、是原则。孔子说："义之于比"（《论语·里仁》），正是这个意思。所以在本爻之初，要修诚。心中不诚，即心中没有了理义与原则，又如何能向外去寻求？"有它吉"，就是不要直接为了目的而求吉，要无为自然，而得吉。

2. 六二："自内"指发自内心，这是连接前面诚心而来的初六。这个"贞"字来自本爻的阴柔，即谦虚，也就是谦虚自守。初六、六二都是阴爻，初六讲"孚"、讲"诚"，乃是劝告的话。如果六二还是讲诚的话，未免偏于阳刚，所以本爻以谦虚为主，使初六之诚通过谦来表达。在本爻上，除了修德外，更注重求知，由于谦的自知不足，才能虚心向学，这也正是孔子说的"好学近乎知"。所以上比，除了德性之外，更重求知。

（二）应变

1.六三："比之匪人"是就占卜位置来说的。在运用上，是一种反转。我们常说女子嫁错人，是所嫁非人。政治上选错了主，是所事非人。良禽择木而栖，良臣择主而事。这是本爻正面的意思。本爻在内卦坤土之上，面临外卦之坎险，所以这一爻的应变非常重要。按"比"的条例来说，除非两爻相应，下面一爻须向邻近之上一爻相比，即六三比于六四，再由六四比于六五。也就是说六三需通过六四，才能向九五相比。九五是君主的话，六四便是大臣。如果六四是贤臣的话，这样的"比"便是合乎道的。相反的，六四如果不是良臣，而是权臣，则六三不得其人而比，正是爻辞上说的"比之匪人"。《论语》中有这样一段故事："王孙贾问曰：'与其媚于奥，宁媚于灶，何谓也？'子曰：'不然，获罪于天，无所祷也。'"（《论语·八佾》）王孙贾是卫灵公的权臣，自喻为"灶神"，希望孔子巴结他，孔子却以"获罪于天"来婉拒他。另外还有一段故事：卫灵公宠爱南子，南子的地位相当于六四，所以孔子见南子。后来子路不悦，孔子即说："予所否者，天厌之，天厌之。"（《论语·雍也》）这两处，孔子都以"天"为喻，"天"是指的义理、原则，当然在占卜上也指君王。因此在这样的情形下，六三不宜贸然求进，应安于其位，做好本分的工作。在坤六三与讼六三都出现"或从王事，无成"的爻辞，用在这一爻上，也就是不求有成。如果走政治的路线，也许六三要比于六四，再比于九五；不走政治的路线，六三在它的位置上，直接上比于九五，也就是说把九五转为理义或大原则，直接沟通。《论语》中便有这样的看法，"或谓孔子曰：'子奚不为政？'子曰：'书云："孝乎惟孝，友于兄弟，施于有政。"是亦为政，奚其为为政？'"（《论语·为政》）孔子这话的意思是不一定在朝为官，才算为政，如能把孝悌之德推行在礼法上，才是真正的为政之道。用在本爻上，六三不一定走六四之路，他的上比理义，即上比于九五了。这即是六三直接和九五的理义和原则相比的道理。

2. 六四：本爻爻辞就在一个"外"字，这个"外"就占卜来说，是指外卦，与六二爻辞的"内"正好对应。在处变学上，"外"和"内"的对比还有另一层意义。六四之下的三爻全是阴，六四是其他三爻的领导，照"比"的定义，应该是上比，六四上比于九五。九五是唯一阳爻，是光明的，六四必须带领内卦的三个阴爻，走出黑暗，走向光明。如果六四的这位领导，不向光明去比，而是向下接受其他三爻的比，即只向内营私结党，正如孔子说的"君子周而不比，小人比而不周"（《论语·为政》），小人的比就是向下的比，私心的比。所以爻辞上的这个"外"字正点出了本爻须向九五去做正比。在应变上，即是"亲君子，而外小人"。本爻以下的三个阴爻，固然可喻为小人，但不是天生有恶性的人。如果六四能上比，也就连带这三爻的上比也通向了九五。如果六四向下营私，内卦的三爻也就透不上去，只能在黑暗中斗争。

所以六四要有大功夫，转黑暗为光明，转小人为君子，这就是一个"义"字，应该"喻于义"与比于义。这个"义"字就在九五之中。所以六四要比于九五，通于九五，再回来把内卦的三个阴爻转向光明。

3. 上六：本爻"无首"两字是警诫语，其用意是要"有首"。但它已超过了九五的首领，已在"无首"的位置，又如何能"有首"？在占卜上，只说一个"凶"字，便判了他死刑，但在处变学的应变上，我们却须求变而避凶。上六一爻是在真正的天上，九五是天子，九五须以上六为比，在政治上，九五的君王是比附的对象，但在德性和人生的运用上，我们却以天为终极的比附，即老子所谓的"配天古之极"（六十八章）。在我们应变时，也许走到极境，无路可通，无条例可循，这时候只有以"天"为比，以"天"为首。这不是放弃努力，听天由命，而是遵循天道，相信天理。老子说："天道无亲，常与善人"（七十九章），因为"无亲"，好像"无首"，不能相比，但为善之人，必合天道，自能有善果。所以在这一爻上，转"无首"为"有首"，以天道为首，以天理为最高的指导原则。

（三）自处

九五是处变者自处之位。就爻辞上来看，有三个特性。

1. "显比"。本爻九五中正，他有德性、智慧和才华，是能吸引别人归向于他的，这个"显"字正说明了这种特色。《系辞传》说："显诸仁"（上传第五章），即是以仁德而显，使别人能"亲仁"。但这个"显"，不是显耀你的光芒，照得别人张不开眼，而是显出你的开放、你的平易，使别人容易亲近你。很多做领导的人，一脸严肃，使人却步；很多做父母的人，个性偏执，让儿女难以侍候。古代的帝王常被描写为"天威难测"。这是错误的观念，因为这样，使君主孤立，拉远了其与人民的距离，于是也变得民意难测了。所以本爻是主导，应开放自己，让别人容易来亲比。

2. "王用三驱，失前禽"。这里网开一面的做法，也许来自商汤的网开三面。《史记·殷本纪》说："汤出，见野张网四面，祝曰：'自天下四方皆入吾网。'汤曰：'尽之矣！'乃去其三面。祝曰：'欲左，左。欲右，右。不用命，乃入吾网。'诸侯曰：'汤德至矣，及禽兽。'"汤说的"尽之矣！"就是一网打尽，做得太过分了。网开三面，几乎等于没有张网了。这个想法，用之于处变学，就是即使要人心归附，也不宜用权谋、用方法，使他们放弃自我和你相同。孔子说"君子和而不同，小人同而不和。"（《论语·子路》）所以真心的亲比，乃是合志同心的和，而不是勉强的同。

3. "邑人不诫"。这是指在上位的人不以高位自居，而要走入群众，听听他们的声音。老子说："和其光，同其尘"（第四章），"同尘"就是和世俗之人相处。庄子也说："与世俗处，而不傲倪于万物"（《庄子·天下篇》），即是不自高于万物。在占卜上，下面的四根阴爻，一一地向上比附于九五。在处变学上，领导者不要高高在上，等待别人来比附，而应走下去和群众亲合在一起。

䷈ 小畜　九

扫一扫，
进入课程

小畜。亨，密云不雨，自我西郊。

初九：复自道，何其咎，吉。

九二：牵复，吉。

九三：舆说辐，夫妻反目。

六四：有孚，血去，惕出，无咎。

九五：有孚挛如，富以其邻。

上九：既雨既处，尚德载，妇贞，厉。月几望，君子征凶。

一、语译

小畜。要能沟通，正是密云，还未成雨的时候。这密云是来自西方的。

初九：回复到自己的正路，有什么过患可言，这是吉的。

九二：牵着下面的阳爻一起回复，是吉的。

九三：像车子脱了轴辐，不能行；像夫妻反目，不能和。

六四：有诚信。有血被抹去，警惕之心产生。没有过患。

九五：有诚信，如握手相合。富有来自相邻之人。

上九： 已下雨，已得休息之处。崇尚能载物之德。妇人之德贞定。环境危险。正是月将满而未满之时。君子征战则凶。

二、解义

1. 本卦名"小畜"，"小畜"的"小"有两义：一是指的阴爻，因阴爻以小为称；二是指的少有。"畜"是畜养，也是积蓄之意。本卦由内乾外巽两卦重叠而成，其象有以下各义：

（1）巽在上，为柔；乾在下，为健。巽性柔弱在上，乾性刚强在下。乾阳上进，却受到上面柔顺所劝阻，所以有畜道的含蓄之意。

（2）巽为风，在乾之（天）上飘荡，未能成雨，尚未及物，所以是"小畜"之小。

（3）本卦只有六四一爻为阴，其余都为阳，阴小阳大，以一阴对付五阳，故以小畜大，而为小畜。

2. 卦辞：首重一个"亨"字，因为以一阴畜五强阳，必须沟通、了解才能有效有功。"密云"还未有雨，是因为被五阳气所冲。"自我"之"我"，是作易者自称。如《易经》为文王所作，文王所居在中国西部，从西部吹来的西北风，吹过高山沙漠，故干燥而无雨。卦辞所言，也正合文王当时励精图治，等待时机的意思。由于尚不能举兵灭纣，所以说"小畜"。

3. 初九：本爻当位，与六四相应。本爻在乾阳之初，健而能行，故有行道之象。"复"字在《易经》不是退归，而是回复到重新开始的意思。第二十四卦的"复"，便是一阳初生，大地回春，万物复苏的意思。在这里，第一次出现了"道"字。在《易经》中"道"字共出现了三次，其余两次为第十卦"履"的"履道坦坦"，以及第十七卦"随"的"有孚在道以明"。"道"都是指道路或平实的人道，而没有后来如老子讲的天道的涵义。这里的"道"是指畜道或正道，即阳气上升的路子。"何其咎"是反问语，即哪里会有咎？因初九与六四相应，所以有吉。

4. 九二：本爻不当位，与九五不应。但夹在双阳之中，自己又为乾阳，所以有勉力以牵初九，而一齐复进的意思。

5. 九三：本爻位当，与上九不相应。因在内卦乾之上，有阳刚太盛之病，所以有车子轮辐脱落，不能前进之象，此处"说"，古文通为"脱"。九三阳刚太强，六四一阴又太柔弱，不易和合，因而有夫妻反目的现象。

6. 六四：本爻当位，与初九相应。初九为阳爻，修诚德，所以本爻因相应而有诚相通。故说"有孚"，"孚"是诚信，本爻乘九三之阳，又夹两阳之间，自己又为阴爻，故有出血的现象，但因为"有孚"，所出的血很快就止住了，所以说"血去"，即被除去、抹净的意思。"惕出"，是指内心的警惕产生，因六四以阴柔辅九五之阳刚，因而有戒慎恐惧、战战兢兢之心。这样才能免于过患。

7. 九五：本爻当位，与九二不应。本爻阳刚中正，乃有为之君。虽与初九不相应，但同为阳爻，可以用诚相感相召，故说"有孚"。在本卦中，有两个"有孚"，出现在六四和九五上。在六四上的"有孚"是对九五来说的，因六四之大臣，最主要的任务是辅助九五的君王。而在九五上的"有孚"是对人民来说的，因九五的诚信，是使人民信服。所以又说"挛如"。"挛"是握拳之状，就是使人民都能信归自己。"富以其邻"，"富"是阳的充实有光辉。内卦三阳是富而有光，九五能得内卦三阳来充实自己，是通过六四的虚心，把三阳的充实转化过来。"邻"是指邻近的六四。

8.上九：本爻不当位，与九三不应。又在全卦之巅。由于本卦为畜道，所以本爻指畜道已成。本来是密云不雨，现在已有雨水了。"既处"是已得安歇之处，可以休息了。"尚德载"，是指载物之德，都是指的地道。因为雨水降落地上，地就可以生养万物了。"妇贞"是接上面的"德载"，是指如妇女的柔和的性格。"厉"指大环境有危险。因如畜道未成，则虽等待而没有危殆。相反地，畜道已成，很可能冲动地付诸行动，故有危殆的现象。"月几望"，是比喻月将有满盈但尚未满盈的时候，因此还不能行动，否则"君子征凶"，如果出征，挑起战事，便有凶象。

三、处变学

（一）自修

1.初九：本爻爻辞的重点只有三个字"复自道"。这个"复"字是功夫的所在。《论语》中"颜渊问仁，子曰：'克己复礼为仁。一日克己复礼，天下归仁焉，为仁由己，而由人乎哉！'颜渊曰：'请问其目？'子曰：'非礼勿视，非礼勿听，非礼勿言，非礼勿动。'"（《论语·颜渊》）这个"仁"虽然是至德，但较抽象而广泛。"克己复礼"却是非常具体而且容易落实的。"克"字有二义：一是节制，一是能使。"礼"也有两义：一是外在的礼制，一是内心的礼念。这两义都可通用，一是指克制自己，以合于礼法，一是能使自己内心摆脱私欲，回复于合礼的正念。本卦的小畜和二十六卦的大畜，都是以阴畜阳。"畜"是指驯服野兽的畜牧。这三根阳爻如野兽般的有野性，需加以训练，才能转变兽性，而为可用之才能。小畜和大畜的三阳，就国家来说是培育人才，就个人来说是转化私欲。这个"畜"通于"蓄"，经过了驯畜，就能积蓄才能而为大用。所以"复自道"就是转变刚强的阳而为正道的阳。

2. 九二：本爻和前一爻都有一个"复"字，可见这个"畜道"的"复"仍然一直进行着。即两阳共进，但这里却用了个"牵"字。前爻的"自道"是有自己、自从、自然的意思，比较轻松与顺适；可是这里的"牵"却要花大气力。这个"牵"约有以下各义：

（1）牵动。通常内卦的三阳爻，一爻动时，都会牵动其他两爻一起动，就同拔一根草茎时，常会牵动一簇草茎一起被拔。所以这个"复"不是个别的，而是团队的。

（2）牵引。这是指九二要"复"时，必须用力拉着初九一起向上挺进。以欲念来说，初九心念始动，欲念刚生很容易使欲念打消，回复于正道。而本爻却是心念已动，欲念已生，所以须用力牵引，才能回复于正道。

（3）牵制。"制"是克制、制服的意思，当欲念已生时，便要用大力气去对付它。宋儒朱熹重修的白鹿书院的校训便特别强调"惩忿窒欲"。宋儒们一贯的作风，都是把人欲当作十恶不赦的仇敌，要"灭人欲"，要竭力地扑灭它。

所以这一爻上的畜道，是要有外在的克制功夫。

（二）应变

1.九三：本爻面临由内向外的变局。三阳共进，力道太强，而九三领军，如刚愎自用，则三阳像三匹马拉的车子，一旦不能训练有素，则不会步调一齐，而易于各自奔跑，"舆脱辐"正比喻内部的冲突，所以在应变上，这一爻上应注重的是内部的协调。我们要用人才，照理说人才愈多愈好，可是一个事业如果全是人才，反而有过多之患。人才多了，如果不能调配，反而互相抵销，甚至因冲突而坏事。"夫妻反目"，一方面是指前面所讲的内部的不协调，另一方面也是指九三的阳刚太盛，与六四的柔弱不能和谐以处。本爻爻辞是从负面来逆说的，正面应变的指导是，先结合内部的力量，健康地、安定地向外发展，而在向外应变时，又须表达他的诚意，缓和他的光芒。

2.六四：在处变学上，本爻在大臣的位置，他对上对下有两种意义：一是他带领着一队人才，由于他的阴柔、软弱无力，故而带领不易，可能受到冲击而受伤；然而他必须打落牙齿向内吞，不能表示虚弱。二是对上来说，他领着这帮人才，容易遭君主的猜忌，以为他结党营私。所以他要"有孚"，向君王表达他的诚信。这里说"有孚"，而不说谦虚之"贞"，乃是因为他对付五个强阳，不能再谦虚以对，这样未免太软弱了，所以改用"有孚"。本爻虽为阴爻，但却是"小畜"的主爻。整个"小畜"的驯畜强阳，积聚力量，完全靠他的扭转，他才是真正关键的人物，他时时存警惕之心，知道肩挑大任的不易。由于他有这样的认识，这样的努力，他才能把下面三阳的力量转化到九五，为九五所用。

3.上九：在这一爻上，出现了几个告诉我们如何应变的词语。

（1）既处。"处"是处所，在这里也作休歇的所在。这是说我们要找到自己的定位。在这小畜已成之时，要能休养生息。汉初文帝时，有了汉高祖的努力，正如小畜之有所成。文帝并非刚强之君，所以最好是学老子的无为而治了。

（2）德载。地德的载物，是顺万物之自然，使它们都能各取所需而发展。这时候需要学地之德，能养物、载物，却无怨无悔、无私无偏。

（3）妇贞。"妇"是指阴爻的柔弱，"贞"是谦虚的贞定。"谦虚"能使他自保，"柔弱"能使他胜刚强。

（4）征凶。好征者，都是由于他的自骄、逞能、好斗。这一爻在小畜之上，虽有小成，只能自保，只能继续不断地畜养，不能大有为，不能从事改革而贪图大利益，否则很快地耗尽积蓄的能量。

（三）自处

九五是处变者自处之位。本卦的主爻虽是六四，是"小畜"上的关键人物，是实际事务上的主导者，像总经理，但背后最高的领导者，仍然是九五，他像董事长。六四的任务是善用内卦三阳的人才，同时又要对九五负责。而九五的领导风格，就是无领导的领导，即能够授权给六四去领导。在本爻上出现的两句话正说明了这种特色。

1."有孚挛如"。"孚"是诚信。诚于中，而信于外。诚是真诚，在内心，不易被看见，因此要借"信"来产生作用。九五是阳爻，重诚，这是没有问题的，不必在此再强调。这里我们要特别注意这个"信"字，它有两义：一是使别人相信自己，二是自己能相信别人。老子说："其精甚真，其中有信"（二十一章），这是能征信于别人。又说："信者，吾信之；不信者，吾亦信之，德信。"（四十九章）这是能相信别人。这样才能使九五与六四之间有绝对的互信。"挛如"就像手握得紧，九五不仅握紧了六四的手，同时通过六四的转化，也握紧了人民的手。

2. "富以其邻"。"富"指财富、富有，也指成就而言。国家的富有，是九五之君最大的成就。当六四造就了这些事业，把功劳推给九五时，九五更要有智慧，把这些成就还给六四，还给以下的三阳，也就是还给人民。"富以其邻"的"邻"，是指六四，也兼指人民。老子说："生而不有，为而不恃，长而不宰，是谓玄德"（十章），即有所成就，而不占为己有。正是这种"富以其邻"的胸襟。

䷉ 履 十

扫一扫，
进入课程

履。履虎尾，不咥人，亨。

初九：素履，往。无咎。

九二：履道坦坦，幽人，贞，吉。

六三：眇能视，跛能履。履虎尾，咥人，凶。武人为于大君。

九四：履虎尾，愬愬，终吉。

九五：夬履，贞，厉。

上九：视履，考祥。其旋，元吉。

一、语译

履。踩到了老虎尾巴，老虎不咬人，在于沟通。

初九：素朴的行履，以此而往，没有过患。

九二：行履之道上，非常平坦。幽静之人，贞定不移，则吉。

六三：只有一只眼，以为能看清。只有一只足，以为行得好。踩到了老虎尾巴，老虎会咬你。就像武夫自以为是伟大的君主。

九四：踩到了老虎尾巴，非常谨慎小心，最后还会得吉。

九五：刚愎的行履，以此为贞定。将面临大危难。

上九：检视过去的行履。推求好的表现，能自反而转变，原其始，则得吉。

二、解义

1.本卦名"履"，"履"是指行履，也即经历。本卦由内兑外乾两卦重叠而成。其象有以下各义：

（1）乾为天，在上；兑为泽，在下。上下尊卑，天光映于泽水，历历分明。象征尊卑分明，所以古人常以履来释礼的尊卑分明。

（2）乾为健行，兑为悦乐。能悦于行，象征礼的和乐于行的意思。

（3）外刚强，内柔弱。以柔弱面临刚强，有危险的现象。但柔弱的谨慎小心，终能克服刚强，不致有害。

（4）一阴处于众阳之间。但此阴在第三爻，本为危险之地。六三象征小人，其余各爻为君子，小人处君子之中，如能就有道而正，循礼而行，也是会转危为安的。

2.卦辞："履虎尾"是取象于外卦的乾，三个阳爻在外，非常强悍。本卦唯一阴爻在六三，是主爻。那么踩虎尾的主角就是六三，因为它正面临乾卦之始的九四，一不小心，就会踩上了虎尾。"不咥人"的"咥"是咬的意思。当老虎尾巴被踩，而老虎居然不咬人，宁有此理？除非这是只死老虎或纸老虎。其实"不咥人"是假设语句，要点在下文的一个"亨"字，"亨"是沟通、了解。试想，这唯一的阴爻，不只是踩了九四一脚，他还要应付包围他的五个强阳，多危险的环境！所以这一个"亨"字非常了不得。比如一位驯兽师，能鞭策老虎而不会遭老虎的反扑，乃是因为他深通老虎的兽性。如果把"履"释作礼的话，制礼者就同驯兽师一样，人性中有一部分来自兽性，所以也需要加以规范、制约。"礼"就是人与人之间的沟通、了解。这一"亨"字的对象，只是取象于老虎，其实是针对比老虎还凶猛的人类呢！

3. 初九：本爻当位，与九四不相应。本不应往，但阳性好动，而外卦之三个乾阳又召之于外，所以可往，但要穿"素履"。"素"的意思就是平淡朴素，不施粉饰。以本色而往，这样才能无咎。

4. 九二：本爻位不当，与九五不相应，仍然不能激进。"履道坦坦"，是指可行之道是平坦的，因九二在地面，所以取象地面的平坦。"幽人"之"幽"是指幽静的意思。本爻原是阴位，现在却以阳居阴位，所以这里以"幽"字指明应该本于原来的位置，不宜躁进。"贞"是贞定，本爻是阳，所以以诚为贞德，则能得吉。本爻并无吉象，此处"吉"字是来自于"幽人"。

5. 六三：本爻位不当，与上九相应，但乘九二之阳刚，又深陷在众阳之中，有力弱不能支撑之象。只有一只眼，当然视线不全。跛了一只脚，当然走路不稳。但为什么有一只眼、一只脚的毛病？是因为下面两阳的挺进而失了足，前面有三阳的挡路而遮了眼，所以不小心而踩了虎尾。为什么引起虎的咬人呢？这是因为六三阴柔，却乘二阳之势，自以为大。所谓"武人为于大君"，本是武夫想接替大君之位。这是一种虚骄，也正因为这种虚骄，不能看清自己，而失了眼、断了足。

6. 九四：本爻位不当，与初九不相应。他在外卦乾的始爻，正象征了虎尾。但是谁踩了虎尾？如果是九四的话，他又如何能踩自己的虎尾。所以在九四上所指的虎尾，应该是指的九五。一般《易经》的条例，九四是大臣，九五是君主，我们常说"伴君如伴虎"，所以九四之位，才真有伴虎之象。九四阳刚，与九五的阳刚相冲，如果九四是六四，则阴柔谦虚，正可辅助九五。本爻的"愬愬"正写出了九四应具有阴柔的战兢与小心，才能得到最终的吉。

7. 九五：本爻位当，与九二不应。在众阳之中，有阳刚过盛之象。"夬"也为四十三卦之卦名。"夬"有正负两义：正面意义为刚决，即刚毅有决断之意，本爻阳刚中正，做事果决；负面意义为阳刚太过，有刚愎自用之病。故统说"贞，厉"。"贞"是指以诚为正道，坚贞自守；"厉"指阳刚太过，造成危机。

8. 上九：本爻位不当，与六三相应。阳刚之气，冲至最高层。不能再继续前进，所以这时候要检看以前所行履之处。"考"是推求，"祥"是征兆，就是看看往事的是非得失。"旋"是回旋，因本爻与唯一阴爻的六三相应，但这个"旋"要回到他的本色自然，所以又说一个"元吉"。"元"就是原其始，回到开始时的"素履"，即素朴无欲。

三、处变学

（一）自修

1. 初九："履"指鞋子，穿着鞋子去走，是行履，穿着鞋子去踩，即"履虎尾"的"履"。本爻离外乾之虎尚远，所以没有踩虎尾的现象。以穿鞋来说,"素履"就是穿素色的鞋。在修养上来说,这个"素"字大有文章,它是平淡的,也是本色的,这就是修养的功夫了。《中庸》说:"君子素其位而行,不愿乎其外。素富贵,行乎富贵;素贫贱,行乎贫贱;素夷狄,行乎夷狄;素患难,行乎患难:君子无入而不自得。"这里不是说在富贵要奢侈挥霍,在贫贱要巴结权贵,在夷狄要粗暴凶残,在患难要自艾自怨,而是说真正能把握做人之道,即仁道,无论在任何环境下都可以去实行。这也即是孔子说的:"君子无终食之间违仁,造次必于是,颠沛必于是。"(《论语·里仁》)本爻是阳爻,重诚德,所以"素履"以真诚为本色。君子如能修此真诚,"无入而不自得",便不会踩到虎尾了。

2.九二:在修养上来说,本爻处内卦之中,也象征了心中,指心中的坦然,如孔子说的"君子坦荡荡,小人长戚戚"(《论语·述而》)。这里指君子人格的开放,坦然无私。故君子常乐,不像小人的压抑、多欲多求,而有患得患失之忧。本爻在地上,已说了"坦坦",为什么又说一个"幽"呢?这个"幽"不是幽暗的"幽",而是幽静的"幽"或清幽的"幽"。静者无欲,清者不乱。在儒家来说,就是清明在躬的境界,在道家就是"致虚极,守静笃"(《老子》十六章)的功夫。

(二)应变

1.六三:在处变学上,本爻处在由内到外的应变,外围的环境非常强阳,可是本爻所处的位置又是非常软弱。这时很可能有两种情况:一是弃守投降,听任失败;一是转自卑为自大,盲目地拼斗。前者不必讨论，本卦爻辞指的是后者。一目所视，当然看不清，一脚而行，当然行不稳。这是六三易犯的毛病。所以才有踩到了虎尾，老虎反咬的现象。针砭此病，六三要"真"才能应付艰难的变局，有两眼还不够，要有十目。中国文字的"德"字、"直"字、"真"字都是十目，就是说用十目所视，才有德、有正直、有真理。这"十目"就是比喻谨慎小心，以补正自己的不足。一只脚当然行不稳，有时两只脚也会摔跤，老子说"企者不立，跨者不行"（二十四章），所谓"企者""跨者"，就是有欲有求，所以立不正、行不稳。六三如果能无欲无求，也可以帮助他应付外面情势的艰困。"武人为于大君"，正是告诫在这个应变上，应有自知自觉，但求无过，不求有功。老子说："自见者不明，自是者不彰，自伐者无功，自矜者不长"（二十四章），正是针对本爻而说的，就是不要自以为是。

2.九四：本爻在外卦，入于变化之中。爻辞只说了"愬愬"两字。"愬"字上面的"朔"，是朔风、朔气，是指北方的寒风、寒气，令人战栗、惊惧。所以"愬愬"是劝勉语，要我们有警诫之心。可是在这一爻上，为何需要警诫？这是因为这一爻是外卦乾卦的初爻，上面两爻是阳刚、是光明，所以这一爻和六三一样看不清，自以为是。殊不知这一爻才真正在虎尾上，只有惊惧、小心，才能走得安全。"惊惧"，一般来说是负面的意思，可是老子却要我们惊惧。他说："宠辱若惊，贵大患若身。何谓宠辱若惊？宠为下，得之若惊，失之若惊。"（十三章）这一爻是大臣，伴着九五的君王，就有宠辱之患。所以这一爻在惊惧之后，要知道一切把握在自己，不要寄托于外在，讨好君主，宠之所来辱也随之。踩虎尾，就如拍马屁，拍得不当，就会被反踢一脚。

3.上九：在应变上，本爻已到最高点，前面的发展，实不可知。所以只能反观自己以前的践履，检讨是非得失，才能把握未来。孔子说："人之过也，各于其党，观过，斯知仁矣！"(《论语·里仁》)"党"是私党，即偏私。这是说人的过错，往往是由于他有私心，一有私心，便看事不清，判事不正，所行自然有问题。"其旋"的"旋"，是"旋转"，即回头的意思。在占卜上，上九与六三相应，上九应吸收六三的柔弱以调和他的阳刚过盛之病。但这个"旋"紧跟着的是"元"，是原其始，所以它还要回头去看开始时的情境，就是初九的"素履"。在应变上，有以下各义：

（1）返纯归朴。"素"是素色、本色，所以回到"素履"，就是返纯归朴的意思。因为这一爻在履卦的最高处，也就代表他的行履已达到繁华的地步，必须返纯归朴。

（2）还归于民。以处变学的观点来说，这一爻已代表事业发展到巅峰，财富也有极大的规模。老子说"圣人不积"(八十一章),《大学》也说"财聚则民散，财散则民聚"，这时候必须懂得，取之于民，还归于民。

（3）不忘根本。一位开国之君或成功的大企业家，也许来自穷苦的平民，他们凭着辛苦经营而有后来伟大的成就。爻辞上所谓"视履，考详"，是检讨过去的是非得失。非和失的地方，当然要改过；但对于是或得的地方，更要"原其始"。因为那些都是开始时的血汗努力，所谓"不忘根本"，就是要"不忘来时路"（禅宗语），要在成功以后，重新注入辛苦经营的血液。

（三）自处

九五是处变者的自处之位。本爻的关键字只有一个"夬"字。"夬"有"决"之意，也有"快"之意，就是指这位处变者非常刚毅，有决断力，行事风格非常快速，不会犹疑不决。如果判断正确，那当然很好；相反的，如果有误，而他又很刚毅很自信，坚持下去，岂非刚愎自用，反而误事？所以在这一爻上，是要能刚毅果决，却不会流于刚愎自用。其自处之道，有以下几个方面：

1. 知难。从本卦来看，六三与九四所会犯的毛病就是不自知，轻忽从事，才一再踩到了虎尾。本爻纠正此病，"刚决"不是轻率。老子说："轻诺必寡信，多易必多难，是以圣人犹难之，故终无难。"（六十三章）所以"知难"可以帮助"刚决"免于草率之病。

2. 徐行。主导者做了决定之后，在推行时一定不能太急速，要稳定地进行。老子说："孰能浊以止，静之徐清；孰能安以久，动之徐生。保此道者，不欲盈，夫唯不盈，故能蔽不新成。"（十五章）这里所说的不是完全的静或动，而是由静到动的一个"徐"字，就是决断时不犹豫，推行时能逐步地解决问题。

3. 不逞知。"刚决"如果做得好，当然是有相当的智慧。《中庸》所谓："唯天下至圣，为能聪明睿知，足以有临也。"但一位真正有智慧的人，就不会自以为有知，而逞能去用知。老子说："以智治国，国之贼；不以智治国，国之福。"（六十五章）能不自用其知所作的决断，自然是比较客观而且避免了刚愎自用之病的。

4. 执诚之道。爻辞上说"贞，厉"，"贞"是坚持贞定，本爻

☰ 履 十

99

为阳，故此贞定，乃以诚自守；"厉"是指环境的危殆，是指以贞定之诚，来处理危殆的环境。《中庸》说："发强刚毅，足以有执也"，这里的"有执"，是"贞"，是执善、执诚，正所谓："诚之者，择善而固执之者也"（《中庸》）。一位主导者的刚决，是执善、执诚，自然不会有刚愎自用而致伤人害己。

䷊ 泰　十一

扫一扫，
进入课程

泰。小往大来，吉，亨。

初九：拔茅茹，以其汇，征，吉。

九二：包荒，用冯河，不遐遗，朋亡，得尚于中行。

九三：无平不陂，无往不复，艰，贞，无咎。勿恤其孚，于食有福。

六四：翩翩，不富以其邻，不戒以孚。

六五：帝乙归妹，以祉，元，吉。

上六：城复于隍，勿用师。自邑告命，贞，吝。

一、语译

泰。阴为小，向外走，阳为大，来居于内。得吉，要沟通。

初九：拔茅草的根，牵动了其他的同类，往前挺进，得吉。

九二：能包容蛮荒，用冯河之勇，不遗漏远方之人，私党消失，须推崇中正之行。

九三：没有平坦的地面不会起斜坡，没有往前走不会再回复。知道艰难，坚守贞定，则没有过患。不要忧虑你的诚信没有感应。

你会得到食禄之福。

六四：翩翩地飞舞，不以邻人的富有为你的富有，不要有戒心，要有诚信。

六五：商朝的君王帝乙嫁他的女儿，会得到福祉。能原其始，会得吉。

上六：城墙又倾覆到城下的沟水中。不要对外用兵。要对国内宣布你的文告，坚持贞定，有难堪的窘境。

二、解义

1. 本卦名"泰"，"泰"字是象形字，上面的两只手捧着水，很多注解都以为水从手中流出，滑落通畅，所以代表通达的意思。其实《易经》来自中国西北地区，两手捧到水，如沙漠之绿洲，也可代表安全的意思。本卦由内乾外坤两卦重叠而成。它的象有以下各义：

（1）坤在上，为纯阴；乾在下，为纯阳。阴气下降，阳气上升，两气交感而和。

（2）三阳代表君子在内，三阴代表小人在外。正是内君子而外小人的象征。

（3）乾刚强于内，坤柔和于外。内刚外柔，内正直外和顺。性格平易近人。

2. 卦辞：卦辞中的"小"代表阴爻，"大"代表阳爻，这是从卦象的内乾外坤而说的，所以小的三阴在外，大的三阳在内。但这里用"往"和"来"两字，意味着小人离去君子来归，这是吉象。

最后一个"亨"字说明了本卦沟通的重要性。

3. 初九：本爻当位，与六四相应。由于一阳初动，而内卦为乾，可以向前挺进，所以"征，吉"。"茅"是指茅草，"茹"是草根牵引而动的意思，"汇"是指同类的聚合。所以爻辞是指拔一根茅草，会牵动它的根株，而引动了其他的茅草一起被拔。这是象征这一阳爻动了，就会引发其他两阳爻也一起动。

4. 九二：本爻位不当，与六五相应。本卦讲"泰"是指国家社会的安泰，三根阳爻是造成安泰的基础，而本爻又处内乾三阳的当中，是本卦特别讲"泰"的主爻。所以爻辞很详尽地指出该爻的五个特性：

（1）包荒。"包"是上一爻包下一爻。"荒"指初九，是长满茅草的荒野，"包荒"就是包容没有文化的人。

（2）用冯河。可用孔子所谓"暴虎冯河，死而无憾，吾不与也"（《论语·述而》），"冯河"指徒手过河不用船舟，是喻匹夫之勇。在这里是指能用有勇之人。

（3）不遐遗。指对人的照顾或恩泽，不因他们住在遥远的地方而遗忘了他们。

（4）朋亡。"朋"是指朋党，是指没有偏袒和自己同党之人。

（5）尚于中行。"尚"是崇尚，"中行"是中正的行为。即指尊崇中正的德行。

5. 九三：本爻当位，与上六相应。但九三居内卦乾阳之最高处，又面临外卦坤阴的变化。所以说过去是平坦的，现在却有陡坡了；以前是健顺地挺进，现在却要折回了。"艰"字出现在爻辞上，多数是指知道环境的艰困，因此保持坚"贞"的诚道，则会免于过患。"勿恤其孚"是指九三是阳爻，又和初九、九二合为乾卦，所以讲究诚"信"之孚，不要因为六四之阴有所怀疑和改变。因与上六相应，所以有和谐之象。古人以为能得到君所赐的福禄。

6. 六四：本爻当位，与初九相应。六四阴爻，在外卦坤阴之下，阴气虚弱而下降，就像蝴蝶的翩翩飞舞。"不富以其邻"，有两种可能的解释：一是向下与三阳交流，不因他和六五、上六有朋党之私而以为富有，他能谦虚以待下面三阳。接着"不戒以孚"，就是指下面三阳不必设防有戒心，这是因为他有诚信去对待他们。另一是六四之大臣向六五之君主相比，不以下有三阳跟随而以为富有实力，使六五没有戒心。"以孚"是六四对六五的表达诚信之心。

7. 六五：本爻位不当，与九二相应，故有婚嫁之象。"帝乙"，在商朝帝王中，称"乙"的有三人，即商汤、第四代王和纣之父。前人都指"帝乙"为商汤或纣之父。"归妹"即嫁女儿。本来帝王嫁女儿，都是高姿态。可是"帝乙"却很谦虚，订立了制度，如平民嫁女儿一样。因六五虽是君王，但为阴爻，而婚嫁的对象是九二，却是阳爻，居下位，虽有上下之别，但阴附于阳，这样的谦虚才能得到福祉。"元"，是原其始善，即本爻为阴，需以阴柔之谦虚为本。

8. 上六：本爻当位，与九三相应。照这两点来说，情景不错。可惜位在坤卦之极，有阴太过之虚骄，而又在泰卦之巅，泰极必变，所以有城墙毁坏之象。"隍"是城墙外防人侵入之沟水，因干涸无水而称为"隍"。这时候，自己的城池都败坏了，又岂能出兵去征战？所以只能向城内颁布命令，重整城池。否则不知守护自己，反而自以为贞定，便会有想不到的蒙羞之事来临。

三、处变学

（一）自修

1. 初九："茅茹"，茅草是指没有用的草类，必须连根拔除。这是指对不好的念头，需要予以清除干净。本爻是阳爻，以自修来说，就是要诚其意。"闲邪存其诚"，所以首先要闲邪。像儒家所谓："诚其意者，毋自欺也，如恶恶臭，如好好色，此之谓自谦，故君子必慎其独。"（《大学篇》）这一爻在内卦乾阳的开始，所以有独自之象。这时首重不要"自欺"，这是最开始，也最基本的修养功夫。因为一有"自欺"之心，接着便会产生不知多少偏私与欲念。所以一开始，便要把这个"自欺"的根拔掉。"征，吉"，这是指功夫必须一直继续，有恒地做下去，否则今天只拔一株茅草，第二天会有更多的茅草丛生。所以要日日下功夫，才能日新其德。

2. 九二：后人解释泰卦，常以君子小人为喻。内卦三阳是君子，外卦三阴是小人，"小往大来"，是内君子，外小人。内卦三阳合力同进，是"君子道长"，逼得外卦三阴退却，是"小人道消"。而内卦三阳中，九二居中，是泰卦的主爻。所以在这一爻所写的爻辞，是君子的德行，也是致泰的原因。这个德行有五个特色：

（1）包荒。"包"是上爻包下爻，也就是这一爻须能拉着初爻一起前进，才能合君子之力，以造国家社会之太平。"荒"在占卜上是指初爻，因为初爻有茅草要拔。但在处变学上，这位领导者须有包容一切的气度，这是指他有"能容则大"的心胸。

（2）用冯河。"暴虎冯河"是指刚强的勇气。本爻是阳、是诚、是无欲，所谓"无欲则刚"，这是指君子要有无欲的勇气。

（3）不遐遗。孔子说："君子周而不比，小人比而不周。"（《论语·为政》）"周"是周延、普遍，是指君子或领导者的见解，能看得远、面面俱到、无所遗漏，这是指他有深睿的大智。

（4）朋亡。"朋"是朋党、结党，是"周而不比"的"比"，也即偏私、私心。乾卦三阳虽团结共进，但他们是合志同道、是比于义，而不是一己的私心。所以这点强调的是仁民爱物的仁德。

（5）尚于中行。本爻在内卦之中，我们常说是行乎中道。但这里的"中道"，是中正之道、中和之道。"中正"的"中"是来自于正，以正道而行；"中和"的"中"是来自于和，是为了求和。本爻的中行，就本身来说，是行得正；就他对付外卦的坤阴来说，并非势不两立，要赶尽杀绝，而是和谐以处。

（二）应变

1.九三：就自然和人事的现象来说，地没有一直的平坦，行进没有永远地进而不反。在这一爻上，所面临的是三阳转到三阴的变化。这个变化非常大，照理说是一大冲击，可是本卦却以"泰"为名，却是转冲击为安泰。何以能如此？本爻爻辞上提供了三种方法：

（1）知艰。三根阳爻从开始以来，健于行，走得很顺，到第三爻时，阳气过盛，易流于骄。这在国家或企业来说，在开始时很顺利，往往会"生于忧患，死于安乐"（《孟子·告子下》）。国家如此，企业也是如此。我们常看到很多企业，开始时很顺利，发展很快，结果收拾不住，无法应变。所以爻辞提出一个警讯"艰"，要我们了解前途会有很多转折，要能"知艰"而警惕。

（2）贞于孚。"贞，无咎"，"勿恤其孚"。"贞"是坚持贞定，本爻为阳，即贞于诚，而"孚"就是诚而有信。诚是本爻连同前二爻的共同之德，是诚于内。信是能召信于外卦的三阴，使他们相信，乾阳之来并非消灭他们，而是共创太平。就事业来说，前途虽有险阻，但不是硬性地与它们斗争，而是深入其中，去转化困难，使许多阻难变成了有利的条件，开创更大、更融合的新机。

（3）食于天。占卜上指该爻能得君的俸禄。本爻与上六相应，上六在天位，也是指得天祐的福禄。但在处变学上，不是痴痴地等，或不努力而自然会得到福禄。在应变上，还有较深的含义。老子曾说："我独异于人，而贵食母"（二十章），"母"是指的天道，"贵食母"就是重视取于天道，也即顺应天道。也就是说在应变上，完全的无欲无求，以天道为依归。

2. 六四：本爻的应变，由于夹在下面三阳与上面二阴之间，处境很困难。"翩翩"两字一般都当作轻盈的描写，其实却是极大的功夫。他对于三阳的冲力，能"谈笑间，樯橹灰飞烟灭"（苏东坡词），也就是用柔软的方法，不仅化解了冲力，同时又积聚他们的才能，转化而成正面力量，以辅助六五之君。他的功夫就是以虚待下，以诚对上。

3. 上六：这是泰卦的最高峰。一般来说都以为"泰极否来"，这是根据物极必反的现象来论。但就处变学来说，究竟如何来应变，不致走入否的困境？我们就爻辞来分析，有以下四点：

（1）"城复于隍"。这本是负面的意义，是指城墙倒了，但在应变上有三种情形：一是如何使它不倒？就是上六利用它的阴柔与谦虚，而不致走上极端；二是倒了如何重建？就是上六和九三相应，能得内在阳刚之力，以补救上六之不足；三是在倒了之后，索性就不要城门，当然这是一个很高的境界。如果真正世界太平，像《礼记·礼运篇》说的"太平世"，还需要城池甲兵做什么？即使老子的"小国寡民"也是"虽有甲兵，无所陈之"（八十章），所以这是转负为正，反而变成一种真正的开放。举一个禅宗的例子：初祖菩提达摩注重禅定，他有诗说："外息诸缘，内心无喘。心如墙壁，可以入道。"犹树立了一道墙壁，使内外隔绝。可是后来的禅宗，内外打通，根本不用墙壁。这即是说真正的太平是不设防而纯任自然的。

（2）勿用师。即是在这个时候，应该持盈保泰，固守其位，不宜再激进地向外发展。

（3）自邑告命。在占卜或政治的观点来说，"自邑"可指内心，"告命"即上告天命。也就是说在这时候，应该反躬自省，体承天命。

（4）贞，吝。"贞"是坚持贞定之性，即以阴柔自守。"吝"虽是负面的字，指有羞愧之象；但在应变上，可以转变为正面的做法，即"知耻近乎勇"，能迎面去改变它。这也就是，"贞"之所以能坚定，可以克服羞吝之事。

（三）自处

六五是处变者自处之位，本爻与九二相应，九二是泰的主爻，条列了五种如何致泰的德性，这也正是六五的领导者所应有的德性。即有容人之心，有刚果之勇，有远见之知，有无私之德，有中正之行。除了这五德之外，还须强调的是在本爻上的一个"元"字，以及卦辞中的一个"亨"字。

1. 元："元"是指原其始。也就是说在求泰、入泰时，应该先培养基本人才，使他们都有良好的德性、正确的理想，如初九的"闲邪"。

2. 亨："亨"是指的沟通。本卦三阳三阴，都能相应。因此首重沟通，沟通的目的在求和。泰卦《彖辞》说："君子道长，小人道消"，好像三阳的君子挺进，而逼退了三阴的小人。而事实上"泰"之所以为安泰，乃是阴阳之相和，也就是下面的三阳与上面的三阴的相和。作为领导者，对于他的团队，不宜先分君子和小人，以及人才和庸才，而应着重沟通以求和，这样的话，小人也因君子的感召而迈向君子之路，庸才也因人才的指导而走上正确的方向。这才是国家社会的"泰"，其是奠基于"和"的坚固基础之上的。

扫一扫，
进入课程

䷋ 否 十二

否。否之匪人，不利君子，贞。大往小来。

初六：拔茅茹，以其汇，贞，吉，亨。

六二：包承，小人，吉。大人，否，亨。

六三：包羞。

九四：有命，无咎。畴离祉。

九五：休否，大人，吉。其亡，其亡，系于苞桑。

上九：倾否，先否后喜。

一、语译

否。否是不讲人道之时，是不利于君子的正道。是需要坚守贞定的。大的阳往外走，小的阴往内来。

初六：拔茅草的根，牵动了它的同类。坚持贞定，是吉的，需要沟通。

六二：能包容和有所承受。小人能如此，则吉。大人在否的时候，需要沟通。

六三：能包容，有羞耻。

九四：有天命，没有过患。同类都得到福祐。

九五：休止掉否，大人能如此，则吉。想到会灭亡，会灭亡，这样才能绑在坚硬的苞桑上。

上九：倾掉了否，先有否，后来就转而为喜。

二、解义

1. 本卦名"否"，"否"是口中说出"不"字，即否认的意思。也即外境都不适合自己，使自己的想法和要求都阻塞不通。本卦由内坤外乾两卦重叠而成。其象有以下各义：

（1）乾在上，为纯阳；坤在下，为纯阴。阳气上升，阴气下降。两气相背而驰，不相交流，所以有阻塞不通之象。

（2）三阳代表君子在外，三阴代表小人在内。君子都离去，只有小人围聚于内，所以有外君子、内小人之象。

（3）乾为君，高高在上。坤为民，被压在下。怨情不能上达，所以是阻塞的现象。

（4）乾刚强在外，坤阴柔在内。外表刚强，内心虚弱，所以有不得其正的意思。

2. 卦辞：否卦是写不合人道的时期，这是不利于君子之道，因此我们必须坚守贞固之德。因本卦主爻为九五之阳刚中正，所以此"贞"为诚德。"大"是指阳，往外走，"小"是指阴，来居于内，这正是"否"之象。

3. 初六：本爻不当位，与九四相应。爻辞"拔茅茹，以其汇"与泰卦的初九爻辞相同，都是要拔掉没有用而象征邪妄的茅草。

但前者是"征，吉"，而此处却是"贞，吉"。也就是说本爻是阴爻，为内卦坤的开始，不主进，而要坚守贞定的柔道，处静能止，则得吉。最后还特别强调一个"亨"字，要我们能沟通，才可以避免"否"的阻塞。

4. 六二：本爻当位，与九五相应。因为能正应，又在内卦之中，所以为否卦的主爻。否卦在象上虽是负面的阻塞不通，但否卦的目的却是如何除掉否。所以本爻辞上说明除否的原则，有以下两点：

（1）包承。"包"是指本爻向下包住初六，使初六能安于其位，不致躁动。"承"是上承九五，由于正应，能得九五阳刚之气，向上提升。"小人，吉"，并非指做小人能得吉，而是指小人如能"包承"，则可以有吉。

（2）否亨。"否，亨"是指在否时，需要亨的沟通。因为"大人"处否时，需要了解造成否的原因，以求如何转否为泰。

5. 六三：本爻位不当，与上九相应。"包羞"，因为这一爻下面跟随着两阴爻，所以"包"是指包盖了初六、六二两爻，而它自己又在众阴之上，有阴气太盛之病，且又面临外卦三强阳，光明照眼，因而有自感羞怯之态。这个"羞"字是告诉本爻不要带领了三爻一起而产生虚骄的心理，相反的，更应除去阴柔之病，以求与外卦之阳和合。

6. 九四：本爻不当位，与初六相应。"有命"的"命"是指，如把九四当作大臣的话，那么九四得九五之君的命令，而与下面的三阴周旋。"有命"则"无咎"，否则没有命令，就有咎了。可见九四与九五是一气的、一体的。那么"畴离祉"的"畴"指同类，就是指九四与九五的君臣同心了，"祉"是指福祉，也就是他们能共同消除了否道，打通了阻塞，使国家社会归于安泰。

7. 九五：本爻当位，与六二相应。这象征了九五得六二所揭露的止否的几个原则，而真正主持止否的大任。所以爻辞一开始便说"休否"，即止否。九五阳刚中正，是大人之位，能主持休否，当然得吉。"其亡，其亡"是警诫语，是有感否塞不通，对国家造成之危机。"系于苞桑"的"苞桑"是指丛生的桑木，甚为坚实。也就是把它系在坚实的基础上，也就是乾的阳刚基础。

8. 上九：本爻不当位，与六三相应。因在乾卦三阳之高处，又为本卦之巅，故有物极必反之象，否极则泰来。"倾否"是否的倾覆。"后喜"是因本爻与六三的相应，使阴阳和谐，而有柔和的喜悦。

三、处变学

（一）自修

1. 初六：本爻是否卦之始，是指面临一个否的时代或否的环境中，我们要如何突破它，走出康庄大道来。由于本爻为阴爻，力量不够克服这一困境，"拔茅茹，以其汇"，似乎是牵一发而动全身。所以最好的方法是先把握一个"贞"字，即坚守柔及静的贞定，"柔"是谦柔，不和别人争斗，"静"是无欲，易于满足；然后再修一个"亨"，在这爻上的"亨"是了解和沟通。了解是找出否的原因，沟通是与上面九四的相应，一起解决问题。

2. 六二：本爻的"包"字虽然是上爻包下爻之意，但此处之"包"与泰卦九二之"包"有点不同。因泰卦之九二与初九皆阳，泰是安泰顺畅，所以泰卦九二包初九而能向上挺进。可是否卦的六二与初六皆阴，在否的时候，只能互相劝止，不宜躁动。但这只是消极的做法，只是处否，还不能进一步的止否。接着的这个"承"字极为紧要，六二与九五相应，九五是天位，所以六二上承于天道。宋儒朱熹在《中庸》章句序中说："承天立极"，即上承天道而为人生建立道德修养的标准。就这一爻来说，就是建立可以向上相通的原则，也即打破阻塞的方法。"小人，吉"，小人之所以也能有吉，乃是因为他们能顺承天道。老子说："道者，万物之奥，善人之宝，不善之所保。"（六十二章）所以小人如果顺承天道，便可以自保。至于大人在否之时，不只是能自保而已，还要"亨"，能了解否的原因，去止否、解否，使更多数的人得到庇护。本卦中"亨"字出现了两次，在初六的"亨"只是沟通与了解其环境，而本爻的"亨"却是上通天道，以天道之至诚来调和六二之阴柔。

（二）应变

1. 六三：本爻爻辞只有两个字，"包羞"，在应变上，各有特殊意义。

（1）包：本卦两个"包"字，重叠出现在六二、六三上，可见本卦重视在内卦如何把阴气包住。因三个阴爻常被当作"小人道长"，被认为是"否"的制造者；但如果"包"只是掩盖、包庇，如家丑不可外扬似的，实际上并不能奏效。这个"包"除了制止、包盖外，还有聚合与转化的意义。坤《彖辞》便描写坤的性能为："坤厚德载物，德合无疆，含弘光大，品物咸亨"，"含"即是"包"的意思，但却是含弘而能光大。所以"包"是聚合三阴的力量，除掉弱点而发挥它们阴柔的功能。

（2）羞：在占卜或文辞上，这个"羞"是负面意义的描述，是指阴爻的不够光明，有蒙羞之态。但在应变上，负面却可转为正面。"羞"即"羞耻"，"羞"和"耻"两字意义相同，只是"羞"偏于内心的感觉，"耻"兼及外在的行为。中国哲学中都以"耻"为言。"耻"本来也是负面的意义，可是中国哲学却把"耻"转为正面意义的"知耻"。管子说："礼义廉耻，国之四维。四维不张，国乃灭亡。"（《管子·牧民》）孔子也发挥说："道之以政，齐之以刑，民免而无耻。道之以德，齐之以礼，有耻且格。"（《论语·为政》）可见"知耻"，对于一个国家的国格、一个人的人格的重要。这里的"羞"转变成正面的作用，即"知羞"或"知耻"。在应变上，知羞、知耻的转变意义有二：一是能使人反省，即三阴能反省它们的弱点，以除去否塞的原因；另一是"知耻近乎勇"（《中庸》），能开放自己，去迎接外在三阳的光明。

2. 九四：在变化上来看，本爻是走出了阴柔的"坤"，而走向光明的"乾"。在应变上来说，他一方面要应付三阴的逼近，一方面要和自己同属阳刚的九五相处。他的方法也是非常有技巧性的，对下他要软硬兼施，恩威并重；对上，他也须以诚召信，以谦求合。在爻辞上出现了一个关键的"命"字。这个"命"，在中国文字上有五层意义：一是天命，二是运命，三是生命，四是德命或慧命（智慧），五是命令。在占卜上，"有命"即得君王的命令。这个"命令"的意义较浅。至于运命和生命，不是我们可以控制和应付的，而且也不是《易经》所要论的。所以本爻的"有命"，应以指天命、德命和慧命为佳。在应变上，讲天命，即承天命，也就是禀承天道赋予我们的责任。至于德命或慧命，即以德和智慧来应变。尤其坤是讲"厚德载物"（坤《象辞》）。乾是讲"乾知大始"（《系辞上传》第一章），而本爻正在乾上坤下之间，所以要用德和知来应变。

3. 上九：我们常用"物极必反"来描写最上一爻的现象，因为任何事情发展到极境，很容易会变。但"物极必反"是用逆转的语气来劝人不要走到极境，譬如泰极否来就是劝我们不要过度的贪求安泰，这样就会"死于安乐"。那么在"否"卦上，最后的否极泰来，是否说明我们要等到否极而相信"泰"自然会来呢？如果这样痴痴地等，我们会永远地堕入否的深渊中而无法自拔。所以本爻爻辞先说一个"倾"字，表示必须用力把"否"倾覆掉，而不是"否"自己会改变。这一爻是阳爻，在乾卦之最高处，积聚了三个阳刚之气，才能倾倒"否"的困境。在应变上，真正能"倾否"的力量，是发自九五爻的领导者，而不是在上九爻上。

（三）自处

九五是处变者自处之位。在"否"的时代中，要拨乱反正，应具备以下特点：

1. 是"休否"的主导者。"休否"是指"否"的情况发展到他手中，才予以制止，停了下来。他之所以能为主导者，是因为他居九五的君位，而且阳刚中正，足以抵挡"否"的发展。

2. 有大人的气度。"大人"两字在本卦中只出现于六二与九五之爻上。在六二上是"大人，否"，是处否之中。九五是"大人，吉"，是休否之后的得吉。在这里，我们要强调的是这位"大人"与"小人"对比。小人气识小，困于"否"境，不能自拔，而大人有恢宏的气度，在"否"时，能上通、能止否。孔子说："君子固穷，小人穷斯滥矣！"（《论语·卫灵公》）"固穷"是在穷中，能固守其志，不为穷所困。同样，大人在否时，也能以他顺承天道的气度，不为否所困。

3. 有居安思危的意识。爻辞重复地说"其亡，其亡"，是对"亡"的警诫。孔子说："危者，安其位者也。亡者，保其存者也。乱者，有其治者也。是故君子安而不忘危，存而不忘亡，治而不忘乱。是以身安而国家可保也。"（《系辞下传》第五章）这是说一位高明的领导者必有居安思危的忧患意识。

4. 有坚贞自守的德性。这个"贞"来自卦辞及初六。卦辞是这一卦的总原则，也正是九五的"贞"德。这是说在否的阻塞时，能不移其志，坚贞自守。

5. 有沟通上下的知能。这里的沟通来自六二的"大人，否，亨"的"亨"。因九五与六二相应，故九五兼有六二的性能。这里说"知能"，是指他的"乾知"，能"知大始"，能知"否"的原因。他的能，是指他有沟通上下之能，使坤之三阴能与乾之三阳和合，以摆脱"否"的困境。

䷌ 同人　十三

同人。 同人于野，亨。利涉大川，利君子，贞。

初九： 同人于门，无咎。

六二： 同人于宗，吝。

九三： 伏戎于莽，升其高陵，三岁不兴。

九四： 乘其墉，弗克攻，吉。

九五： 同人，先号咷而后笑，大师克相遇。

上九： 同人于郊，无悔。

一、语译

同人。 与人相合于旷野，需要沟通。有利于渡涉大河。有利于君子，需坚守贞定。

初九： 和人相合于大门，没有过患。

六二： 和人相合于宗祖，有吝态。

九三： 藏兵器于莽草间，又登上高陵。三年都不能兴起。

九四： 乘坐于城墙上，不能攻击，能得吉。

九五： 和人相合。首先痛哭，后来转而为笑。两军大师能相遇。

上九：和人相合于郊外，没有后悔。

二、解义

1. 本爻名"同人"，"同人"是同于人，即和人相合。在个人，是交友；在社会，是团队；在商业，是联合。本卦由内离外乾两卦重叠而成。其象有以下各义：

（1）乾在上，为纯阳；离在下，为火。纯阳之气上升，离火之气也上升，两者性相同，所以相投而为同人。

（2）乾天在上，离火光明，也向上照耀，所以天为火光所趋，也为同人之象。

2. 卦辞："野"是野外，代表远方和空旷之处。所以同人的结合，是远大无私的。"亨"是需彼此沟通与了解才能相合。乾是健于行，本卦同人讲同心合力，表示可以解决困难，即使危险的大川也能安渡。乾三阳代表君子，"贞"是坚守贞定的诚德。

3. 初九：本爻位当，与九四不相应。正是可往而尚未往的时候，因此说"于门"。门是通内外的，开门就是走出自己的家内，到外面去交友。因与九四不相应，上有阴爻挡路，故本有咎。可是能出外交友，所以又是无咎。

4. 六二：本爻位当，与九五相应。本爻为同人卦的唯一阴爻，是主爻。以一阴爻和五阳相应，正说明同人的普遍性。"宗"是祖宗，是指自家的一宗。六二与九五为正应，本应该合同，但本卦的同人是普遍的、开放的，如只同于一个九五，太狭小了，故有羞吝之象。

5.九三：本爻位不当，与上九不相应，且在离火之上。"伏戎于莽"，是藏兵器于内，这是取象于内卦六二之阴。"升其高陵"，是取象于在内卦之上，面临着外卦。"三岁不兴"是指长久也不能完成目的，也就是不能出外去"同人"。

6.九四：本爻位不当，与初九不相应。"墉"是城墙，内卦如城墙，由于走出了内卦，所以本爻如坐在城墙上，面临外卦之乾阳。本爻在乾之始，不宜躁进，所以不能采取攻势，只能顺势发展。

7.九五：本爻当位，与唯一之阴爻六二相应，所以有同人之象。九五与六二的相应，却为九三、九四两阳爻所阻，因此先有号啕哭泣之叹，后来因相应而能合同，所以又转忧为喜，而有会心之笑。"大师"指九五的兴师，能与六二相遇。此处"相遇"并非两军相遇克敌制胜，而是相遇而同盟，因本卦是同人，而非战斗。

8.上九：本爻位不当，与九三不相应，且在本卦之上，就同人来说，似乎不能同人。"同人于郊"是条件句，如能打破门墙，在郊外求同于人，也许可以免除后悔，但也只能"无悔"而已。

三、处变学

（一）自修

1.初九：本爻在同人卦之始，同人首先要开门交友，所以最先提出一个"门"字。"门"不能随便开，交友也不能随便交。古人造门，是为了严内外之防，所以门的开关很重要。但这个门不只限于房子的门，而且兼及心思的门。在本爻的自修上，这个心思的门更为重要，有以下两义：

（1）闭门思过。这本是指关起门来，独自反省过错。这在《大学》篇叫"慎独"。因为一个人独居，面对自己不会自欺，所以这是自修的最好时候。只有关门自修之后，才能开门交友。否则自心不正，如何能交上真正的朋友？

（2）闲邪存诚。闭门能拒盗，严于心防才能使外邪无法入侵。我们常说物欲，好像欲是物所具有的，其实这个欲一直在心中，只是由物而引发。孟子说："耳目之官不思，而蔽于物，物交物，则引之而已矣！"（《孟子·告子上》）所以即使关了门，这个心内之欲，仍须净除。当心中无欲之时，即是心中之诚自存之时。

在我们关门自修，能存心中之诚后，才谈得上开门去交友，才会交益友，而不会交损友。

2. 六二："宗"是祖宗。中国古代重视血脉继承，以祖宗为源头，祖宗祭祀也是中国主要的宗教礼仪，所以"宗"是非常正面的字。可是在这一爻上，"同人于宗"，反而有吝。这是因为依本卦同人之义，是要开放，不能限于一宗、一族，而要"四海之内皆兄弟"，以达到"天下为公"的大同社会。

在处变学的自修上，就是要打破小的格局，打破旧有的体制。庄子说："道隐于小成"（《庄子·齐物论》），这是说当我们小有成就时，往往志得意满，以此自骄。这样一来，这个"成"反而变成作茧自缚，限制了自己更大的发展。所以要突破自己的小成，才能有大成；摔脱了自我的"小同"，才能有"大同"。孔子说："君子和而不同，小人同而不和。"（《论语·子路》）这里的"同"就是以自我为中心，要别人来同于自己。这是同于己，而不是同于人。本爻是唯一阴爻，阴爻本是小，见识小、器度小。如果六二自闭，以自我为宗，又如何能向外，与其他五阳爻相合以和？

（二）应变

1. 九三：本爻的爻辞描写出一个活生生的小我，自我的想法、做法，这也就是他之所以不能同于人的原因。针对这个原因，我们的应变要反过来看，九三应向六二相和。六二是"莽"，但不是"伏戎于莽"，而是化干戈为玉帛。九三面临的是外卦的乾阳，不应以三阳为对手，"升其高陵"与他们比高、争斗。相反地，要先走出自我，迎接乾阳的光明。"三岁不兴"是判断语，指他的不能成功。在第三爻常说"无成"，也就是不求兴、不求成。因为与人相合，是目的而不是手段。同人是志的相同，是志于道，即相交于道，而不在个人的得与不得、成与不成。

2. 九四："乘其墉"是坐在高墙上，并没有跳出墙外去求同于人。"弗克攻"，是指不可以攻击别人，来求别人合同于自己。这有两方面的意义：

（1）不以高凌人。这是说不以自己地位的高来和低处的人比较，不看轻别人。《礼记·儒行篇》说："不临深而为高，加少而为多"，即不以对方的低而显示自己的高，不以对方的少而夸示自己的多。此处也是同样的意思，如果以别人的低，来显示自己的高，这不是虚心的待人而求同。

（2）不以德临人。这是说不以自己的有德，来显示别人的无德。庄子曾说："已乎已乎，临人以德！殆乎殆乎，画地而趋！"

（《庄子·人间世》）而且还编了一个颜回以道德仁义去劝卫君的故事说："强以仁义绳墨之言术暴人之前者，是以人恶有其美也"（同上），即是说以仁义道德之言劝卫君，显得卫君不讲仁义道德，而反显出自己的有德。像这种以自己的有德来凌驾别人之上，使别人不敢与你相应，这样又如何能与人相和？

所以在这一爻上的应变，就是不以高姿态凸显自己，不要攻击别人的弱点，来表示自己没有这些弱点。

3. 上九：同人卦发展到最高有两种情形：一是物极必反，这一爻到了最高，也就是高不可攀，脱离了人情，以致不能同人；二是本爻在天位，天无分别，也无所谓同与不同，因此在本爻上超越了同人。所以爻辞"同人于郊"，又把天位转到地上。"郊"是指城墙之外的市郊，离市区不远。这不只是开了家门去交友，更开了城门，去交异地的朋友，可见交友同人的范围又大又远了一点。但这个"郊"，比起卦辞的"野"又近、又小了一些。如果用《礼记·礼运篇》所说为例，"同人于野"是大同世界，那么"同人于郊"就是小康社会。小康社会依据《礼运篇》所说是："未有不谨于礼者也。以著其义，以考其信，著有过，刑仁讲义，示民有常"。这在应变上即是说，这时候不能大开大放的去发展，应有所节制，合于礼法，基于信义，以人性人情为主。

（三）自处

九五是处变者自处之位。一位适当的领导人才，他的同人是"先号啕而后笑"。为什么"先号啕"？这有两个现象：

1. 惊觉不同。真正的"同人"，先要知道"不同"。如果是完全相同的话，就自然的相合，也不需大费周章去说"同人"。所以"号啕"是一种发现对方和自己不同的感觉。有时甚至先以为彼此是敌对的，故交友时有所谓的"不打不相识"。

2.感情深入。"号啕"是一种大声的哭喊，必然是由于内心有真切的感受，所以"同人"，必须有深入的情感基础。否则像我们普通生活上的附和别人，那是礼貌上的周旋与应酬，谈不上深度的同人。这也就是号啕在先，因为"号啕"要比"笑"深入多了。

"大师克相遇"的"大师"只是借喻大军。因同人不是战争，不必用大军相遇，无论谁胜谁败都不能同人。所以这里的"大师"可象征为真心或大原则，以真心相遇，才能破涕为笑，由于大原则上的相契，才能合志同道。

在这一爻上，这位领导者主导了同人的全局，不仅能和他不同性格的六二相合，而且与其他五强阳的人才也能相聚。他的"大师"的大，就是他气度的大、容量的大。在卦辞上的"亨"和"贞"正点出了他的同人之道。

（1）亨：他要有极大的沟通能力。不仅异于己的能沟通，沟通的结果，是仍然保持双方的差异性，只是要彼此和谐。而且同于己的也要沟通，沟通的结果，是发现同中之异，使各尽所能。

（2）贞：他要能把持得住大原则。同人不是盲目的与人同，不是完全要求别人和自己同，也不是勉强自己去向别人求同，其间所要把握的就是一个大原则。《论语》中有子说："礼之用，和为贵，先王之道，斯为美，小大由之，有所不行，知和而和，不以礼节之，亦不可行也。"（《论语·学而》）如果只为了和，而什么都不管地去求和，这个和反而是乱之始。所以要各循其礼，而达到彼此各守本分的和才是真正的和。同人的真正求和，也是以礼节之，使人同于大原则，而各守其贞定，以达到真诚的和。

䷍ 大有　十四

扫一扫，
进入课程

大有。元，亨。

初九：无交，害，匪咎。艰，则无咎。

九二：大车以载，有攸往，无咎。

九三：公用亨于天子，小人弗克。

九四：匪其彭，无咎。

六五：厥孚，交如，威如，吉。

上九：自天祐之，吉，无不利。

一、语译

大有。把握原始之大，需要能沟通。

初九：没有交会，是有害的，但并不是过咎，知道艰困，就会没有过患。

九二：用大的车子来载物，可以有地方去，没有过患。

九三：公侯以此来献于天子，小人不能做到。

九四：并非自己的盛大，没有过患。

六五：这样的诚信，能下交于人，又能保持自己的威严，则会得吉。

上九：自天所降的福祐是吉的，是无不利的。

二、解义

1. 本卦名"大有"，"大有"是指所拥有的广大。本卦由内乾外离两卦重叠而成。它的象有以下各义：

（1）离在上，为火；乾在下，为天。火光在天上，照耀广及一切，故为大有之象。

（2）乾为阳刚，充实于内。离为火，发散于外。故为大有之象。

（3）一阴处君位，而为五阳爻所附，阳为大，故阴之君拥有之大，而为大有。

2. 卦辞：只有"元，亨"两字。"元"是原其始善，也就是开始时即走上正道，以后才能有真正合道合理的大有。"亨"是沟通和了解。本爻以一阴爻拥有五阳爻。阴小阳大，阴弱阳强，如没有深入的沟通和了解，又如何能使五阳归心？

3. 初九：本爻位当，与九四不相应。因不相应，所以说"无交"，则有孤立之害。但"匪咎"，即是说不是你本身的过患，因为你以阳爻处阳位。但上有三阳挡路，其行多艰，不能轻易从事。能有此心理，继续行健，最后才能真无过患。

4. 九二：本爻位不当，与六五相应。由于在乾阳之中，乾为大，所以比喻为大车。所载的是阳刚充实之气，乾是健于行，而与六五正好相应。所以此去不会有任何过患。

5. 九三：本爻当位，与上九不相应。因本爻在内卦乾阳之高处，阳刚过盛，易于骄纵。所以爻辞劝以"公用亨于天子"，是把自己的功劳和成就转献给天子，即不自居功。小人的气量狭小，往往挟功自持，没有这种大公无私的境界。

6. 九四：本爻不当位，与初九不相应。"彭"是澎渤盛大的意思。本爻之所以有这个现象，乃是因为它在四阳爻之首。阳刚过盛，有"彭"之象。"九四"之"彭"，是自我的膨胀，是不该自大而自大，因为它带领着内卦三阳，而直逼六五。六五是柔弱的君主，所以本有咎患。但如果"九四"能自我节制，不强调它的盛大，这样才能"无咎"。

7. 六五：本爻位不当，与九二相应。照理说"六五"阴柔，它本应谦让，可是由于它是唯一阴爻，是主爻，须应付五阳，如果再谦退，未免太弱了，所以说一个"孚"字，使它的柔弱通过诚信来迎接五阳。"交如"，也就是能诚信，才能和五阳水乳交融。接着"威"字又保持了作为君王的尊严，而能"威如"不致太过软弱，这样才能得吉。

8. 上九：本爻位不当，与九三不应。本爻在大有卦之最上，是在天位。虽然位不当，而不应九三，好像是不能"有"。然而"生而不有"（老子语）正是天生万物而不占有万物的伟大特性。所以天之不有才是真正的大有。所谓"自天祐之"就是不在于人和人之间的互有交利，而是天之无心却利祐万物。为什么说"吉"，又补以"无不利"？"吉"是指结果的判语，"无不利"却是指行动的无不利。

三、处变学

（一）自修

1. 初九：本爻在一个大有的时代，而所处的却是最低的位置。这时候还不足以有为。"无交，害"是占卜的用语，有负面的意义。但"匪咎"却说明了它不在乎"咎"与"无咎"，而照它应该做的去做，也就是虽无外援，却正好放下一切，是自修的好时节。初九是阳，所自修的就是诚德。"艰"是知难，能知难就不会掉以轻心，这才是诚的表现。所以在这一爻上的应变，不必真正去应变，而在自修的存诚，存诚就是以不变而应万变。

2. 九二：九二在乾卦之中，它一面拉引着初九一齐动，一面又推动着上面二阳爻一起行。"大车"就像佛学中的"大乘"，能普渡更多的人。这一爻在地上，地无不载，所以在这一爻上的自修，不仅要心量的广大，而且要德性的伟大，以及知性的广大。现在就看看这三大：

（1）心量大。本爻在地上，地之大如老子说的，"道大，天道，地大，王亦大"（二十五章），故王和地同其大。老子描写心量之大，除地之外，也以江海为喻，如"譬道之在天下，犹川谷之于江海"（三十二章）。由于江海之大，又处最低处，所以能容纳百川。

（2）德性大。本爻为阳，以诚为至德。诚德之大，通乎天地。《中庸》说："唯天下至诚，为能经纶天下之大经，立天下之大本，知天地之化育。夫焉有所倚？肫肫其仁！渊渊其渊！浩浩其天！

苟不固聪明圣知达天德者，其孰能知之？"

（3）知性大。本爻在乾之中，为乾之主体。乾的特性是知，所谓："乾知大始"，"乾以易知"（《系辞上传》第一章）。乾的知不是知识的累积，而是由于它在每一物的开始时都赋予该物由小变大的性能。这种性能就是乾的知性，因为每一物都具有，所以这就是它的知性之大。

（二）应变

1. 九三：九三由内卦而出，面临外卦离火的光明照耀，正是大有的光辉境界。九三和大有主爻六五没有相应的关系，而且又不是亲信的大臣，接近君王。虽然他贵为公侯，但却不如大臣能参与实际政务，在这样的情况下，他又如何应变？"公用亨于天子"的"亨"是一个关键字。"亨"的原义是祭祀、是祷告。普通"亨"都是单独出现在卦爻中，我们都直接解为沟通，而此处却用原义，作动词用，为祭祀和祷告。在《易经》中"天子"一词只在本爻中出现一次。所以这位公侯所祭祀所祷告的天子，并不一定是指六五的君王，而是含有更高层次的"天"的意思。这是说他不必勉强攀附，只祷告上天以明志，也就是安于其位，以不变应之。大有的光辉如果照明四方的话，自然也会兼被于他。接着爻辞说一句"小人弗克"，来衬托这位公侯的"大人"的伟大。因为"小人穷斯滥矣"，小人当然会无所不用其极，又如何能安于其位，向上苍诉衷志？

2. 九四：本爻靠近六五之君，为权臣。爻辞的"匪其彭"是告诫语，劝他不要自持阳刚之盛势。爻辞简单，应变起来却有很多意义：

（1）不结党营私。本爻带领了下面三阳，很容易有结党营私之病。所以本爻不应使他们崇拜自己，而成私党。

（2）不拥权自大。本爻有以下三阳的推崇，又有上面君王的信任，很容易大权独揽，因自我膨胀而毁了自己。

（3）用其光归其明。这是老子的话："用其光，复归其明，无遗身殃，是为习常。"（五十二章）本爻为阳，当然有光辉，尤其在大有之时，应该放出他的光芒，只是在用之时或用了之后，又归于内在之明，即光明内照。"习常"就是顺于常道、天道。

（4）和其光同其尘。这是《老子·四十章》的话："和其光，同其尘"，就是说不要使自己的光芒太露而使别人张不开眼，要能遮盖自己的光芒。

（5）有转化之能：这是说本爻能把下面三阳的光芒转向六五，为六五所吸收，再放射出来。这样四阳之光有六五柔和之性的调节，才能变为大有之光，使万物都能生长而无害。

3. 上九：本爻到了天上，已超出了帝王的大有，而是天道的大有，它有以下几种意义：

（1）无所不包的大有。天包盖了一切，是无所不有的。《中庸》说："斯昭昭之多，及其无穷也，日月星辰系焉，万物覆焉。"

（2）无个人之私的大有。天是宇宙万物的总称，并没有一个主体叫作天，既然没有一个主体，就没有一个个人之私。也就是说没有一个个人去"大有"一切，而是大有自己的大有，即万物自己的大有。

（3）生而不有的大有。天不是超然与万物无关的，它是生万物的，是给予万物以生命的本质。但它却不占有万物，以为万物是出于自己的。老子说："生而不有，为而不恃，长而不宰，是谓玄德。"（十章）其实，"为而不恃，长而不宰"也是"生而不有"的运用。总之，能"不有"，才是"大有"。

（4）无为而无不为的大有。"无不为"是"大有"之无所不为。但要能"无所不为"，却不是有为所能达到的。无为在老子思想中最基本的意义是无欲和无目的，唯有能无欲和无目的，才能有"大有"之无所不为。

以上四点，前三点是天之大有的特性，而最后一点乃是应变的方法，也就是说在这一爻上，应以"无为"的方法来应变。

（三）自处

六五是处变者自处之位，本爻是主爻，除了该爻的爻辞外，本卦的卦辞和与它相应的九二的爻辞，都提供了本爻自处的特点，有三方面含义。

1. 元。卦辞的"元"，正说明了整个卦的特色。"元"是始和大两义。"始"是诚之始，因五阳为诚，"大"正是"大有"之为大。所以在这一爻上，首先要有诚之德和远大的理想。

2. 孚。这个"孚"出现在本爻的爻辞中。本爻是阴爻，属性为柔弱、谦虚，但此处却说一个"孚"的诚信，以阳刚之气来补救他的弱质。所以这个"孚"的诚是通过谦来表达的。诚和谦本是一体的两面，是表里不可分的。谦中有诚，才不致虚假；诚中有谦，才能动人而不致伤人。

3. 大。这个"大"是得自于九二的"大车"。因为六五只有一阴，形单影只，有点孤立。所以它借九二与六五之相应，吸收九二之力来补助自己的不足。九二是阳爻，为大，而且有大车可以载物。所以六五借了九二的大车，来把自己的小放大，把自己的小识扩大，这样他才能拥有五阳而开创大有的局面。

䷎ 谦　十五

谦。亨。君子有终。

初六：谦谦君子，用涉大川。吉。

六二：鸣谦，贞，吉。

九三：劳谦，君子，有终，吉。

六四：无不利，撝谦。

六五：不富以其邻，利用侵伐，无不利。

上六：鸣谦，利用行师，征邑国。

一、语译

谦。需要沟通，君子有好结果。

初六：是位谦虚的君子，用谦可以渡过大川。有吉。

六二：有鸣声的谦虚，坚持贞定，会得吉。

九三：担任劳务的谦虚，君子有好结果，会得吉。

六四：无有不利，去行谦虚。

六五：不因邻居而富，可用于处理侵伐之事，无有不利。

上六：有鸣声的谦虚，可用于军旅之事。征讨其他国家。

二、解义

1. 本卦名"谦","谦"是谦虚、谦逊、谦让的意思。本卦由内艮外坤两卦重叠而成，其象有以下各义：

（1）坤在上，为地；艮在下，为山。本来地应在山下，现在却山在地下，正是谦卑之象。

（2）坤为顺，在外。艮为止，在内。止于内，而顺于外，有谦逊之意。

（3）本卦中，九三为唯一阳爻，是主爻，却在内，而居于坤阴之下，有谦让之象。

2. 卦辞：首先揭出一个"亨"字，表示沟通、了解的重要，因为要知道什么时候该谦，什么情况能谦。君子行谦时，先放低自己，开始时似乎对己不利，最后赢得别人了解，所以有好结果。

3. 初六：本爻位不当，与六四不相应。两个"谦"字重叠，表明须谦之又谦。说"君子"，因为谦是君子的风度。一般常说"利涉大川"，而此处却说"用涉大川"，这是指谦虚可以用来应付艰难之事。但并没有说利不利，只是表明"谦"可以有大用。

4. 六二：本爻位当，与六五不相应。本爻在地上，所以有鸣声在外之象。"谦"需要言语表达，否则如果"谦"只止于内，又如何能沟通而达到"谦"的效果？接着"贞"是坚持贞定，由于本爻是阴爻，所以这个"贞"也是谦德。

5. 九三：本爻位当，与上六相应，又是本卦唯一的阳爻，为主爻。谦卦最主要的意义也就是一个"劳"字。"劳"是辛劳的事，因为它是唯一阳爻，所以必须大梁独挑，负起责任。虽有辛劳，但最后为人所了解，也是有好结果的。

6. 六四：本爻位当，与初六不相应。爻辞把"无不利"写在前面，其实按照一般通例，应该是"撝谦，无不利"。"撝"字由"手"和"为"合成，即用手去做的意思。本爻已到了行为上，说明"谦"不只是"鸣谦"，嘴巴说客气话而已，更是要实际在行为上做到，所谓言行一致。

7. 六五：本爻位不当，与六二不相应。"不富以其邻"的"邻"是指的六四和上六皆为阴爻，合而为坤卦，这是指不以坤卦之群阴为强大。"利用侵伐"是指可用谦来对付侵伐之事，也能有利。《易经》不讲用武力攻伐别国，这话是指防卫别国侵略或对暴君的吊民伐罪之事，都能无不利。

8. 上六：本爻当位，与九三相应。本爻在本卦的最高处，"谦"的鸣声又大放于外。这时候因"谦"所培养的德性和力量之丰厚，因此也可以用于军旅之事，也可以用于征讨某些暴虐的国家，如儒家所谓的"仁者无敌于天下。"

三、处变学

（一）自修

1. 初六："谦"为中国哲学的一德，也为《易经》一书的主德。对于这个"谦"字的认识和体验，有以下各种情形：

（1）很多人根本不知谦为何物。

（2）有的人表面上说些谦的话，心中却毫无谦意。

（3）有的人利用"谦"的话作为手段来达到目的。

（4）有的人地位高、学问好，而且意气平和，能谦。

（5）有的人真正感觉自己的渺小，自然地能谦，但不一定知谦、行谦。

（6）有的人能任劳任怨，做自己该做的事。

本爻用"君子"两字，就是强调"谦"是君子之德，以有别于小人之不能行谦。前面三点是小人的想法，而后面三点才是君子之谦。

2.六二："鸣谦"的"鸣"字，有两个作用：

（1）形于外。初六修谦之德，到了六二必须形于外。这种"形于外"，并非故意表示自己的谦虚，甚至借谦虚以显耀自己，而是很自然的形于外，自然地有谦的言行。

（2）求和。"鸣"是鸟之鸣，是为了求和音。也就是说为了达到彼此之间的和谐，退一步天地宽。所以我们强调人与人之间要有谦让的风度，才能达到彼此的和谐。

（二）应变

1.九三：本爻虽为阳刚之质，但下御二阴，上奉三阴，又处内外卦之变，所以辛劳备至。爻辞中特别提出了一个"劳"字，非常传神，有以下各义：

（1）劳形怵心。这是负面的意思，来自庄子的《应帝王篇》，是描写一位明主，有非常好的才识，且学道不倦，但却因为他的才识做了事务的奴隶，而"劳形怵心"，就是形体劳累，心思忧虑。为了避免这种毛病，因此可以用自谦无能来解难。

（2）形劳天下。这是正面的意思，也出自《庄子·天下篇》，描写墨子崇拜大禹的牺牲精神时说的："腓无胈，胫无毛，沐甚雨，栉疾风，置万国。禹大圣也，而形劳天下也如此。"这是指前圣先哲，不自居高位而能谦下，为天下众生劳累。这也是我们常说的"能者多劳""劳苦功高"之意。

（3）任劳任怨。"任劳"是以此劳苦之事为自己的责任，而勇于承担。有时候，自己尽了劳苦，可是还会被别人误解而有怨言，这时候他也能坦然接受，劳而无悔。

在应变上，这一爻的重要性，就是他应付其他五阴爻的方法，不是控制的，不是对抗的，而是为他们服务，替他们解决困难。就像父母亲为儿女茹苦含辛，尽了一切勤劳，却无怨无悔。

2. 六四：本爻下对主爻九三之阳，上对六五君王之阴，夹在阴阳之间，而且在地位和才质方面，上下两者都比自己高、比自己强，其应变的难度本应很大，但在爻辞上先说个"无不利"，以表明地位虽困难，却正是用谦之时。用谦，才能无不利。而此处的用谦，却在一个"撝"字，"撝"是用手去为的意思。在本爻上，它的作为有两方面，即向上与向下。

（1）向上的撝。本爻之上是阴爻的君主。两个阴爻相处不容易。它必须谦下以对上，但也不能一味地谦下，因为六五已是阴柔、软弱，它还需要下面大臣的有为，所以说这个"撝"字也含有"为"的意思，即指本爻也应有为。

（2）向下的撝。本爻之下是能尽劳尽怨的专才。本爻需能以向下求贤的谦让，才能通过它把九三介绍给六五，使九三的阳刚补六四与六五之不足。

3. 上六：本爻发展到谦卦的最高处，按理说有两种情形：一是物极必反，谦到极处是否会变成负面的结果，即虚伪的谦或骄傲的不谦？另一是谦到至高处，是至谦，本爻是否升华成更高的"谦"？本爻的爻辞很巧妙的，把这两种正负的情形结合起来，转化成"谦"的另一种意义。首先，它用了一个"鸣谦"的"鸣"字。"鸣谦"曾出现在六二爻。六二在九三之下，好像鸟儿在大树下的鸣叫，这是为了求和。而这次的"鸣谦"却在天上的云霄中，它的鸣声却无阻碍而可以无远弗届。也就是说在这一爻上的"谦"，已不是对一人一事的"谦虚""谦逊"和"谦让"，而是"谦"之理、"谦"之道，这个谦可以通上下，光被万物。谦卦《象辞》说："天道亏盈而益谦，地道变盈而流谦，鬼神害盈而福谦，人道恶盈而好谦。谦，尊而光，卑而不可逾，君子之终也。"这说明了"谦"之理与道可以通天、地、人及鬼神之道。其中"尊而光，卑而不可逾"一语正是本爻的最佳描写。因为这一爻在天上，所以是"尊而光"，天当然是至尊，但它的光辉却可以照耀一切。"谦"在表面上虽然是处卑下如地，每个人都可以踩过它，但它为别人牺牲奉献与服务的精神，却没有人能超过它，也就是真正的高不可逾。"谦"的这种理、这种道，可以用于行师、用于征讨上，也同样能产生正面的作用。这就说明了它的性能是无所不达的。所以在这一爻的应变上，我们须转化"谦"，由小而大，由含弘而光大。

（三）自处

六五是处变者自处之位。他本来概括了谦卦所有的性能，现在对于他的自处，我们采用了卦辞的"亨"与本爻辞的两点描写来分析如下：

（1）亨。"亨"是沟通与了解。这个字在其他各卦中都已用过，但在这个"谦"字上，一位领导者是如何借谦去沟通群众，去了解彼此之间的相处？譬如一位领导者，自己要通过谦下，才能平易近人，和人沟通。同时对别人表现的谦卑，也需能判断是否是小人之谦或君子之谦，是否只有谦卑之辞而无才干之实。

（2）不富以其邻。就这爻来说，即是不以上下两爻皆阴为实力，即不以坤之谦顺为富。换句话来说，这位领导者虽然处谦、用谦，却不以谦虚为高，如果把"谦"当作一种道德来强调，那么"谦"就变成了一种外表的工具，失去了真正内心的谦下，反而变成虚伪的"谦让"了。《韩非·二柄篇》中说："燕子哙好贤，故子之明不受国。"燕子哙是君主，推崇尧舜的禅让制度，而做臣子的子之，一面推崇尧舜的谦让，一面又自己表现谦让之德，希望燕子哙把王位让给他。这故事就是子之故意利用谦让来达到他的野心。这就是领导者过分强调"谦"，而不知谦的真义的毛病。

（3）利用侵伐。"侵伐"是指战争攻伐之事。这当然是与"谦"之德相反的。然而为什么一位领导者却能把"谦"用之于"侵伐"呢？因为原始的占卜之《易》为君王所问，主要有两件大事，即祭与戎。祭是祭祀，是属于宗教信仰方面的，"戎"就是战事，这是一个国家所不能免的。孔子也说："足食，足兵，民信之矣。"（《论语·颜渊》）但足兵或征讨并非为了好勇斗狠的杀伐，而是保卫国家的安全，捍卫人民的幸福，所以"谦"可以运用。此处之谦乃是以谦卑之心处军旅之事。孟子说得更直接："今燕虐其民，王往而征之，民以为将拯己于水火之中也，箪食壶浆以迎王师。"这即是指谦之所以能"利用侵伐"的真意，乃是解救人民的苦难。

（4）以退为进。一般人看到"谦"字，总以为是弱的、退的，甚至好像表示了"谦"之后，就退下来，什么都不做。其实本卦之"谦"的精神是精进的。初六的"用涉大川"，本爻的"利用侵伐"，以及上六的"利用行师，征邑国"，都表明了"谦"是精进的、是自强的、是有为的。

䷏ 豫　十六

扫一扫，
进入课程

豫。利建侯，行师。

初六：鸣豫，凶。

六二：介于石，不终日，贞，吉。

六三：盱豫，悔。迟，有悔。

九四：由豫，大有得，勿疑，朋盍簪。

六五：贞疾，恒不死。

上六：冥豫，成。有渝，无咎。

一、语译

豫。利于建立诸侯，以及军旅行师之事。

初六：鸣声求豫乐，有凶。

六二：耿介如石，不需等到日终，坚固贞定，有吉。

六三：张目求豫乐，有悔。迟了，更有悔。

九四：为豫乐之所由出。大有所得。不会有疑，朋友来会，如簪之聚发。

六五：坚持贞定，有疾病。持恒可以不死。

上六：黑暗的豫乐，已促成。如能知改，将没有过患。

二、解义

1.本卦名"豫"，"豫"为象形字，取大象之形。大象体大，性温，行动迟缓，故引申为宽裕、安乐、犹豫、预先等义。本卦由内坤外震两卦重叠而成，其象有以下各义：

（1）坤在内，为顺；震在外，为动。顺于动，动于顺，故动无不顺，而有豫悦之象。

（2）震在上，为雷；坤在下，为地。雷出地上，如春雷一声，大地欢悦。

（3）九四为唯一阳爻，为五阴所顺，故明此一阳为豫悦之所出。

2.卦辞："豫"字作悦乐来解有正负两义。正面的意义是悦乐，能使人悦乐，才能建立诸侯，使诸侯归心，能讲求和乐，即使军旅行师，也能完成任务；负面的意义是逸乐，本借庄严之事，如建诸侯、行师，以戒逸乐之过分。

3.初六：本爻位不当，与九四相应。因在坤地之下，本应自修努力之时，可是却鸣声求逸乐，将会遭到凶象。相反的，在这一爻上，离豫悦之源的九四过远，应该在其位上默默耕耘。

4.六二：本爻位当，与六五不相应。因位当而在坤卦之中，且在地上，故以地上之石为象。如能耿介如石之坚硬，能固守贞定之德，不要等到最后之结果，如一日的终了，就知道会吉的。此处"贞"即谦德，因能谦，知足则常乐。

5.六三：本爻位不当，与上六不相应。"盱"是张开眼睛，六三又面临外卦，所以有张眼向外求逸乐，因不相应，当然是找不到而有恼，因豫乐是在内心的，不能寄托于外。本爻居坤阴之上，有虚骄之象，如果迟迟不能自省改过，便会一再有悔。

6. 九四：本爻位不当，与初六相应。本爻为唯一阳爻，是主爻，也是其他五阴所求豫悦的来源，所以说"由豫"。"大有得"之"大"有两义：其一，如果"大"是指阳爻之称的话，那么"大有得"是指本阳爻之有得，为众阴所附；其二，"大"指大众，即是指本爻使五阴皆有豫乐，使人民都能安乐。"勿疑"是与六五的关系，不让六五之君有猜疑。"朋盍簪"指下面三阴的相附，如簪的能把发聚结在一起。

7. 六五：本爻位不当，与六二不相应。本爻乘九四之阳刚，而九四又为各阴爻求豫悦之源，所以本爻大权旁落，因而有"疾"，宜坚守谦德之贞，才能消除疾患。如果保持恒常之德性，也许虽有疾，尚不至于有死亡之虑。

8. 上六：本爻位当，与六三不相应。当豫的逸乐到了最高点，又遇到上六是阴爻，所以入了"冥"暗之地。凡卦到了最上爻，就是"成""终"或"卒"，也就是冥暗终于造成。"有渝"即有所改变，不以悦乐为最终目的，则也可以免除乐极生悲的过患。

一、处变学

（一）自修

1. 初六：本爻的爻辞是反转来说的告诫语，就是劝我们不要

"鸣豫"。"鸣"有两种意思：一是自鸣得意，一是鸣声求和。自鸣得意，当然是不好的，尤其在初爻，根本没有资格得意。至于"求和"，依照初六与九四之相应，应该是合理的，可是本卦讲的是豫乐，即使是正面的快乐，在初爻时一心贪求快乐，也是不被鼓励的，所以本爻诫之在"鸣豫"。其目的，是劝我们自修。卦辞的"建诸侯"，就是打好基础。"行师"以律，就是要确立原则。

2. 六二："介"是指两者之间，如六二在初六与六三之间，位居适中，有独立不倚的意思，由于独立不倚而引申为个性耿介，有如磐石。"贞"是固守贞德，本爻是阴，故为谦德。在这一爻上，谦的重要，是由于它才是我们内心悦乐的渊源。

"谦"和乐的关系，有以下各义：

（1）能知足。"谦"把自己放在低处，易于满足，故知足常乐。

（2）不自夸。不自以为高人一等，不要自鸣得意，这样才不致带来不乐的结果。

（3）不争斗。能谦让，则能与人为乐。否则与人相争，则时时处于争斗之场，内心患得患失，何以为乐？

（二）应变

1. 六三：本爻面临的九四，是豫乐的源泉。可是六三却张目四望，向远处寻求。正如洞山禅师所说："切忌从他觅，迢迢与我疏。"（《洞山偈》）石头希迁禅师也说："触目不会道，运足焉知路。"（《参同契》）都是说一味向外追求是得不到的。以占卜来说，豫悦之源在九四、六三上，必须要走出阴暗的自我的洞穴，才能见到光明，得到快乐。但就哲理来说，悦乐是在自心中，不从自心中求悦乐，而向外去追求，永远也无法得到，一个"悔"字就说明了永远也无法得到。在说了一个悔字后，又再加上"迟，有悔"，这不仅强调了"悔"字，事实上，这个"迟"字大有文章，说明了迟迟不改地继续到处张望的追求，同时还痴痴地等待，所等到的，将又是一个"悔"字。所以在这爻的应变上，就是返向自己的内心，当下即抓住眼前的快乐。

2. 九四：本爻下有三阴爻，如何应付他们，使他们非但不聚合起来反抗自己，相反地，却能归顺自己，为自己所用？上面六五之君阴柔软弱，如何能召信六五，而不至于有遭忌之患？夹于这两种情形之间，他如能应付得宜，就在一个"由豫"的"由"字。就卦义的豫乐来说，他就是把豫乐发放给五阴爻的主要来源，五阴都"由"他那里得到豫乐。然而他又如何能有如此多的豫乐供给其他五阴呢？这些豫乐又如何"由"他心中源源流出呢？从本爻之为阳爻来看，这个心中的源泉就是一个"诚"字。也就是说九四心中的这个"诚"，对下面三爻能输诚，把"诚"之乐与他们分享，所以说"大有得"，使大家都有所得；对上面的六五，能以"诚"召信，使彼此能和乐相处。这个"诚"与"豫乐"之深切关系，有以下各点：

（1）反身而诚。孟子说："万物皆备于我矣。反身而诚，乐莫大焉。强恕而行，求仁莫近焉。"（《孟子·尽心上》）"反身而诚"就是反身而发现心中的这点真诚和万物相通，这就是最大的快乐。

（2）强恕而行。宋儒朱熹注解"忠恕"两字为"尽己之谓忠，推己及人之谓恕"（《四书集注》）。其实，尽己也是诚，恕就是把诚推展出去能与人同享真诚之乐。

（3）上下无愧。孟子说："君子有三乐，而王天下不与存焉。父母俱存，兄弟无故，一乐也。仰不愧于天，俯不怍于人，二乐也。得天下英才而教育之，三乐也。"（《孟子·尽心上》）这里的"上下无愧"，即"仰不愧于天，俯不怍于人"，即以诚待天，以信待人。所以能诚信待人，才是俯仰无愧的真乐。

（4）体承天命。《中庸》说："诗云：'嘉乐君子，宪宪令德。宜民宜人，受禄于天。保佑命之，自天申之。'故大德者必受命。"《中庸》一开端即说"天命之谓性"，又说"诚者天之道"，所以我们的性德是来自于天的。君子之乐就是能把天赋于我们的诚德，推展出去，能宜民宜人。

3. 上六：本爻进入了黑暗的"冥豫"。有两个要点，一是"成"，一是"有渝"。

（1）如何"成"？先要研究"冥豫"是如何形成的。一开始我们曾说过"豫"有正负两义，一是悦乐，一是逸乐。本卦有两个负面的字"凶"和"悔"，分别出现在初六的"鸣豫"和六三的"盱豫"上，都是向外求乐，也就是逸乐，如果人生追求的目的只是物质上的逸乐，最终一定会走入"冥豫"的地步。"冥豫"就是被物欲冲昏了头。

（2）如何"有渝"？虽然在爻辞上的"有渝"是紧跟着"冥豫"之成而来。可是"冥豫"既然已成，又如何能改变？如果不能改变，恐怕是"迟，有悔"，悔之晚矣。所以真正能"有渝"是要在开始时就认清逸乐和悦乐的不同。逸乐是向外追求，悦乐是内心的安乐；逸乐是在物质的享受，悦乐却是心灵的净化；逸乐是躁动而暂时的，悦乐是宁静而永恒的。了解这两种情形，我们才能转逸乐为悦乐，不因外在的逸乐而妨碍内心的悦乐。

（三）自处

六五是处变者自处之位。本爻是君主，照理说，他才是掌握豫乐之源的主导者，可是不幸，大权似乎旁落，让九四爻抢尽了风头，所以使他有"疾"。"疾"是病，但这个病与其说是身体上的，还不如说是心理上的。尤其这个"疾"字还有恨的意思，如愤世嫉俗。再加上在六三爻上出现了两次"悔"字，"悔"和"恨"正可连在一起。

本卦除了六二，其他四爻都有一个"豫"字，只有六二和本爻没有，这似乎意味着本爻作为一个领导者不应以豫乐为念，相反的，却以"疾"而深自警惕。宋儒范仲淹所谓"先天下之忧而忧，后天下之乐而乐"，不正是这位领导者心境的最佳写照吗？

在本爻上出现了两个重点字，一是"贞"，二是"恒"，正是这位领导者的自处之道。

1. 贞：在六五的阴爻上，这里的"贞"可解为谦虚之德。与本爻相对的六二爻上，也同样出现了"贞"字。这种谦虚之德，才能使我们不自以为高、不自以为强，不以占有外在的物欲为逸乐。

2. 恒："恒"字在需卦中出现过，而且三十二卦是恒卦。在这里，我们仅就豫乐的意义上来看这个"恒"的作用。

（1）知常不变："常"和"恒"意义相同。老子第一章的"常道"，本为"恒道"。"知常"即知宇宙万物恒常之理。老子说："复命曰常，知常曰明，不知常，妄作凶。"（十六章）本爻虽遇九四之光芒逼近，却能知常不变。能知常则不受物质上的逸乐所左右，而能培养心中永恒的悦乐。

（2）心中有实：本爻虽为阴爻，有虚之象。但爻辞的这个"恒"字却指出了虚中须有实。实从何来？就占卜来说，六五接纳九四之阳刚以为实。就哲理来说，六五性弱如阿斗，却能用法家弼士如九四之孔明以辅国。就修养来说，谦虚须有诚，心中的真诚就是实。

（3）处静不争："静"和"不争"，都是老子政道的两个重要方法。"静"是无欲。老子说："静为躁君。"（二十六章）"不争"是不与人争能。老子也说："夫唯不争，故天下莫能与之争。"（二十二章）在本爻上，如能处静不争，才能知足常乐。

（4）忘而能化："忘"和"化"是庄子修养的两个重要功夫。"忘"即忘是忘非。庄子所谓："知忘是非，心之适也。"（《庄子·达生》）"化"是化于大道。庄子又说："离形去知，同于大通。"（《庄子·大宗师》）在这一爻上，如果能忘掉自己是君王之尊，忘掉下面九四大臣的得民心，忘掉外在的豫乐，才能与九四推诚相与而共化。在此大化之中，无形体之逸乐，只有精神之逍遥自在。

扫一扫，
进入课程

随。元、亨、利、贞。无咎。

初九：官有渝，贞，吉。出门交，有功。

六二：系小子，失丈夫。

六三：系丈夫，失小子。随，有求得，利居贞。

九四：随有获，贞凶。有孚。在道以明，何咎？

九五：孚于嘉，吉。

上六：拘系之，乃从维之。王用亨于西山。

一、语译

随。能原其始，沟通，和利，贞定，则没有过患。

初九：官能改变，坚守贞定，则有吉。出门交友，将会有功。

六二：绑住了小子，却失去了丈夫。

六三：绑住了丈夫，却失去了小子。能随，将会有求必得，利在居于贞定。

九四：能随，则有所获，坚守贞定，有凶险，需有诚信。以道来表明心志，又有何过患？

九五：诚信达于完美，则有吉。

上六：要拘束他，绑住他，更要能支持他。君王在西山祭祀以表达诚意。

二、解义

1. 本卦名"随"，"随"是跟随，引申而运用，有随理、随时、随缘各义。本卦由内震外兑两卦重叠而成，其象有以下各义：

（1）兑在上，为悦；震在下，为动。动而能悦，表明因有悦故可随。

（2）兑为泽，在上；震为雷，在下。雷的阳气动，而使泽水的波跟着扩散，有随着而动之象。

2. 卦辞：虽有"元、亨、利、贞"四字，并非说"随"有这四德。而是条件语句，是说如能修此四德，则可以无咎。随是跟随，是客体，而非主体，在我们人生中也有各种不同的"随"。如女嫁夫为随，士投主为随，君受谏为随，政策之因人、因地、因时而制宜，也为随。入境问俗为随，文化之适应也为随。

3. 初九：本爻位当，与九四不相应。"官"是指五官的官能，也指我们的观念意识。在随之时，我们旧有的观念与想法必须改变，否则便不能"随"。"贞"，是坚守贞定，本爻为阳，故贞是指诚之德。随之"出门"，是指跨出旧有的思维，以及走出自我的框架，才能与人相交而有功。

4. 六二：本爻位当，与九五相应。表明本爻可向上去跟随九五。爻辞上并没有判断语的吉凶等字，只是逆转来说明"随"

的道理。"小子"是指"初九","丈夫"是指九五。如果向下随初九，则向下沉沦。"随"的正道是向上随，因为向下就不能向上，不能向应该随的人和理去随了。

5. 六三：本爻位不当，与上六不相应。位与应都不合，故告诫六三之随，须向上随九四，"丈夫"即指九四。不向下随初九，"小子"仍指初九。"有求得"，指六三与九四的阴阳相和故有得。"利居贞"之"贞"，指六三以谦德向上随于正道。

6. 九四：本爻位不当，与初九不相应。本爻有九五阳刚中正之君在上，故"随"九五而有所获。"贞"即坚守本爻为阳之诚德，而召信于九五。"凶"之象来自不当位，与九五同为阳刚。不易相和，所以更要以"孚"之诚信，来表明心志。这里再出现了"道"字，表明所做一切都合乎道理。"何咎"是问话，本来是有咎，现在能以诚表信，哪有咎可言？

7. 九五：本爻位当，与六二相应。"嘉"是美善之会，是指诚信达到最完美之境，能召各爻之相随，所以是吉的。

8. 上六：本爻位当，与六三不应。"随"是由下向上的跟随，现在本爻超越了应跟随的对象，而跑到最高处，无论是"时"或"地"，都错失了"随"之机，也就是不能"随"。所以"拘系"之，就是把它拘束、绑住。但这是用外在的力量去制服，也许还不能奏效，因此还需要从内心去维系他。内心的维系，即是用情感、道德或宗教的感化了。所以借文王在岐山祭天的故事，来说明以诚祷告于天，以诚召信于民。在这爻的正面意思，就是"随"天理，而诚就是天理。

三、处变学

（一）自修

1. 初九：本爻在"随"之始，又在内卦震动之时，这时候心念初生，很容易跟随欲望，而走上歧途，所以要能坚守贞定之性。本爻为阳，即诚之德。宋明儒家受佛学的影响，也学打坐，不过他们在打坐时，当心意初动，内在之气上升时，他们都要寻个善端（明儒陈白沙），以诚敬存之（宋儒程颐、朱熹）。王阳明和学生在寺院中打坐，便说："所云静坐事，非欲坐禅入定。盖因吾辈平日为事物纷拏，未知为己，欲以此补小学收放心一段功夫耳。"（《与辰中诸生》）所以在"官有渝"，即能贞定，使心念不随人欲而去，把心念收回来，随善端而发。这样"出门交"，才有功。"出门交"只是比喻语，是指心念出外，而与外物周旋。

2. 六二：虽然在占卜上，"小子"与"丈夫"是实有所指，我们很清楚地知道前者是指初九，后者是指九五。可是在现实的应变中，谁是小子谁是丈夫，却不是很容易就能判断的。如果把小子比为小人，丈夫比作君子，那谁又是小人，谁又是君子呢？虽然孔子说"君子喻于义，小人喻于利"（《论语·里仁》），可是义利之辨，古往今来不知辨倒了多少聪明才智之士，今天我们在生活上又如何分得清小人与君子之别？所以在这一爻上，我们的自修除了德之外，还要重视知人之智。早在《尚书》中便说"知人则哲"（《皋陶谟》），可见知人的重要了。

（二）应变

1. 六三：本爻和前一爻的不同，在爻辞上只是系小子和系丈夫的区别，前爻以阴乘阳，易为初九之阳所摄，所以系了小子，自然就失了丈夫。而此爻邻近九四之阳刚，易为阳刚所召，系了丈夫，自然会远了小子，这是本爻的处境使然。"有求得"，只是描写他的有得，有得即能就有道而正。但真正应变的功夫却在"利居贞"的一个"贞"字。以本爻之为阴来说，这个"贞"乃是谦之德。自居于卑顺，而不冒进。这个"贞"是紧跟着"有求得"来说的，因为我们随人都是为了有所求，如果只一味地为了有得，而忘了自己应该有相对的付出，这样便是以所随者为工具、为手段。这样把别人当作工具来看，自己岂不是又变成了小子或小人？所以这个"贞"字，是写出了他的以谦德自守，不贪求，而自然有得。

2. 九四：爻辞中的"有获"是紧跟着前爻的"有求得"而来，如果这爻跟随九五则有所获。因为九四和九五同为阳爻，且不当位，有阳刚太强之病。九四又为下二阴所随，所以九四抢了九五的尊荣，而有凶险。所以要坚守他的贞道，即是紧接着的"有孚"，也就是诚信。"在道"是在随之道上的意思，"以明"是表明自己的心意。在应变上来说，本爻给我们的提示，一是在有所获时，应该想一想这个所获的是否是应得的，是否是合理的。二是检讨自己的诚信，表达上是否合宜，是否清楚。

3. 上六：这一爻已是"随"的高峰，在上面已没有可随的事物了。"拘系之"就像悬崖勒马似的，使他停住。但接着又说："乃从维之"。这个"维"字大有文章。使我们想起了管子的"礼义廉耻，国之四维"。这个"维"，就是心中的支柱，是仁义道德之理。本爻在天上，也就是天理。可见在应变上，要把随人随物之随，转为随理随道之随。爻辞上"王用亨于西山"的"亨"字，是向天的祭祀，以沟通上天，所以在此爻上是随于天理。

（三）自处

九五是处变者自处之位。本爻只说一个"孚"字。"嘉"是指它的完美，也就是他以诚信使人相随，而无阻隔。正如老子所谓："执大象，天下往，往而不害，安平太"（三十五章），"大象"是大道之象，"天下往"，是天下之人都跟随于他。而他却使人们都能安居乐业，共享太平。

诚信的力量重在感动别人，本爻和九四同为阳爻，都共有这个"孚"字，以他们两者的势力，共同感召初九的阳爻，精诚相共，来跟随他们，然后再带动六二、六三一齐跟随，这是"孚"的诚信的力量。

诚是有实的，单靠口说和势力还不够，他必须有一套理想和方法来吸引大家的跟随。卦辞早已明言，在随卦，无论是跟随者与被跟随者，都要有"元亨利贞"四德，才能跟随没有错误，所以本爻必须有这四德。"元亨利贞"四字，在乾卦中已讨论过，此处我们就"随"卦的意义来看这四德在"随"的重要性。

1. 元：在"随"中的重要性，就是动机的正大。本爻的这位领导者，须先确立了大目标、大方向，使跟随者都能为了这个目标与方向来跟随他，事实上不是跟随他，而是跟随他们的理想。

2. 亨：在"随"中，需要有彼此的沟通，这位领导者须建立沟通的桥梁，使彼此能够互通。如郑子产为了知道人民的想法，不废乡校。他说："夫人朝夕退而游焉，以议执政之善否。其所善者，吾则行之。其所恶者，吾则改之。是吾师也。"（《左传·襄公三十二年》）

3. 利：在"随"中，领导者必须先想到如何对人民有利。孟子见梁惠王时，批评梁惠王的只言利。其实梁王的"何以利吾国"并没有错。而孟子的先声夺人，只是顺着梁惠王的利，把利转到义。乾《文言》的"利者，义之和"，是说明了利和义的相合，是真正的利，也是真正的义。

4. 贞：在"随"中，领导者须确立一个正道，使跟随者循着正道而走。所以跟随者不是一蹴可几的跳到被跟随者的身边，像护卫似的亦步亦趋、形影不离，而是循着自己的正道走。正道就是他们跟随的对象，"随"之理就在足下所行的正道中。

"随"的"元亨利贞"还有一个历史的故事。鲁襄公的祖母穆姜淫乱，在被逐时找了占筮者问《易经》，得到艮卦的六二爻，有一个"随"字。筮者说："随其出也，君必速出。"穆姜却不以为然，因"随"卦有"元亨利贞"才无咎。她自认为："我皆无之，岂随也哉。我则取恶，能无咎乎！必死于此，弗得出矣！"（《左传·襄公九年》）可见连淫乱的穆姜也知道，在"随"卦拥有"元亨利贞"四德的重要性。

䷑ 蛊　十八

扫一扫，
进入课程

蛊。元、亨利涉大川。先甲三日，后甲三日。

初六：干父之蛊，有子，考，无咎。厉，终吉。

九二：干母之蛊，不可贞。

九三：干父之蛊，小有悔，无大咎。

六四：裕父之蛊，往，见吝。

六五：干父之蛊，用誉。

上九：不事王侯，高尚其事。

一、语译

蛊。需原其始，能沟通。有利于跋涉大川，先三日创始，后三日推行。

初六：堪任整治父所留下的蛊毒，有儿子，父死，也无过患。危险，最后，有吉。

九二：堪任整治母所留下的蛊毒，不可以坚持贞固。

九三：堪任整治父所留下的蛊毒，有一点悔事，没有大的过患。

六四：以宽裕方法去对付父所留下的蛊毒，持此而往，会遇到羞吝。

六五：堪任整治父所留下的蛊毒，要举用有声誉的人。

上九：不替王侯工作，要重视自己的事。

二、解义

1.本卦名"蛊"，"蛊"（蠱）字上面有三个虫字，下面是器皿，是指容器的食物放久了，腐烂而虫生，因而有毒。所以卦意至少有三义：一是时间长久，二是东西腐烂，三是有毒。本卦由内巽外艮两卦重叠而成，其象有以下各义：

（1）艮在上，为山；巽在下，为风，也为树木。山下之风回旋，使树木受风披靡，故有乱象。

（2）艮为止，巽为顺。有止而使其顺，或顺而止之，这是指顺而止之的整治之事。

2.卦辞：本卦为蛊患，为何却说"元、亨"？因为本卦之象虽为"蛊"患，但本卦之意义却是为了整治蛊患。本卦蛊患之象征有各种不同的意义。如前代君王留下的弊政，父亲留下的败业，以及许多不良的风俗习惯。因此要改变它们是非常重要的，而且是要花大力气的。这里的"元"是要推究其开始的缘由，"亨"是要了解如何解决问题的方法，"涉大川"是象征要改变这种弊政和积习是有危险性。因为这是对传统的挑战，但却是必需的，所以说"利"。"甲"是干支甲子的第一个字，是代表新的开始，也就是除旧弊、创新制，这是需要时间的。"先甲三日"，是表示开创新制前的准备时间之长，"后甲三日"是说明开创新制后，也需要一段时日使人民了解之后，才能推行。

3. 初六：本爻位不当，与六四不相应。"干父之蛊"即整治蛊患。"干"是表示用力，用正道办事，如"贞者，事之干"。此处用"父"来喻，是指前代留下来的。"有子"，是对父而言，说明做儿子的有责任为父亲补过。父死为考，这是说即使父亲过世，但有儿子负起责任，自然就能无咎。"厉"是环境的危险，因为这是一个大改革，自然会遇到阻力，如上有二阳爻的挡路，但改革毕竟是需要的，所以最后还是有吉的。

4. 九二：本爻位不当，与六五相应。"母之蛊"，只出现在本爻中一次，其余各爻都是"父之蛊"。"母之蛊"与"父之蛊"的不同，是因为"父之蛊"较严重，须加以改革，"母之蛊"较轻微，可以适当地调和。譬如风俗习惯，有的影响人心大，须加以改善，有的则可以能改则改，不改也无大影响。"不可贞"，就是不必以阳刚之力，大肆改革。

5. 九三：本爻位当，与上九不相应。面临内外卦之变，上有二阴爻压顶，所以"小有悔"。但九三和上九同为阳刚，合力以转化二阴爻，所以并无大的过患。

6. 六四：本爻位当，与初六不相应。因阴爻在阴位，所以体性柔弱，只能用柔和的方法来处理蛊患。"裕"就是宽裕，给别人以退路，同时也给自己以退路，所以本爻宜留守在自己的位置，不要贸然以进。"往见吝"，就是不必直逼六五，因同为阴爻，须保持距离，以求相安无事。

7. 六五：本爻位不当，与九二相应。"六五"是君主之位，外卦艮止的中心，也是本爻整治蛊患的主导。他自己是阴柔的，力量不够，所以他须用九二的专才。"誉"就是有声望人士，是指九二。

8. 上九：本爻位不当，与九三不相应。本爻在艮止之上，已到了极点，又在六五整治之主的上面，表示已在整治之后，因此不需要动刀动斧地去干了。这时候，成功之后的大臣，须知功成身退之道，所以不再在朝廷做事，而是隐居山林，去过自己崇尚的生活了。

三、处变学

（一）自修

1. 初六：本爻在占卜上是指儿子整治父亲留下来的败业。但在自修上，却借儿子的承担以强调责任的重要，尤其在整治之始，更需要有责任感来承担这份艰巨的工作。"责任"一般都描述为一种感觉，所谓"责任感"。其实，"责任"并不限于一种感觉，而是有具体内容去实践的。曾子说："士不可以不弘毅，任重而道远。仁以为己任，不亦重乎？死而后已，不亦远乎！"（《论语·泰伯》）可见这里"任重道远"的责任乃是以实践"仁"为自己的责任。儒家的"仁"，是人的基本特质，行"仁"就是人的自我实践。我们常把责任当作外在目标的完成，如宋儒张载的四句话，"为天地立心，为生民立命，为往圣继绝学，为万世开太平"（《正蒙》），这是儒家对天地、生民、往圣、万世的伟大的责任感。其实，人的自我的完成才是最基本的，才是每个人都应该有的责任感。孔子说："仁远乎哉，我欲仁，斯仁至矣！"（《论语·述而》）可见这个行"仁"的责任，是每个人都可以做到的。然而这个责任感与"干父之蛊"有什么关系呢？孔子说"性相近，习相远"（《论语·阳货》），这个"习"，就是生活习惯，它使我们的性逐渐地不同。这个"习"在佛学上就是"习气"，就是有不好的习性邪气参乎其中，这就是本卦的所谓过去留下来的"蛊"。因此个人对自我完成的责任感，就是要把这些在生活经验上所形成的习气或不良习性，一一消除。这就是本爻在自修上，个人对自我的修正和修养。

2. 九二："不可贞"的"贞"是坚持贞定，本来是好的，何以却说"不可"？因本爻的"贞"是本于九二的阳刚来说的。本爻已表明"干母之蛊"的"母"字，是柔性的、轻微的，当然不适于用阳刚之力。那么，反过来应该如何做才恰当呢？尤其在自修上，又如何去修呢？《中庸》说："宽柔以教，不报无道，南方之强也。"九二有阳刚之力，可是却是"宽柔以教"的南方之强。也就是在本爻上的自修之德，是宽柔。本爻是在地上，是及于人物的。如果前面初爻是修己，是严于律己，那么本爻是待人，是宽以待人。"宽以待人"不是放纵，不是妥协，它有着深入的转化力，如老子思想中的两个方法：

（1）不欲以静。老子说："道常无为而无不为。侯王若能守之，万物将自化。化而欲作，吾将镇之以无名之朴。无名之朴，夫亦将无欲，不欲以静，天下将自定。"（三十七章）所谓"化而欲作"就是在万物变化之中，私欲逐渐地产生了，这就是"母之蛊"。

整治的方法，就是"守朴"，使人民的生活归于素朴。

（2）柔弱胜刚强。老子说："天下莫柔于水，而攻坚强者，莫之能胜，以其无以易之。弱之胜强，柔之胜刚，天下莫不知，莫能行。是以圣人云：'受国之垢，是谓社稷主，受国不祥，是谓天下王。'正言若反。"（七十八章）这并不是说柔弱与刚强相斗，柔弱能战胜刚强，而是说柔弱比刚强更有效。这也是本爻告诫我们"不可贞"的道理。柔弱的力量，是它的韧性、渗透力，这是刚强所缺乏的。

本爻所自修的宽柔待人就是把这种守朴之静和柔弱之力，融化成一种整治蛊患的基本德性。

（二）应变

1. 九三：本爻为阳爻，再接合九二上来的阳气，所以用阳刚的方法来处理蛊患，是激烈的、直接的。对于一个积习已久的旧弊，这种处理方法，显然会产生反作用。在历史上，从事大改革者，如商鞅的变法、王安石的新政等，都会受到阻力，甚至打击。结果是身败名裂，岂止是"小有悔"？本爻讲"小有悔"，有以下二义：

（1）"干父之蛊"时，会有小悔，但无大咎。

（2）"干父之蛊"时，如能有小悔，则会无大咎。

第一点是描述语、判断语，无深意，而第二点却有应变上的意义。因为这个"小有悔"一方面是对过去留下的蛊患表示忏悔，如君王对过去造成的罪行说"万方有罪，罪在朕躬"，身为儿子对父亲所做的罪过深表歉意等；另一方面是对过去所犯错误的悔意变为警惕未来的戒慎，不敢再犯。所以在应变上，这个"悔"字非常重要。《系辞传》说："震无咎者存乎悔"（上传三章），"震"是动的意思，动而无咎，就在于能悔。后悔，则能改过，也能避免以后造成同样的过错。

2. 六四：本爻在大臣之位，下有二阳的人才逼近，上有软弱的君主，所以不能用"干"来整治，而用"裕"的方法来应变。本卦其他各爻都用"干"字，唯独本爻只用一个"裕"字。"裕"是充足优裕的意思，在时空上就是多一点的时间和空间。我们生活中常常用到这个"裕"字。如量米时，用杯子多盛一点，再刮平；在锯木时，先留长一点，如不合适再刨平；赴会时，先到几分钟，以免路上耽误。本爻用"裕"来对付"父之蛊"可以由三方面来论。

（1）空间：六四、六五双阴相遇，须留足够的空间，才不致相斥。六四与九三、九二双阳保持相当的空间，才不致相逼。因此，如子对父所造成的蛊患也应维持适当的空间，才不致因亲情而有所偏袒。

（2）时间：这种蛊患是过去留下来的，必然有长时间的累积，因此处理起来，也须有足够时间的了解与改善。

（3）心态："父之蛊"，都是过去留下来的不容易解决的困难。要解决这些困难，我们不能冲动与躁进，而应先保持心态的平静，以优裕宽容的心情来应付它们。

3. 上九：本爻在应变上来说，是在天位，已超越了有为的整治之道，而进入无为自然的境地，好像是由儒家转到了道家。但这并不是本爻爻辞的重点。如何能由"事王侯"而至"不事王侯"？如何能由功成而身退？本爻应变的重点就在"高尚"两字。个人追求某种事业的成就，在成功之后，他享受为人瞩目与欢呼的声音，这就是他的理想，他又如何能放弃？如果他能放弃，常常不是因为他在知识上了解物极必反的道理，而是他心中另有让他更向往的生活情趣，使他做了自己乐于转变的抉择。就像陶渊明之不愿为五斗米折腰，那是因为他向往田园的自由生活胜过了为官之道。所以在这一爻的应变上，要找出人生真正值得的"高尚其事"，乐于陶醉其中。

（三）自处

六五为处变者自处之位。爻辞上只有两个字"用誉"。"誉"是指有声誉才能的人，所以"用誉"就是用才或举贤。这在中国的儒家、法家，以及历代的政治上有太多的教言和范例，不胜枚举。此处我们仅就本卦之六五和卦辞中所涉及的部分，从三方面来讲。

1. 识人：卦辞的这个"元"字，提供了我们在这方面的认识。"元"是原其始，就是认清对方的动机、方法和目的。孔子说："视其所以，观其所由，察其所安，人焉廋哉！人焉廋哉！"（《论语·为政》）"所以"是所为，"所由"是理由，"所安"是心之所乐，合起来就是孔子的观人之法。"元"字就是观人的动机。这是讲在改革上，首先须识人。

2. 用才：卦辞上的"亨"字，是指的沟通与了解。对于人才必须能互相沟通，以了解他们在某一位置上的才能。其实每个人都有他特殊的才能，重要的是如何使才能适合他们的位置。在适当的位置上，才能发挥适当的功效。否则大材小用、小材大用，都是错置了人才。

3. 举贤："举贤"就是本爻爻辞的"用誉"。"誉"就是有贤德和声誉的人，当然这个"贤"除了德之外，也包括了才能，所以是贤能并言。"举贤"的目的还有匡正人心、改良风气的功效。孔子说："举直错诸枉，则民服。举枉错诸直，则民不服。"（《论语·为政》）所以举贤是以德为号召，使领导者以德来信服人心。

在中国历史上，曹操重用才，说"唯才是举，吾得而用之"（《魏书·武帝纪》）。汉武帝重选贤，董仲舒被举，儒家得以兴起。推之今天，管理学重用才，领导学除用才外，也应重视举贤。这就是在本爻上讲"用誉"的原因。

䷒ 临　十九

扫一扫，
进入课程

临。元、亨、利、贞。至于八月，有凶。

初九：咸临，贞，吉。

九二：咸临，吉，无不利。

六三：甘临，无攸利，既忧之，无咎。

六四：至临，无咎。

六五：知临，大君之宜，吉。

上六：敦临，吉，无咎。

一、语译

临。需原其始，能沟通，能和利，能贞定。到了八月，有凶象。

初九：有感应的亲临，坚守贞定，则得吉。

九二：有感应的亲临，有吉，无有不利。

六三：追求甘美的亲临，没有利可言。如能忧虑，就会没有过患。

六四：亲自到达的临，没有过患。

六五：以智慧去亲临，适合于伟大的君主，得吉。

上六：敦厚的亲临，得吉，没有过患。

二、解义

1. 本卦名"临"，在古代是君临天下的意思，也兼指春临大地。引申来说，也可指我们面临一个新的局面，新的挑战。本卦由内兑外坤两卦重叠而成。其象有以下各义：

（1）坤在上，为顺；兑在下，为悦。顺而有悦，是亲临而有喜悦之象。

（2）坤为地，兑为泽。泽和地相接，有亲临而绵密无间的意思。

（3）二阳在下，阳气上升，不断滋长，有春临大地之象。

2. 卦辞：有"元、亨、利、贞"四字，可见本卦和乾卦一样的重要，是乾元的开始，是新局面的来临。不过在现象界是有变化的，吉变为凶，所以到了八月便会有凶象。为什么是八月？根据占卜，把十二个卦的阴阳转变分为十二个月，即复（只有一阳爻在初爻）是一月，临（只有二阳爻在初爻和二爻）是二月，泰（只有三阳爻在内卦）是三月，大壮（有四阳爻在下向上面二阴爻挺进）是四月，夬（下面五阳爻向上面一阴爻挺进）是五月，乾（全是阳爻）是六月，姤（只有一阴爻在初爻）是七月，遁（只有二阴爻在初爻和二爻）是八月，否（只有三阴爻在内卦）是九月，观（有四阴爻在下面向上面二阳爻挺进）是十月，剥（下面五阴爻向上面一阳爻挺进）是十一月，坤（全是阴爻）是十二月。这是周朝的历法。八月是遁卦，正是二阴向上升，与临卦的二阳向上升正好相反，所以用八月来比喻临卦变到相反的遁卦，二阳转为二阴，阴进阳退，有凶之象。

3. 初九：本爻位当，与六四相应。《易经》的"咸"是"感"的意思，三十一卦即是以"咸"为名而讲感应之道。初爻阳气之升，是由于感应而有临。如能坚守贞定，以诚为德，便会得吉。

4. 九二：本爻位不当，与六五相应。所以也有感应之临。自然得吉，而无不利。"无不利"是指它的可以前进而没有不利的现象。

5. 六三：本爻位不当，与上六不相应。以阴爻居内卦之顶，而乘驾二阳，且又面临外卦之全阴。所以就整个情势来说，是一无所利的。这里的"甘"是负面的意思。如果一味向外，只求甘美好吃，只爱听甜言蜜语，当然是无所利的。相反的，如能有忧患意识，则将会没有过患。

6. 六四：本爻位当，与初九相应。本爻已到了外卦，在坤地之始，代表脚踏实地的亲临自能没有过患。因为亲临不是嘴上说说，而必须实际行动。

7. 六五：本爻位不当，与九二相应。本爻虽位不当，但能以谦虚处中正之位，是临的主体。"临"不是作表面的功夫，而是要深入地研究，去解决问题，所以他本身需要大知大慧，这样才能有资格当伟大的君主。

8. 上六：本爻位当，与六三不相应。本爻由于处坤卦之极，代表整个坤卦。坤卦是地道，是以厚德载物。所以说个"敦"字是喻地之厚，即以敦厚之性去面临一切。

三、处变学

（一）自修

1. 初九："咸"是感应。感应之道最主要的是一个"诚"字，"不诚无物"（《中庸》），如果没有诚，还有什么感应可言？"贞"是坚守贞定，本爻是阳在阳位，所以也是诚之德。本爻就是劝人以诚自修。不论面临的是什么局面，如能"诚"，则必能感人、化物。

2. 九二：本爻重复说了"咸"字，也是以阳爻，讲感应之诚。但爻辞与前一爻的不同，少了一个"贞"字，多了"无不利"三字。缺个"贞"字，是因为本爻位不当，阳居阴位，这与初九之当位不同。初九之诚是诚其意，是重内心的，本爻的"诚"重向外。因本爻与六五相应，可以行进，而且上有四阴挡路，所以它的诚重信，是由内向外，向上去的，说"无不利"是喻诚信的可以通达。所以在本爻上的自修是由诚而信。"民无信不立"，无信又如何能亲临以感化他们？

（二）应变

1. 六三：这个"甘"本是正面的，无论甘甜或甘美，都是大家所喜欢的。如果在亲临时，把"甘"带给大家，当然是至善的。可是在这一爻上的"甘"却是另一种情形，本爻是阴，无甘之性。本爻处四个阴爻之始，上面的各阴也无"甘"的特质。所以这里的"甘"是本爻所无，而向外追求的，可是外面全阴，又追求不到。

这正如禅宗初祖达摩"四入"中的"求不得苦"。在这爻上的应变，就是放弃对欲望的追求。不仅不求"甘"，相反地，还要"忧之"，这里的"忧"就是忧患意识。譬如古代君王的亲临人民，不只是为了听人民的欢呼万岁，还要知道人民的疾苦，为他们而忧虑。我们面临一个新局面时，也不能只是梦想它如何美好，而应忧虑自己的知有何不足，须战战兢兢来应对。孟子所谓"生于忧患"，就是本爻的特写。

2.六四：本爻只有一个关键字"至"。本爻已在变化之中，也就是说已进入亲临之境。这个"至"字有两方面的意义：一是指本卦"临"的实际行动，一是指精神上所向往的德性的境地。合起来可分为四种情况：

（1）亲自去临。如果是领导者考察民情或实际业务的话，他必须亲自去做，绝不能只看看一些报告而已。

（2）亲自去为。在亲临之后，一位领导者不只是和群众握握手，表示一下他的亲民，他必须找出问题来，亲自设法去解决。

（3）止于至善。"至善"的"至"字对应"至临"的"至"字，这是在精神上一位领导者所要达到的境地。《大学》开宗明义便说："大学之道，在明明德，在亲民，在止于至善。""亲民"就是亲临于民，而"至善"就是他的理想。这种理想不是空想，而是要以此为目标，一步步地走向它。

（4）知其所止。这个"止"字也是"至"的意思。《大学》说："为人君止于仁，为人臣止于敬，为人子止于孝，为人父止于慈，与国人交止于信。"所谓"知其所止"，就是以仁、敬、孝、慈和信为所要至的德行，尤其领导者与群众相交，这个"信"字最重要，也是最起码的德行。

3.上六：本爻在卦的最上峰，已达天位。可是这个"敦"是敦厚，却是取象于地。这不仅因为外卦是坤，为地，而且亲临天下，必须向下，走入民间，所以用地的深度来描述应变之德。这有三种特性：

（1）厚德载物。这是地之德，完全为了别人，自己却无求，也无悔。

（2）宅心仁厚。仁厚就是指他的厚道，待人宽容，像地的广大。

（3）处卑不争。敦厚之人，必能谦卑，不与人争利、争名。

这三种特性都是取象于地的，以地的厚道来应万物的变化。

（三）自处

六五是处变者自处之位，在六五爻上的一个"知"字是他的自处之道，而卦辞的"元亨利贞"也是他在临卦的四德。现在分别讨论如下：

1.元亨利贞：这是他在亲临群众，或面临新的局面时应有的四德。"元"是指他有正大的动机；"亨"是指他具有耐心的沟通力；"利"是指他了解人民需要什么，如何做能对人民有利；"贞"是他坚守自己的原则，同时，因六五的阴柔，使他能以谦卑的态度待人。

2.知：在"临"卦上，这个"知"的重要性正如《中庸》所描述的："唯天下至圣，为能聪明睿知，足以有临也。"这句话正是本爻爻辞上所说的"知临，大君之宜"的最好注脚。那么这个

"知"又是什么样的"知"呢？我们仅就"知"的四种对象来看：

（1）知物："知物"即知物理。人是靠物而生活的，这个"物"包括了人类生活在大环境中的一切物质资源，《易经·系辞传》所说"开物成务"的"开物"，就是开发万物的资源。这和今天的科学发明是一样的道理。《尚书·尧典》中便说尧命他的大臣们到四方去考察自然现象、地理物宜来生产资源，以供民用。夏禹铸九鼎，在鼎上刻了各地山川及物质资源，以研究如何开发，以供需求。这都是伟大的领导者对知物的重视。

（2）知事："知事"即是知事理。宋明儒家们解释《大学》的"格物"，都是就事理而言的。所谓"开物成务"的"务"就是事务。这个事理与事务包括了政治、伦理、教育等等。周公的制礼作乐就是解决和处理事务的，所以此处说的知事，其实就是了解人与人之关系，以造成一个和谐的社会。

（3）知人：《尚书·皋陶谟》说："皋陶曰：'都，在知人，在安民。'禹曰：'咸若时，惟帝其难之，知人则哲，能官人。'"这就是说一位领导者必须能"知人"。"知人"有两义，一是知人心，一是知人性。"知人心"就是知人的心理，人心包括了七情六欲，这对某些哲学来说，是负面的，可是一位领导者却必须正面去对待它们，因为它们正是人们所需要的。如果这些欲望得不到满足，就会产生争乱，形成许多社会问题，所以领导者另一方面要知道人性，从发扬人性的角度，去消除人欲的乱源。也就是说，这些领导者都有哲学的圣知，去提升人心，去转化人欲。

（4）知己：知人必须先知己。老子说："知人者智，自知则明。"（三十三章）"自知"不是累积自己的知识，把自己变得多么聪明、多么能干，"自知"真正的作用在不自以为有知。老子说："绝圣弃智，民利百倍。"（十九章）又说："知不知上，不知知病。夫惟病病，是以不病。圣人不病，以其病病，是以不病。"（七十一章）所以"知己"就是不以自己为有知，这才是真正的大知。

䷓ 观 二十

扫一扫，
进入课程

观。盥而不荐，有孚，颙若。

初六：童观，小人，无咎。君子，吝。

六二：窥观，利女贞。

六三：观我生，进退。

六四：观国之光，利用宾于王。

九五：观我生，君子，无咎。

上九：观其生，君子，无咎。

一、语译

观。洗手迎神而尚未献酒食，有诚信，是如此的虔敬。

初六：儿童似的观，对小人来说，没有过患。对君子来说，有羞吝之象。

六二：门缝里窥视的观，有利于女人的坚守贞定。

六三：观我的生活，知进退之宜。

六四：观国家的光辉，有利于用宾礼以敬其主。

九五：观我的生命。能为君子，则没有过患。

上九：观他们的生计，能为君子，则没有过患。

二、解义

1. 本卦名"观"，"观"的原意是睁大眼睛去观看，引申为用心去观察。本卦的"观"包括反观自己和观察人民。本卦由内坤外巽两卦重叠而成。其象有以下各义：

（1）巽在上，为风；坤在下，为地。风吹地上之物，有风化万物之象，故观为观化。

（2）巽为木，坤为地。树木由地中生出，是万物之生化，所以观为观万物之生化。

（3）本卦中四阴渐长，逼退二阳。二阳要自保，须用心去观察，以转化四阴。所以观是非常重要的转化功夫。

2. 卦辞："盥"是在祭神时最先举行的仪式，是洗手以后，把酒洒在茅草上燃烧生火以迎神。这时候精神集中而纯净。"荐"是"盥"之后的仪式，即献上酒食以飨神。在献礼时，各种食物不同，心神便不易集中，也不够纯净。所以去观"盥"礼时，观者的心神自然肃穆，而观"荐"礼时，自然有散乱之感。所以在"观"中重视"盥"礼，就是告诉我们"观"时必须要有诚意，要有虔敬之心。

3. 初六：本爻位不当，与六四不应。在"坤"之始，即地下，上有三阴遮住，所以用"童观"来比喻，"童"是孩童，是指其小，即浅显、幼稚。但小人念念为利，如能有此小小反省的"童观"，聊胜于无，也可使他们免于咎患。可是君子重义，眼光要大，如局限于此"童观",器识如此之小,不免会遭遇羞吝了。

4.六二:本爻位当,与九五相应。"窥观"的"窥"是从门缝里向外看,一般都当作负面的意思,就是所观的狭窄。古代的女人都在家庭中操持家务,对外面的事务,所观的自然是片面的。"利女贞"就是有利于女人的贞定德性,也就是说女人如有此观,即使片面,也总算有所观。但本爻位当而应,也可从正面的意义来看。因为本爻为阴而处正位,故以女性代表内心,透过门缝向外看,也就是由内心透视外在。这个"贞"由于六二之阴柔,代表谦虚,即以谦虚的态度由内观外。它也表现了六二与九五之相应,使她以谦虚之心,能观仰天道。

5.六三:本爻位不当,与上九相应。"观我"的"我"是指六三。为什么此处特别标出一个"我"字?除了和"上九"的"观其生"的"其"字相区别外,这个"我"字凸显了自我的意义。"生"有生活、生存、生命各义,此处由内卦到外卦的发展,以生活来说比较具体。因此说"进退",即是指生活上可进而向上,也可退而守其位。

6.六四:本爻位当,与初六不相应。本爻在众阴之上,而面临二阳爻,阳爻光明,且九五为君王,代表国家,所以本爻乃仰观于上。由于位居阴位,所以用谦让来辅助君王。

7.九五:本爻位当,与六二相应。这是在九五之尊的君位上,"观我生"的"生",当然比六三的"生"字重要多了,因为一位君王的"生"是维系了天下苍生的"生"。所以此处的"生"是生命或心性的生。"君子,无咎"是条件语,如能像君子一样"喻于义",则没有过患。

8. 上九：本爻位不当，与六三相应。这是在"观"卦的最高点，当然所观的是至广至大的，因为本爻在天位，像天一样无所不覆，所以它的"观"，不是"我"，而是"其"，"其"是指他们，是人民，是苍生，是万物。"君子，无咎"也是和九五所说的一样，是条件语。本爻在天位，何以用君子为喻？因为天是"无思，无为"，无意无念的，所以不是观的主体，没有观的作用，因此落实下来讲君子。九五上的君子是着重在个人的修养，本爻的君子，乃着重在为人。为什么这两爻都讲"无咎"？因为本来四阴的逼近，两阳如退却，将会有咎，现在学君子的修己为人，积极地转化了阴气的逼人，所以又转为"无咎"。

三、处变学

（一）自修

1. 初六："童观"在负面的意思是童蒙无知，识浅见小。但就自修的观点来说，治"童观"之病，不是用成人的立场来批评，而是就"童"本身去发挥，即从童言无忌、天真无邪去转化"童观"成为纯洁无疵的"观"。本爻为阴爻，所修的德性应是谦虚处卑，在蒙卦中，六五在高位，却是"童蒙，吉"，也就是自认为无知之童，去向有道的老师请教。这就是"童观"的自修。

2. 六二："窥观"有负面的意思，在自修上，却可以转为正面。"女贞"是女性之德，由于本爻是阴柔，能和九五相应，所以阴柔之谦逊正是她的优良德性。"窥"从门缝里看人，把人看扁，当然是不好的，但从门缝中看出去、走出去，甚至连门也敞开来，这却是正面的。这就如谦不是退让，而是前进的一样。所以在这一爻的自修上，就是要把我们的心房之门打开，像大地一样，是开放的"观"。

（二）应变

1.六三：本爻在内卦坤之上，又面临外卦之变。这时候，他要"观我生"，就是反观自己。"观我生"就是先回到自己的生存，再反省自己的生活，最后反观自己的生命发展。"进退"两字，有以下各义：

（1）是进是退：这就是反省自己的生活，究竟是进步或是退步的。当然这种反省是一种修养，着重在进，即六三向六四提升。

（2）可进可退：反观之后，了解自己的发展，是可进的或可退的，完全由自己审慎地抉择。这种反观是观自己的存在。着重在把握自己，也就是不要把自己的进退寄托于别人的施予或环境的影响，而决定于自己的判断和努力。

（3）能进能退：检讨自己反观所得，要把自己置于机动的地位，能进能退。绝不可进而无法退，退而不能进。所谓机动，就是把握变化的时机。因为六三正面临由内卦到外卦的转变，所以要把握机动的位置，随时能进能退。这在应用上，就是把握当前的这一刻、这一念，能进就进，需退则退。在表面上好像进是好的，退是不好的，但此处的重点不在讨论进与退的好坏，而在"机动"两字，而在把握这一念的转变。

（4）亦进亦退：在进退中，最完美的是做到进中有退，退中有进，即在进时含有退路，在退时已具进的潜力。所谓进中有退，即在进时，不要一味求进，走向偏锋，而要注意来时路，要有宽广的基础；在退时，不是真正的退，只是暂避风头，培养另一股奋进的潜力。

（5）以退为进：这里的"以退为进"有二义：一是借退为过程，以达到进的目的，如老子说的"进道若退"（四十一章）。这是以退为进的思想，后来的兵家更把它运用在战术上。太极拳也是以这种方法为主的。二是置身于退的地位，因为退就是一种进。老子的"处柔弱"，庄子的"贵无用"，以及禅师的"不在明白里"（赵州从稔禅师），都有这种思想。

2. 六四：本爻为众阴的领导，直逼九五的君主，有功高震主之嫌。在应变中，一方面要自保，一方面又要发挥自己的功能。他的地位好像是总经理，上面还有位压顶的董事长。首先他把下面人才所积聚的力量，转向"观国之光"，即是为了公司的成功。不说为王，而说为国，不说董事长，而说为公司。因为说为国，所有人民的利益都在于其中；为了公司，所有职员的福利都包含了进去。其实君王和董事长的成就也都达到了。至于自己呢？却以非常谦虚的态度成为君王及董事长的助手，不求名、不为利。

3. 上九：就应变来说，本爻已达卦的最高处，也已进入了天位，再发展，只有回头了。所以由天到人，由天之道到君子之道。《易经·系辞传》说："圣人设卦观象，系辞焉而明吉凶。"（上传二章）又说："君子居则观其象而玩其辞，动则观其变而玩其占，是以自天佑之，吉无不利。"（上传二章）把以上两段话合起来看，可见按《系辞传》的说法，创立《易经》一书的是圣人，根据《易经》之理而推行运用的是君子。在《易经》中不言圣人，却多言君子，可见君子是《易经》中的关键人物，因为是他们把易理运用于人生。本爻之重君子，就是因为君子才是实际的人物，能为君王、为天道去观察人民的生活，提升人民的生命。"观其生"的"其"是人民。"生"有二义，即物质的生活和精神的生命。君子作为臣子来说，任务是富足人民的生活，所谓"物阜民丰"，作为有德行的人来说，是为生民立命，建立精神的生命。因此在本爻上的应变，是转天道入君子；在本爻上的"观"，是了解人民的生活和精神。所以本爻上的君子，重在天道，重在治国平天下。

（三）自处

九五为处变者自处之位。除了本爻上的君子之外，还有卦辞上的"孚"，以及六二的"贞"都是他观生民之化的三个特点：

1. 孚：卦辞上从祭祀的礼仪上说"有孚"。"祭祀"代表了敬天与敬鬼神的宗教信仰。"祭神如神在"，孔子说，"吾不与祭，如无祭。"（《论语·八佾》）这里所强调的就是一个"诚"字。观卦《象传》也说："观天之神道，而四时不忒，圣人以神道设教，而天下服矣。"这也是一种观天的宗教思想，不过神道设教是建立在一个"诚"字上，因为《中庸》上说"至诚如神"，就是至诚有神化万物的力量。

2. 贞：在六二上的"贞"是谦德。在向外观物、观事、观人时，最重要的是我们本身必须能虚其心。如果我们自己心中已有先入之见，又如何能客观的去观外面的一切？老子说"故常无，欲以观其妙"（第一章），"妙"是万物生化之妙，必须我们自己能"无"

能"虚"，才能观道之妙用。这个"观"后来用在佛学打坐上就是"止观"，即在心念上先要止息而虚无，内心才能产生智慧，以观照万物。所以这个谦虚的"贞"也是观的一个主要作用。

3. 君子："君子"两字在《易经》中出现，并无详细的解释，但就君子与小人对称来说，已有两种意义，一是指有知识地位之人，一是指有德行之人。在《论语》中，也引申发挥了这两种意义，其中有一百多处都是偏重于德行来说的。此处我们仅扼要地分为两方面来看：

（1）君子的气质。易理讲阴阳之气，这个气到了人身，便有质，所谓气质。宋儒张载讲"气质之性"，孔子在《论语》中也讲"文质彬彬，然后君子"（《论语·雍也》）。所以此处用"气质"两字，大约可包含一般所谓的风度、气度、人格等。《论语》中曾说："人不知而不愠，不亦君子乎"（《论语·学而》），"君子不器"（《论语·为政》），"君子周而不比"（《论语·八佾》），"君子坦荡荡"（《论语·述而》），"君子不忧不惧"（《论语·颜渊》），"君子和而不同"（《论语·子路》）等，都表现了君子的自得（不愠）、开放（不器）、无私（周）、坦然、无惧与和谐的人格特质。

（2）君子的修养。这是指君子重视德性的修养。《论语》中所说："君子务本，本立而道生，孝弟也者，其为仁之本与"（《论语·学而》），"君子怀德"（《论语·里仁》），"君子喻于义"（《论语·里仁》），"君子上达"（《论语·宪问》），"君子求诸己"（《论语·卫灵公》），"君子有三戒"（季氏），"君子有三畏"（季氏），"君子有九思"（季氏）等，都是指君子以德行修养为主。

在《论语》中，谈到圣人只有几次，只论到一次博施济众。

谈到君王虽然比圣人多了一些，但都只论及君使臣的问题，也未详论治国平天下之道。至于君子，虽然谈了那么多，却都以德行为主，未谈及治国的细节。所以总的来看，孔子所论治国之道，乃是圣人或君王通过君子的德行来实践的，由此来看本爻的领导者或君王在于反观其身，而以君子的德行为重。这有两种可能：一是领导者能善用君子以治国，他本身只是以"恭己正南面"的无为之道，另一是领导者兼具君子的修养以"修己以安人"。

噬嗑 二十一

扫一扫，
进入课程

噬嗑。亨，利用狱。

初九：屦校灭趾，无咎。

六二：噬肤灭鼻，无咎。

六三：噬腊肉遇毒，小吝，无咎。

九四：噬干肺得金矢，利艰，贞，吉。

六五：噬干肉得黄金，贞，厉，无咎。

上九：何校灭耳，凶。

一、语译

噬嗑。要沟通，利于用刑狱。

初九：踏入了禁足的刑具，遮盖了足趾，没有过患。

六二：口咬皮肤，遮没了鼻子，没有过患。

六三：口咬腊肉，有毒，有小的羞惭，没有过患。

九四：口咬有骨的腊肉，得到了金属的箭矢，利于在艰困时，把握贞定，有吉。

六五：口咬干肉，得到了黄金，把握贞定，面对危厉，没有过患。

上九：肩负着刑具，遮盖了耳朵。有凶象。

二、解义

1. 本爻名噬嗑。噬是口咬，嗑是整合。本卦的意思是用口咬，使两物合在一起。本卦由内震外离两卦重叠而成，其象有以下各义：

（1）离在上，为光明；震在下，为雷。古代雷司刑罚，所以用刑罚有光明，这是刑罚的用意。

（2）全卦初九、上九两阳爻，使本卦有口之象，其中有一阳横梗其中，而有咬去这一阳，使口能合之象。

2. 卦辞：卦意引申为除去口中之物，即象征消灭心中的欲念，消灭社会的败类，才能使心保持安宁，社会达到和谐。卦辞首重一个"亨"字，说明先要有沟通、有了解，这样才能善用刑罚，才是有利的。这说明了本卦以用刑为主题。刑罚虽非至善，但一个国家社会为了保护安宁，却少不了它的存在。

3. 初九：本爻当位，与九四不相应。震为足，初爻有足之象，"校"是木做的刑具，套在足上叫作桎。这种刑具锁住了我们的双足，使我们难行。初九与九四不相应，所以不劝人前往。禁足是小刑罚，施小刑而防大患，所以是没有大患难的。

4. 六二：本爻当位，与六五不相应。六二是阴爻，性柔软，所以用皮肤为喻。口咬皮肤，容易深入，以致连鼻子也陷其中。这是比喻用刑必须对刑罚有深入的了解，对罪案有彻底的研究，才能没有用刑过当之患。

5.六三：本爻位不当，与上九相应。本爻为阴爻，乘六二之阴，又在内卦之上，故阴过盛，有腊肉之象。因腊肉经过腌制，时间过久，会有毒性。六三又面临外卦之离火，以及九四之阳刚，故有吝色。本爻位不当，本有咎，但因有小吝，而知悔，能与上九相应，故无咎。说到刑罚，虽有不善之处，但刑罚能有止恶之效，故也能无咎。

6.九四：本爻位不当，与初九不相应。"胏"为有骨的腊肉，因本爻为阳爻，所以用"有骨"来比喻。"有骨"与前爻的"有毒"不同。由于阳刚，所以得"金矢"，"金矢"是引喻阳刚正直。"艰"是因九四陷于二阴之间，因此利于在艰困时把握坚定之贞正。在用刑来说，本爻是指刑罚之施需合于正道。

7.六五：本爻位不当，与六二不相应。"干肉"本为腊肉，但避免了用"腊"肉之腊，也意味着不是过久有毒之意。而此干肉又与干胏不同，因六五阴爻，故无骨而易咬入。"黄金"与"金矢"不同，"金矢"之"矢"是指它的坚硬，而"黄金"却是指它的价值，指达到目的。"厉"是外在的危机，因它陷于二阳之间。"贞"以本爻为阴爻来说，是指它的谦德。如能以谦德来处事，则可免于咎患。

8.上九：本爻位不当，与六三相应。本爻在本卦的极处，因位不当，有用刑太过之象。刑具套在头上，岂非有断头之象？故有凶。

三、处变学

在占卜来说，本卦以刑狱为主题，但在处变学和应用上来说，不限于刑狱，而采取它的另一种象征意义，即咬物使合。用现代的话来说，就是整合的意思。再引申运用，即如何除去病因或某一弱点，使社会和谐安宁。

（一）自修

1. 初九：本爻是指用刑具禁足，使其不能前进。就自修的意义来说，在外面是礼，在内心是德。当颜回问仁时，孔子回答"克己复礼为仁"。颜回再请问详目时，孔子即回答"非礼勿视，非礼勿听，非礼勿言，非礼勿动"（《论语·颜渊》）。可见，就外在来说，这即是以礼来禁足，使我们知道什么不能做、不能行。当然这个"礼"到了孔子手中，已转变为内心的礼念，孔子和颜回的这段对话，也可当作内心的克欲。老子也说："祸莫大于不知足。"（四十六章）又说："知足不辱，知止不殆，可以长久。"（四十四章）老子的"知足"和"知止"，也是内心的一种"禁足"。所以在本爻上的自修，是知礼、知足和知止。

2. 六二："噬肤"的另一意义是切肤，所谓"切肤之痛"，是指非常深切的体验。"灭鼻"是指深入，也是指忘情的投入。如果把本爻当作知识方面的自修之学，也可以孔子的"困而知之"来说明，对知识的追求，是通过经验的反身而证得的。所以在本爻上的自修乃是在知识上做深入的研究。

（二）应变

1. 六三：本爻处阴柔的弱势，却面对外卦离火的强烈光明，因此在应变上是需要非常小心谨慎的。腊肉代表长久以来的积习，如"蛊"卦代表过去留下来的过患，当然会有很多毛病，不易对付。在本爻上的应变之法，是自知其小，不要夜郎自大，而能接受"吝"的自觉心，以谦虚的态度，向九四之阳刚靠近。

2.九四：本爻在本卦之中间位置，又夹于双阴之间，常被当作梗于口中之物，必须除去。但在应变上，本爻是阳爻，代表阳刚，因此自有它的正面意义。就以口中之物来说，也可象征言之有物。如果把本爻当作欲望来说，传统宋明儒家都强调灭人欲才能存天理，好像人欲与天理绝对二分，不能共存。到了明末清初，王船山主张"人欲之各得，即天理之大同"（《读四书大全说》卷八），也就是人欲存于天理，转人欲即为天理。以本爻来说，从负面看，是梗于其中的人欲，如能转化，便成正面的天理。因此在这一爻的应变，不须逃避，要面对问题，在艰困中自守，这也即孔子说的"君子固穷"。本爻虽夹于两阴之间，有很大的困境，但若能保存实力，坚持原则，必能得到转化，由它的力量，使两股逆势得到整合，而成阳刚之气。

3.上九：在占卜上，负刑具到头顶，有凶。在应变上，我们又如何能应付这个变局，转凶为吉？首先，照爻辞上的字面来逆转，如果我们不负刑具而灭顶，就不会有凶了。所以，问题在如何不负刑具？更直接地说，如何才能不犯法，不受刑具所制？在这里，我们借用庄子的思想来看这个受刑的问题。庄子提到的"刑"有三种：一是法律的刑，二是内心的刑，三是天的刑。他说："为外刑者，金与木也；为内刑者，动与过也。宵人之离外刑者，金木讯之；离内刑者，阴阳食之。"（《庄子·列御寇》）外刑，即犯了罪，受刀木的处罚，这即是本卦讲的脚镣手铐。内刑即内心的惩罚，如犯了过受良心责备，贪欲过多使心灵痛苦，这即是前两种刑罚。最后是"天刑"，庄子的"天"有自然之义。本爻在天位上，所以可用天刑来讨论如何应变。庄子对"天刑"的解释是："遁天倍情，忘其所受，古者谓之遁天之刑。适来，夫子时也；适去，夫子顺也。安时而处顺，哀乐不能入也，古者谓是帝之悬解。"（《庄子·养生主》）"帝"是上苍，即天，"悬解"即解脱。所以"帝之悬解"即对天刑的解脱。庄子思想是最大的应变哲学，即与天与自然的应变。至于应变的方法，就是抛去对躯体的执着，"安时而处顺"，顺其自然，超脱生死，而与自然同化。所以站在这一爻的应变，是放下心中的执着，不为名锁，不为利迁，顺物自然而同化。

（三）自处

六五是处变者自处之位，本爻介于两阳爻之间，处境维艰，所以有"厉"。如何自处？如何带着他的群众走出困境来？他的自处之道就在卦辞中的"亨"字，以及本爻辞中的"贞"字。

1. 亨："亨"有两义，一是沟通，一是了解。沟通是彼此的，了解是单线的。一位领导者，如果由于某些原因，不能使他的组织相合和谐的话，首先他要了解这个原因是什么？当然他必须亲自去解决这个原因，如同除掉口中梗着之物，才能使口合起来。这个梗着之物，多半是意识形态、利益冲突等。接着领导者要进一步去沟通，除了自己与两方面沟通之外，更必须使两方面之间能沟通。对于领导者自身来说，他的心中也常有一物梗着而不能安宁，除了七情六欲所造成的分裂，还有儒家所讲的义利之辨、天人交战等，所以领导者必须能对自己沟通，即反躬自察，要知己、要慎独。

2. 贞：在六五爻上的"贞"，由于是阴爻，所以必须发挥自己阴柔的谦德。在坤卦中，我们已谈过谦德的修养，而在本卦的六五上，由于它的地位的特殊性，谦德的运用更有其不同的方式。

（1）黄金的地德：本爻"黄金"的黄色是指地的谦卑，如坤卦六五的"黄裳"的黄。地德的谦，在这一卦上，是指无分别心。因为领导者必须没有分别心，才能从事整合的工作。

（2）敬畏天命：本爻上面的上九，是代表天道与天命。本爻的领导者以谦卑的心敬畏天命，他的整合，必须能顺承天理。

（3）修养谦德：本爻为阴乘于九四之阳，照易占的"乘例"来说，阴凌驾于阳，如云遮日，故有缺憾，这是负面的意思。但本爻如能发挥谦德，怀抱谦让之心，就像阴爻开了门，让阳的光芒能通过它而向上发展，使九四之阳转化为上九天道之阳，这就是转人欲为天理的作用。

（4）反观自己：唯有谦才能反省自己。在本卦的占卜上，常以九四为梗物。可是当领导者能反观自己之后，才发现这梗物不在于外，而在自己的心中。所以整合的功夫，需先从自己做起。正如王阳明所说："除山中之寇易，破心中之贼难。"

（5）如何整合多元的文化：现代社会是多元性的，英文单词Diversity目前在西方的政治、教育、心理学上，已经成为一个非常重要的主题，包括了种族、性别、国族等。但各种不同的文字和著作在讨论这个问题时似乎都只注重技术性的方法，而欠缺根本上的了解。本卦"噬嗑"正可译为整合，而针对的问题，也正是找出多元化不协调的原因，使他们能和谐。这个原因由"谦德"来看有二点，即自私和自骄。自私来自"自我"，即西方心理学上的"ego"，这个"自我"，即梗着之物，使人与人交往时以自私的个人主义为重而不能整合。"自骄"是"自我"的膨胀。"自骄"就会轻视别人，这是种族及性别歧视的根源。所以当今的领导者应先从这两处着眼，挖掉这两个祸源，才能达到和谐的整合。否则永远在技术上绕圈子，越整越不能合。

䷕ 贲　二十二

扫一扫，
进入课程

贲。亨。小。利有攸往。

初九：贲其趾，舍车而徒。

六二：贲其须。

九三：贲如，濡如，永贞，吉。

六四：贲如，皤如，白马翰如，匪寇婚媾。

六五：贲于丘园，束帛戋戋，吝，终吉。

上九：白贲，无咎。

一、语译

贲。需沟通，小事，有所往是有利的。

初九：文饰足趾，舍车骑而徒步。

六二：文饰胡须。

九三：如此的文饰！如此的润饰！永远保持贞定，则有吉。

六四：如此的文饰！如此的洁白！白马的毛如此纯白！来的不是匪寇，而是婚姻的对象。

六五：文饰丘陵田园，一卷卷的布帛减少了。有羞态，最后是有吉的。

上九：纯白的文饰，没有过患。

二、解义

1. 本卦名"贲"，"贲"是文采的修饰，但其本义又是无色的。本卦由内离外艮两卦重叠而成，其象有以下各义：

（1）艮在上，为山；离在下，为火。火光照耀，照亮了满山满谷，有文采焕发之贲的象征。

（2）艮在上，为止；离在下，为光彩。止其光彩，有修饰之意。

（3）文饰为人类文明发展的需要条件。所谓"垂衣裳而天下治"（《系辞下传》二章），即是由文饰而治天下。举凡文物、制度、礼仪、音乐、文学等都是一种文饰。

2. 卦辞：首重一个"亨"字，因为文饰的存在是为了沟通。文饰的设施，需要沟通，才能适当。但文饰只能用之于小事，不能太过。文饰是有利的，可以使我们有所发展。

3. 初九：本爻位当，与六四相应。因为是初爻，所以用足趾为喻，文饰足趾，即指发明鞋子。"舍车"是指不必太过浪费。"徒"是徒步而行。因位应，而可往，由于位当，所以重视素朴的本色生活。

4. 六二：本爻位当，与六五不相应。因位当，而须注意本身，所以以胡须为喻。在古代男士的胡须为身体的一部分，像毛发一样，必须整饰和修饰，这是维持仪表的必须动作。

5. 九三：本爻位当，与上九不相应。"濡"是以水沾湿，也就是指太干燥之物须用水喷洒，也是一种润饰作用。本爻在离火之上，有干燥之象，所以用水润饰之。"贞"以九三的阳爻来说，就是诚德，因位当，所以能修养诚德，则必有吉。

6.六四：本爻位当，与初九相应。本爻是阴爻，因当位，故重"贲"的无色。"皤"就是素白之色。由于本爻离开了离火的光耀而进入艮止，所以不重修饰，而还归本色。至于说"白马翰如"，乃是再度强调素白的本色，因为白马的毛是自然生长的，而不是外在的文饰。本爻与初九相应，先为九三所隔，而误会初九为"匪寇"，最后才发现原来是自己婚姻的对象。

7.六五：本爻位不当，与六二不相应。本爻是代表君主，他不该只修饰皇宫，而应使整个国家富足。"丘园"即指山林田园，也就是整个国家社会。"束帛"是指钱财，也是比喻国库内的财物，"戋戋"是少的意思。君主穷了，人民富了，这才是国家之福。汉初文帝非常节俭，常穿草鞋上朝，他宠爱慎夫人，令她裙不拖地，帷帐无文绣。而国家却由以前"天子不能钧驷，而将相或乘牛车"（《史记·平准书》）的穷境，逐渐富裕，再经景帝的延续，以达武帝时的繁盛。虽然文帝这样的节俭，有吝色，但最后却是大吉的。"吝"在占卜上是因位不当，而不相应，但下有离卦的光明，上有上九的阳刚之明，所以仍然是有光辉的文明照耀的。

8.上九：本爻位不当，与九三不应。依"贲"的文饰来说，如果没有文饰，应该是有咎。本爻位不当，而不相应，也是有咎的。但没有文饰，而能还归他的本色，却可以无咎。并且没有文饰也是一种文饰，这就是所谓的"白贲"，"白"是素色，即"贲"的本色自然。

三、处变学

（一）自修

1. 初九："贲其趾"是利于行。鞋子的发明，不只是一种为了漂亮的装饰，而是为了保护双足，使我们能走更远的路。那么车子的发明不正是为了我们能走得更远，更轻松吗？为什么却要舍车而徒步，岂不是矛盾吗？其实我们需要了解"贲"的本质。本爻是阳爻，是起步，所以需要穿着鞋子走路。"舍车"只是一个比喻。在古代有车子代步是王族公卿的特权。《论语》中颜回死时，他父亲请孔子卖掉车子，为他儿子厚葬。孔子即说自己身为大夫，上朝不能无车。可见车子不是任何普通百姓能够买得起，甚至有权享受的。所以这里"舍车"的意思不仅是过于奢华，而且不合身份。所以本爻的"舍车而徒"，是指的脚踏实地去做。这是本爻所修的诚德，是"素位而行"。

2. 六二：前爻的"贲其趾"，是指利于行事，切实地去做。而本爻的"贲其须"，是指修饰胡须，整理仪表，这是有利于增进人和人之间关系的。古代男士的胡须代表他的成长、成熟、威仪，甚至智慧。当然"须"作为文饰，这只是一种象征，但引申来说，它也可借喻为言辞、态度等，这些都是人的仪表的一部分，也都是人与人之间沟通的必要修饰。在这一爻上的自修，就是在仪容和态度上。由于本爻为阴柔，所以必须修"谦德"。一个人对自己仪表和态度上的整饰，正说明了他内心的谦虚，也表示他对别人的尊敬。

（二）应变

1. 九三："濡"是以德浴身，但在应变上，本爻夹在三阴之间，在离火之上，面对艮止。这是说他必须懂得如何去修饰，使光芒不致太过。老子说："挫其锐，解其纷，和其光，同其尘"（五十六章），正可作为这一爻应变的指导。"挫其锐"就是不要强调九三的阳刚去冲击六四与六五。"解其纷"就是不要受三阴之迷惑。"和其光"，就是缓和离火之过于强烈。"同其尘"就是以诚意与六四、六五相和，而不以阳刚骄人。

2. 六四：本爻在艮止的开始，他的主要任务是去制止下面离火的过于强烈。他以老子"柔弱胜刚强"的方法，去软化九三之刚强。"皤"是贲的本色，是素白的。"白马翰如"是天生的白色。也就是说，他以素白的本色去应变。他本身虽为阴柔，但与初九相应，得到初九的阳刚的力量，使他谦中有诚、柔弱中有刚强。

3. 上九：本爻在艮卦之上，他的主要任务就是负责制止，要对离火的光耀有所节制。本卦的主题是修饰，小至个人的仪表、言辞、态度，大至社会的繁荣、国家的兴盛，以及世界的文明。在这种追求中，一个基本的动力是人类的欲望，这不是负面的私欲，而是正面的欲望。我们不能否认人类文化的发展，是需要这个欲望的推动力的。欲求就像汽油的燃料，有它才能发热、发光。但这个欲求中必然有私欲，因此必须有所节制，这就是外卦艮的制止的作用。举凡法律、礼制、道德都是这种艮止的节制作用。

本爻在天位上，讲应变，不重限制性的法律、礼制和道德。而以更根本的方法来化导这个欲望，这也就是本爻的爻辞只说一个"白贲"的"白"字的原因。"白"不是一种会使人眼花缭乱的颜色，而是素朴的、本然的。我们可以从两方面来看它的作用：

（1）绘事后素。这话出自《论语》："子夏问曰：'巧笑倩兮，美目盼兮，素以为绚兮。何谓也？'子曰：'绘事后素。'曰：'礼后乎？'子曰：'起予者，商也，始可与言诗已矣！'"（《八佾》）"绘""礼"和"诗"都是"贲"的文饰。而在进行这些文饰之前，需要素白的底纸，才能绘上五彩的画，需要有素朴的心，才能行真诚的"礼"，才能有无邪的诗。这个"素"就是"白贲"的"白"。

（2）无名之朴。老子说："化而欲作，吾将镇之以无名之朴。无名之朴，夫亦将不欲。不欲以静，天下将自定"。（三十七章）在人类的发展和万物的变化中，人欲产生了，有争、有斗、有乱，所以才有法律、道德和礼制的创设，以规范人欲。但这毕竟是外在的节制，不是老子强调的无为自然。老子讲"无名之朴"，即素朴自然之心。他又说："绝圣弃智，民利百倍。绝仁弃义，民复孝慈。绝巧弃利，盗贼无有。此三者以为文，不足。故令有所属：见素抱朴，少私寡欲。"（十九章）在老子眼中，"圣智""仁义""巧利"都是一种"文"，即"贲"的文采，是不够的，是需要以"少私寡欲"的素朴为本色、为"白贲"的。

在这一爻的应变，就是对文采、修饰有一种自然的节制，是返纯归朴，把握本心的宁静，以不变应万变。

（三）自处

本爻六五是处变者自处之位，也是在君王之位。在占卜上，本爻一方面在艮卦止的中央，一方面又通过六四接受了离卦的光辉照耀。他如何一面接受，一面又加以节制？对于由下而上的，也就是由人民所带来的光辉文采，他的接受，当然是全盘的。即使这些光辉文采之中有私欲的推动，一位高明的领导者，对人的私欲也不应加以否定，因为这种私欲也是人的本色。所以他的节制，不是节制别人，而是节制自己。由节制自己，而产生一种转化的作用，这种作用，在《孟子》一书中已有生动的描写。

（1）与民同乐：孟子见齐宣王，劝他施仁政，齐宣王推托说，"寡人有疾，寡人好货"，"寡人好色"（《孟子·梁惠王下》）。好货、好色是私欲，孟子却并不加以否定，相反的，孟子以为好货、好色也是君王之常情，只要使天下之人都有足够的货物，都有美满的家庭。这也即是孟子所强调的"与百姓同乐"，也是本爻所谓"贲于丘园"，使整个国家富裕的意思。

（2）推己及物：这种"与百姓同乐"的境界是来自于"推及己及物"的转化心理。孟子说："古之人所以大过人者无他焉，善推其所为而已矣！"（《孟子·梁惠王上》）也就是把自己心之所欲，推及于百姓。这也即是"贲"的文采不限于自己，而及于万物。

要如何才能"贲于丘园"，在卦爻辞上有三个重点。

1. 亨："亨"是了解与沟通。我们必须先了解"贲"的修饰的意义、对象和价值。接着我们要能沟通，使我们"贲"的修饰恰如其分，就像我们的仪表、言辞和态度能够达到与人沟通、与人同乐的效果。

2. 小：在卦辞中的这个"小"，是指"贲"用于小事，如仪表、言辞和态度上。如用于大事，便是粉饰太平。这个"小"使我们知道自己的"小",而能有所止,因为知小才能知止。

3. 吝:"吝"在占卜的用词上,有负面的意义,因为本身是阴爻,又面对上面的上九之阴,故有羞吝失色之态。但这个"吝"如有羞耻之意,虽为负面,但"知耻近乎勇"却能转为正面的作用。本爻爻辞的"吝"是承接着"束帛戋戋"而来的,就字面意义来说是钱财减少了或用光了,而有"阮囊羞涩"之态,但这个穷困不是自己浪费导致的,而是为了帮助别人造成的结果,所以这个"吝"是另有深意的。如老子所说:"既以为人,己愈有;既以与人,己愈多",这是从"吝"字的羞涩转出了光辉来。

䷖ 剥　二十三

扫一扫，
进入课程

剥。不利有攸往。

初六：剥床以足，蔑贞，凶。

六二：剥床以辨，蔑贞，凶。

六三：剥之，无咎。

六四：剥床以肤，凶。

六五：贯鱼，以宫人宠，无不利。

上九：硕果不食，君子得舆，小人剥庐。

一、语译

剥。要有所往的话，是不利的。

初六：如这种剥落起动在床足上，不重视贞定的话，则有凶。

六二：如这种剥落发展到床脚和床板之间，不重视贞定的话，则有凶。

六三：能剥掉它，就没有过患。

六四：如这种剥落，由床而触及了身体，是有凶象的。

六五：像一串鱼似的，如以对付宫人之宠的态度来处理他们，则会无不利。

上九：硕大的果实如不被啃吃掉，君子会得到车马，小人则被剥掉他的房舍。

二、解义

1. 本卦名"剥"，是剥落、腐蚀、消损的意思。本卦由内坤外艮两卦重叠而成，其象有以下各义：

（1）艮在上，为山；坤在下，为地。山在地上，本自然的现象。但地柔软，山坚硬。坚硬在上，柔软在下，有不胜支持而有剥之象。

（2）艮在外，为刚强；坤在内，为柔弱。外刚强而内柔弱，在人来说，外强中干，有自内消损之象。

（3）一阳在上，五阴在下。五阴向上，有剥掉一阳之象。常被喻为小人道长，君子道消。

2. 卦辞：只有一句话，"不利有攸往"。也就是说在剥落之时，最好的政策，是停止不动，保存精力。

3. 初六：本爻位不当，与六四不相应。本卦以床喻，因为床是我们安睡的地方，最需要安全。现在这种剥落已起于床足，值得警惕。"蔑"是看轻、忽视。"贞"是坚守贞定之性。也就是说贞定之性不能动摇，否则就会乱、就会凶。本爻为阴，此贞以德来说，也就是谦虚。

4. 六二：本爻位当，与六五不相应。六二在占卜之象上，是地面，"辨"是关节。床的关节乃是床脚与床板之间，所以有的说法把"辨"喻为床板，这正和本爻是地面相合。本爻和前一爻同一教训，即"蔑贞，凶"，也就是要把持贞定，修养谦德。所不同的是前爻在地下，是潜修，本爻在地上，是运用。

5. 六三：本爻位不当，与上九相应。本爻在坤的三阴之最上端，有阴气过盛之象，但幸而在本卦五阴中，它是唯一与上九相应的一爻，所以它借助于阳爻之力、艮卦之止，而反过来对剥落的现象加以"剥之"，才能免于被剥的过患。

6. 六四：本爻位当，与初六不相应。本卦以"床"为喻，是指的内卦三爻，现在到了外卦的六四，所以床被剥掉了，而触及了身体的皮肤，当然有凶象，所谓切肤之痛，危及身体。

7. 六五：本爻位不当，与六二不相应。本爻在君王之位，却在五阴之首，好像他领着这五阴，向上九之一阳逼近。但六五又是剥之主爻，是处理剥落之势的主导。"贯鱼"的"鱼"是阴爻的象征，由于六五之下是四阴爻，所以像一串的鱼。在以君子与小人的对比下，本卦的五阴逼近，代表小人道长。所以这一串的四阴，也可代表小人。六五之君对待这四阴之来临，也意味着如何应付小人。"以宫人宠"，即以对待"宫人"的态度对待小人。"宫人"是指在宫廷内院服侍君王的嫔妃、婢女与宦者，她（他）们都是围绕着君王的亲信。君王对于她（他）们仅限于宠爱，而不能委托她（他）们以政事的重任。能够把握到这一点，才能使小人不致发挥作用，也就是使四根阴爻所造成的剥落之气，受到节制。所以是有利的。

8. 上九：本爻位不当，与六三相应。本爻为唯一阳爻，是本卦的主爻，也是在本卦剥落之气中，唯一不受消损的阳刚之气。

"硕果"指上九之阳刚而言。"不食"指不受剥落的侵蚀。君子在占卜上，乃取象于上九。"得舆"是指得到车子，可以有所行，即君子之道有转机，有路可通。"失庐"是失去了可以藏身的房子，即小人之道不能长，反而无藏身之所。

三、处变学

（一）自修

1. 初六：本爻在自修上，只有一个"贞"字。"贞"是坚守贞定，就德性来说是谦。在这一爻上的"谦"之特殊意义就是卑弱自持。因为在万象剥落的时候，首先要认识自己的卑弱，把自己放在最不受人注意的地方，以避风头，以保存实力。老子说："处众人之所恶，故几于道"（八章），"众人皆有以，而我独顽且卑"（二十章）。因为"处众人之所恶"的地方，没有人和他争，"独顽且卑"的人，不会遭受嫉妒，不会为人所伤。这才是在一开始时，把剥落之害减少到最低的方法。

2. 六二：本爻在自修上，同样是一个"贞"字，也重谦德。但在本爻上的"谦"和前一爻上的"谦"略有不同，因为本爻在地之上，除了德之外，也重知。也就是说在对剥落的现象了解之后，再以谦弱守之。老子说："知其雄，守其雌，为天下溪。为天下溪，常德不离，复归于婴儿。知其白，守其黑，为天下式。为天下式，常德不忒，复归于无极。知其荣，守其辱，为天下谷，为天下谷，常德乃足，复归于朴。"（二十八章）这是说他一方面知雄、知白、知荣，但却守雌、守黑、守辱。知是了解的知，守是运用的德，也就是知和德的配合。这里的谦德，就是重在运用。

（二）应变

1.六三：本爻处五阴之中，又在三阴爻之上，是在剥的严重时期。就拿床来比喻，前面的剥已到了床板，此处的剥虽言床，但已连床也剥掉了。如果"剥之"的"之"字是指床的话，那么连床也剥掉，干脆连床也不用，睡在地上，反而安全。如果"剥之"的"之"字是指"剥"而言，那么这是逆转来对"剥"本身的一种"剥"，也就是用其人之道还治其身。这就是不逃避问题，相反的，去面对问题解决问题，这好像用猛药治病，有一定的冒险性。但就本爻和上九的相应来说，却不然。因为这一爻虽深处剥落之中，却有上九之外援。上九在天位，代表天道、天理或天命。《论语》中孔子说："天之未丧斯文也，匡人其如予何！"（《论语·子罕》）孔子受困于匡地，正是深陷于剥之中，但他诉之于天命，正是面对剥的无畏精神。所以本爻能勇敢地"剥之"，乃是上通于天，有天命的支持。如果我们把剥落的原因归为人欲，那么剥落的现象也是人欲横流的结果，本爻借上九之力以剥之，也正是宋明儒家所谓存天理灭人欲的思想。

2.六四：本爻爻辞是以逆转的说法，是指剥床已经把床剥掉了，现在就要伤及身体，所以有凶。因此正面的意思是"床"只是身外之物，身体才是最重要的。俗语说："留得青山在，不怕没柴烧"，这个最根本的身体，才是在剥落中唯一能复元的本体。《礼记·儒行篇》便说："养其身以有为也。"老子也说："贵以身为天下，若可寄天下；爱以身为天下，若可托天下。"（十三章）孟子则说："知命者不立乎岩墙之下。"（《孟子·尽心上》）这都是本爻所揭示的"明哲保身"的做法。然而在这一爻上，又如何应变才能保身呢？首先由六三的"剥之"，已把这张腐烂的床剥掉了。也就是说对于这张正剥到床板的床，不必再留恋，不必再加以修理，应该断得干净，另换新床。也就是说，对这个剥落的原因和现象，不要妥协，要除恶务尽。本爻又在艮止之始，负有六五之君的任命，去消除剥落的现象。在消除的过程中，要非常小心，不要伤及自身，就像救火员一样，不能牺牲了他自身，因为他还要救更多的人。这个"自身"还只是一个比喻，事实上是说，在消除剥落的现象中，削去剥落的部分，但不能伤及本质，因为只有本质的保存，才能有恢复的元气。对领导者来说，"保身"是保护自己的身体，但对领导者所关注的人民来说，"保身"是保护人民的生命。所以这一爻的真意，就是在应变中，千万要以生命为重。

3. 上九：这个要保护的生命，到了上九就是"硕果"。由于本爻在天位，所以这个"生命"不限于肉体的生命，而是提升为天命。在剥落的现象中，这一爻负有最重要的任务，他是支持不受剥落的最重要的力量。

本爻的"硕果不食"，不只是留在最高处以抵抗剥落，不被侵食而已，它还有积极的任务去反剥、去消剥。所以爻辞以君子与小人对称。"君子得舆"，"舆"并不像床或屋，停在那里不动等待剥蚀，"舆"是车子，是动的，是要往前行的，君子是要乘着车子去消除剥落的。那么君子所乘的又是什么样的"舆"呢？

《论语》中说："君子谋道不谋食"（《论语·卫灵公》），"不知命，无以为君子"（《论语·尧曰》），即是说君子所乘的是"道"，君子所负的是"天命"。也就是说，君子是肩荷着"道"和"天命"去消除剥落的现象。上九和六三相应，表示上九通乎六三以"剥之"。"小人剥庐"，就是把小人的藏身之所都剥掉，使得这个剥落之气无退避之舍。

（三）自处

六五是处变者自处之位。一位领导者处在六五的位置，面对自己的组织不景气衰退的现象时，根据这一爻所给予的信息，有以下的几种处理方式：

1. 不积极建设：本卦卦辞的"不利有攸往"是整个卦的主旨，正可作为这位领导者的主要原则，就是在不景气时，不宜从事新的建设而耗费资源。这也正是汉初实行黄老之治的休养生息。这并不是说什么都不做，袖手待剥，而是固本培元，慢慢地恢复生气，多一分生气即少一分剥落。"不利有攸往"之时，即在培养生息之时。

2. 不要用激烈的手段：在剥落之时，元气受损，如果再用激烈的手段，将会增加元气的受损。所以爻辞说"以宫人宠"，这本是一种比喻的话，"宫人"喻小人，喻剥落之气。君主能以"宫人宠"，就说明他能知"宠"用"宠"的意思。常常"宠信"两字连用，很多糊涂的君主，把宠当作亲信，以至于受宫人与小人的牵制。高明的君主对付小人能以"宠"召信，而自己只用"宠"，而不用信，这样他才能摆平宫人和小人，使她（他）们产生不了作用。所以"以宫人宠"是一种很高明的技巧，是改"激烈"为"柔软"，其目的是在转化。譬如面对剥落之气或不景气的现象，如果用大刀阔斧的方法去改革，可能会头痛医头脚痛治脚，顾此而失彼，反而使此剥落之气到处流窜，不可收拾。譬如对于小人，"小人喻于利"，这也无可厚非，我们不必激烈得要夺其利，相反的，要予其利。如《大学》所谓："君子贤其贤而亲其亲，小人乐其乐而利其利，此以没世不忘也。"使小人也得到他们应有的利，然后才能转化他们。同样对于剥落之气，就像黄河之水，不能筑堤防杜，而应疏导，使剥落之气转为生机之气，这就在领导者的高明的运用了。"以宫人宠"就是一句极富有技巧性的暗示。

䷗ 复　二十四

复。亨，出入无疾，朋来，无咎。反复其道。七日来复，利有攸往。

初九：不远复，无祇悔，元、吉。

六二：休复，吉。

六三：频复，厉，无咎。

六四：中行，独复。

六五：敦复，无悔。

上六：迷复，凶。有灾眚。用行师，终有大败，以其国，君，凶。至于十年，不征。

一、语译

复。通达，出而入于世，没有毛病。朋友到来，没有过患。返而能复回其道。七天后再回复，有所往则有利。

初九：行得不远而能复，没有大的后悔，能原其始，则有吉。

六二：休息于复，得吉。

六三：频频地复，有危厉，没有过患。

六四：中正而行，独自能复。

六五：敦厚地复，没有后悔。

上六：迷惑于复，有凶，有灾害和目疾。用于行师打仗，最后会有大败。用在国家，做君王的，有凶。直到十年，也不能征伐。

二、解义

1. 本卦名"复"，"复"是回复、回返，是回到原来，重新开始的意思。本卦由内震外坤重叠而成。其象有以下各义：

（1）坤在上，为地；震在下，为雷。雷动于地下，如春雷一声，震入地中，阴阳相合，万物始生。

（2）震在内，为动；坤在外，为顺。内动外顺，一切顺适，易于回复之象。

（3）一阳在下，五阴在上。一阳复始，逐渐逼退阴气，有冬去春来，大地复苏之象。

2. 卦辞：首重"亨"字，说明阴阳沟通的重要。"出入无疾"是指这一阳升出于地下，而进入地上。因阳与阴能和合，故"无疾"。本卦的主爻为初九之一阳，但以一阳对五阴，势力单薄，故需有属于同类之阳相接而来，阳渐长，才能无咎。"反复其道"，是相反于前一卦的"剥"，而回到本卦的"复"，这是自然之道。"七日来复"的"七日"，指由剥卦的六爻，把阳剥尽，而这一阳又在复卦之初爻中重生，正好是七之数，故说"七日"，指一周期之数，也是一循环之数。因一阳复始，必须渐长而往前发展，因而有所往则有利之象。

3. 初九：本爻位当，与六四相应。本爻在震之初，因相应，故可以前行。"不远"有两义：一是指以前的偏离不远，容易回复，如卦辞说"七日"，不是很久；二是复就在眼前，不会很远，如冬去春来，春天的脚步近了。"祗"为"只"字之误，是指大的意思。"元"是开始时的大，因本爻为初爻，又为阳刚，所以有此爻辞。

4. 六二：本爻位当，与六五不应。"休"即休止、休息。本爻在初九之上，以阴挡去了初九之前进，是休止之意。但就复卦不能休止，必须前进，所以是休息于复，意思是不用大动作，乃是一边休息、一边回复。

5. 六三：本爻位不当，与上六不相应。本爻在震卦之上，面临三阴爻在前，故有大环境是危厉之象。但"频"字有反复、一再和反省等意。六三虽有犹豫之意，但能反复其道，一再地求复，又能反省以复，所以是无咎的。

6. 六四：本爻位当，与初九相应。六四在四阴中间，所以说中行。在五阴中，唯有单独能与初九的一阳相应，所以说"独复"。

7. 六五：本爻位不当，与六二不相应。本爻在坤的中间之位，坤象地之厚，所以说敦厚。本爻以敦厚之德载物，如地的因春雷一声，使万物恢复生机。

8. 上六：本爻位当，与六三不相应。本爻由于在本卦之极，阴暗太过，离初九太远，所以迷于复，即不能复的意思，当然是凶的。"灾"是外来的祸难，"眚"是目疾，但不是指眼睛本身的病，而是指的见识病，即见解、看法产生的错误，这是内在的毛病。由于本爻太阴暗，所以看不清而有此病。在本爻之"迷复"，不能再前进，必须回返。如果用于行师征战，而不知返，必有大败。如果君主操持国政，一意孤行，而不知返，也会有凶。"十年"是指其久远。在本爻上，应立即知返，如犹存等待之心，终究还是不能达到目的。

三、处变学

（一）自修

1. 初九：在本爻上自修，有三个重点。

（1）诚：本爻为阳爻，是诚德。在复之初，最重要的就是诚。诚是无邪之心，唯有无邪之诚，才是生生不息的动力。

（2）不远：复之初，是心念的初动，当我们心念一动，有时不免有欲、有偏，最重要的是立刻能转入正途。宋明儒家教人静坐，即在心意初动之时，立刻以诚敬存之。"不远"的另一意义是近，能复必须取自近，孔子所谓"能近取譬，可谓仁之方也已"（《论语·雍也》），就是说在任何周围之事物上，都能使它们复于正途。

（3）元："元"是事物之始生，也即前面所谓心意之动。"元"的另一特性是，在开始时便有大的动机、大的目标，因此"复"才能"复"于大，而不致自限于小。

2. 六二：本爻只有一个"休"字。这个"休"和"复"又有什么关系？"复"的一阳奋进，如果比喻为车子的发动行进，那么本爻阴柔的"休"就像刹车的作用。这时并不是突然地刹住不行，而是予以节制，使它能安全地行进。这种作用，在自修上来说，就如颜回问孔子以仁，孔子回答说"克己复礼为仁"（《论语·颜渊》）。"克己"就是"休"己，这里的"休"有克的意思，如朱熹注"休美"的意思。"休美"就是一种修养。总之，在这一爻的"休复"，就是修养自己，使一切合乎礼。"礼"就是"复"所循的轨道，使一阳能渐进，而不致乱动。

（二）应变

1. 六三：本爻在震卦之上，是阴爻乘于六二之阴，且又面临着上面的三阴，也就是说在全阴中行动。这意味着外面的环境是不利的或阴暗不明的。在本爻的应变，爻辞上只有一个"频"字。震卦是震动，震动必然有上下或左右摆动的频率。这个"频"给我们的提示，是反复。卦辞上已说"反复其道"。这个"反"字是指反于以前的做法，而回复于道。"反复"一词的负面意义，常是指政策或思想的反反复复，即犹豫不决。但这个负面的字，却可以转为正面的作用，即"反省"。在应变上，这里的"频"就是频频反省，随时随地能反省。在反省中，改进以前的错误，再往前走。本爻为阴，以德来说是谦，能反省即"知谦"，也就是以谦德处理内外的转化，使初九之一阳，通过本爻之谦，在逐步地"复"中走出光明来。

2. 六四：本爻虽然仍在各阴之中，但它有一个优点，就是它和初九之阳相应，这说明了它已择着了这个诚之善，可以固执地走下去。在本爻的应变上，有两个关键的字，一是"中"，一是"独"。在占卜上，常指第二爻是内卦之中，第五爻是外卦之中，而本爻之中，也有以为第三、第四两爻是全卦之中，这样一来，除了初爻与上爻都是中爻。如《系辞传》所说："若夫杂物撰德，辨是与非，则非其中爻不备"，这里的中爻即指二、三、四、五等爻。但这只是在爻位上来说，就哲学或应变来论，每一爻本身如能当位，都是"中"。在哲学上，这个"中"至少有三种意义，即中正、中和与中庸。"中正"是以正为中，即正直不阿，本爻虽阴，但不偏于阴，而能让阳之道顺达。"中和"是以和为中，即本爻之与初九阴阳相和。"中庸"是以庸为中，即不偏不倚，而且能本之于庸言庸行，这即是本爻之所谓"中行"。这个"独复"的"独"字，照字面意义乃是单独的意思，但在哲学上，却是非常特殊而重要的。儒家讲"慎独"（《大学》），老子讲"独立不改"（二十五章），庄子讲"见独"（《庄子·大宗师》）及"独与天地精神往来"（《庄子·天下》），这个"独"是指自身、道体以及真我。所以"独复"，乃是把握住自己，通过诚而复于正道。

3. 上六：本爻在复卦之极处，已无路可复。又在五阴之上，乌云盖顶，所以爻辞出现了许多负面的字："迷""凶""灾眚""大败""不克"等。但负面的字只是警信，我们可以逆转来，去避免它、消解它，那就是不迷、不眚与不征。

（1）不迷："复"是复于道，"迷"是迷失方向。在这一爻上，我们应该停下来，看清方向再走。

（2）不眚："眚"是见解的错误，判断出了问题。在老子是"自是""自见""自伐"；在孔子是"意""必""固""我"（《论语·子罕》）；在佛家是"见思惑"。所以在这一爻上是反躬自问，检讨自己。

（3）不征："征"是只重武力，征讨别人，这是侵略性的行为，不是本卦重视的诚之复与君子之道。

（三）自处

六五是处变者自处之位，爻辞上只出现一个"敦"字。这个"敦"字在表面上虽和诚相通，但用意不同。"诚"是无邪之气，可以无所不达，而"敦"是载物之德，是以深厚而言的。诚如天道，敦如地德，这个地德，我们在坤卦中已有分析，现在仅就本卦辞，来说明这位领导者是如何自处的。

1.亨通：地是广大的，地气也是亨通无阻的，"复"必返于亨通，才能复于道。

2.出入：这是指出于地中，而入于地上，这就是地的生物，"复"是生物的，是生物的不息。

3.朋来：地虽在卑下之处，但万物却不召而自来。在一阳复起时，大地回春，万物都能一起化生。

4.反复：由反而复，回到生机，这是宇宙的自然律。本卦《象辞》所谓："复其见天地之心乎"，"天地之心"即生物之心，是使万物回阳而生。

在卦辞中的这四点，正是这位领导者，以敦厚的地德，主导复卦的发展。也就是说大环境都在阴暗中，他如何由一点诚明之心，转危机为生机，使人人都能回复其道。

无妄 二十五

扫一扫，
进入课程

无妄。元、亨、利、贞。其匪正，有眚，不利有攸往。

初九：无妄，往，吉。

六二：不耕获，不菑畲，则利有攸往。

六三：无妄之灾，或系之牛，行人之得，邑人之灾。

九四：可贞，无咎。

九五：无妄之疾，勿药有喜。

上九：无妄，行有眚，无攸利。

一、语译

无妄。原其始，沟通，和利，贞定。如果不正直，则有毛病。有所往是不利的。

初九：没有妄念，前往，则有吉。

六二：不耕种而有收获，不除草而有良田，这样而往，是有利的。

六三：没有妄念也会有有灾害。或如系着的牛，行路人得到了，村人却受害。

九四：可以坚守贞定，没有过患。

九五：没有妄念而有身体的毛病，不用药也能有喜悦。

上九：没有妄念，在行为上有毛病。没有利益。

二、解义

1. 本卦名"无妄"，是指心地清净，没有妄念。本卦由内震外乾两卦重叠而成，其象有以下各义：

（1）乾在上，为健；震在下，为动。动而健，健行不息，这是无妄之正道。

（2）乾在上，为天；震在下，为雷。天下雷动，雷有司赏罚的特性，雷动而使万物归于正而无妄。

2. 卦辞："元、亨、利、贞"四字皆备，这说明无妄是心之本然，具有四德。如果心有不正，则错误之见解生于心内。由于震是动的，上面的乾天又是光明健行的，所以本卦是强调可以前进的。

3. 初九：本爻位当，与九四不应。由于本爻在震动之始，虽不应九四，但外卦三阳都为光明，所以可前往以相合。

4. 六二：本爻位当，与九五相应。"灾"是开垦荒地，"畬"是用了三年的良田。这两句话是说不需耕种而有收获，不经修治而有良田，这是指自然的本色。因为六二阴柔而当位，故不需强为。这个自然的田地，就是无妄的心地。

5. 六三：本爻位不当，与上九相应。本爻在震动之上，面临由内到外之变，所以不易保持内心之无妄，可能有灾自外而来。

但这个灾并不大，譬如把牛拴住，路人却顺手把它牵走，使得村人有失牛的灾害。

6. 九四：本爻位不当，与初九不应。本爻在外卦乾之始，虽然位不当，但其诚可用，所以能坚守他的贞定之诚德，可以免于过患。

7. 九五：本爻位当，与六二相应，照理说位置关系都很好。本爻为君主，君主如有无妄之心，本来很好，但只以无妄治国，仍然不足，故有疾。疾是身体上的，而不是心中的。身体上的疾病须吃药，但这里说"勿药"乃是本爻以诚为体。诚之喜悦是恒常的，不因用药或不用药而有影响，所以说不用药也能自喜。

8. 上九：本爻位不当，与六三相应。本爻到达了本卦之极，强调无妄太过，不能用之于行为上。譬如无妄变成天真，天真在心体上本好，如果在行为上一味天真，便会有错。"眚"是心之病，如果自以为天真，把一切错误推给自己的天真，那就更不可行了。

三、处变学

（一）自修

1. 初九：本爻只有四个字"无妄，往，吉"。"吉"是判断语，真正关键的字乃是"往"，意思是不往，则不能得吉。虽然在占卜上，震是足，是要行走的，但在自修上，这个"往"是"行"，就是修行，就是用"无妄"修养行为。"无妄"两字后来被中国佛学用去，当作没有妄心、没有妄念。印度佛学认为这个"妄念""妄心"来自无明，无明就是没有智慧之明。但中国的禅宗少谈无明，而认为我们的本心原来是清净的。如慧能在《坛经》中一开头便说："菩提自性，本来清净，但用此心，直了成佛。"（《坛经·自序品》）可见只说"自性本来清净"还不够，必须"用"此心，才能"直了成佛"，这个"用"就是本爻的"往"。在本爻为阳来说，就是"诚"之德，无妄就是"诚"。乾卦《文言》说"闲邪存其诚"，可见要存诚还必须"闲"掉邪心妄念，"闲"是修行。《大学》说"欲诚其意者，先致其知"，"致知"就是要获得真知，不行是达不到的。所以在本爻上，不是只说一个心地的无妄，而是强调无妄还必须用之于待人接物，时时去修的。

2. 六二：在自修上，"不耕获，不菑畬"不是要我们不劳而获，而要我们了解、把握自然，顺其自然。前一爻是在地下，比喻心地，本爻在地上，是借田地来比喻心之行，是指心生万法，或心念在待人接物上的修养。先以田地来说，今天我们讲究有机食物，在一块未受化学污染的土地上，或在一块土地上消除了化学污染好几年，然后再种植食物。可是今天有用的土地都被科学的产物所破坏了。这是我们人类自己造成的，再求健康食物，实在效果有限。所以在这一爻的自修上是还归自然。本爻是阴，以它的谦柔，让初九的"无妄"，能自然地发展出来。"无妄"的真义，就是自然，不着人为，像土地一样，使万物都能顺遂地生长。

（二）应变

1. 六三：无妄何以有灾？因为灾是外在的。我们的心地虽然无妄，但仍然免不了有外来的灾害，如水、火、刀兵、地震等等。就以宗教来说，伟大的创教者，他们的心地当然是无妄的，但耶稣被钉死，释迦曾被毒害，慧能死后被人砍掉头颅，这都是无妄之灾。本爻上的这个"或"字是比喻之词，即或者、像。下面用系着的牛被路人牵走，说明这是村人之灾。这好像是解释"无妄之灾"有两个作用。

（1）牛被牵走，虽然对牛的主人是一种损失，但就一般灾害来说，还是较小的。

（2）"行人之得，邑人之灾"，这是以得失来比较。虽然行人牵走了村人的牛，这是一种偷窃，当然要受制裁。但在同一个人的身上，得失却是比较而言的。我们常说破财免灾，并不是破财本身会导致免灾，而是因为破财时，使我们对财物本身有所反省，是否这些财物来路不正或来得太易，或者使我们对财物的损失能看得开，甚至知道"能舍"，这样非但可以免灾，还能致福呢！

在本爻上看应变。六三乘六二之阴，有阴过多之病，但面对外卦之乾，却是光明的。而且六三与上九相应，两者相和，也没有灾害可言。在本爻上，应以它的谦柔，使初九之阳通过它，而与外卦的三阳相融，未尝不是一件美事。本爻说"无妄之灾"，虽然说灾害与我们无妄之心无关，但是有些天灾却是有妄念所造成的，比如私欲无限的发展，造成能源危机，以及大气的变化。再如无限挖掘地下煤矿造成某些城市的地震，滥砍树木造成泥石流的灾害等，这些都是人心的妄念所造成的。所以在这一爻上，我们也应反省，以阴的谦柔来反观自己是不是造成了灾害。

2. 九四：本爻只有"可贞"两字。"贞"是坚持贞定之诚德。因九四在大臣之位，对下面的双阴，须以诚德感召；而对上面九五之阳，也须以诚德召信。在本卦中，只有六二和九四两爻没有"无妄"两字。六二强调自然无为，当然在本质上是无妄的。本爻只讲无妄如何能协助君王以治国，所以本爻以"贞"代替无妄。我们再以"诚"释"贞"，在这爻上，必须有德，还要有知。《中庸》说："诚者，非自成己而已也，所以成物也。成己，仁也，成物，知也。"也就是说本爻在应变上，除了仁德之外，还要有成物之知。这也是《大学》把"格物""致知"放在首要地位的原因。本爻在乾卦之始，乾是向上发展的，照表面上看，好像是顺着走，其实向上提升是需要努力、需要花功夫的。所以从本爻的这个"贞"字可以看出他的坚持贞定，择善而固执之。

3. 上九：本爻在本卦之极，照理说"无妄"是心地的无邪与纯真。为什么不会发展到极点呢？这不是因为"无妄"会走上极端，而是我们有妄之心利用了"无妄"。"行有眚"的"有眚"就是有妄之心。这个"眚"的毛病有三：

（1）夸大无妄：我们常会夸大"无妄"，认为只要"无妄"，什么事都可做，这是错的；我们认为"无妄"是什么事不做，这也是不对的。无妄只是心地的纯真而已，做与不做都无可无不可，但一夸大就使"无妄"失去了真实的面貌。

（2）推托无妄：我们常会做错了事，却以"无妄"为借口而推托自己是无辜的。于是"无妄"便被有妄之心利用，制造了更多的错误。

（3）失之无妄：由于把"无妄"当作最高境界，专心于无妄，而不屑在知解上追求，于是便失去了知识的扩充和提升，而造成了无妄之失。

在这一爻的应变上乃是他与六三的相应，说明了他必须知返。

一般来说，到了最上爻，迷失了自己，需迷途知返。但本爻在乾卦之上，是光明外露，也必须知返。如老子所谓"知其白，守其黑，为天下式"（二十八章），就是说知道光明面，而自己却置身于黑暗之处，就是"处众人之所恶"（《老子》八章），像水一样流向卑下低贱的地方。这种思想演变到兵家，就是敌人在明处，我军则藏身于暗处；敌人夸示强大的军力，我方则显示弱势，以激励哀兵。但以哲学或修德的观点来看，则是"上德不德，是以有德，下德不失德，是以无德"（《老子》三十八章）。"无妄"是德，在本爻的应变上，乃是不以"无妄"为德，相反的，以自己为有妄，面对有妄之心转化有妄为无妄。

（三）自处

九五是处变者自处之位。本爻在中正之位，处乾阳光明之中，应是无妄之正，为什么却有疾有病呢？在解义中，我们曾提到即使心地无妄，也会有身体的疾病，此处我们不讨论这点。从心理学或哲学上来说，本爻的君主虽然心地无妄，但夹于两阳之间，下有九四之阳，为功高震主之臣，上有上九之阳，为不事王侯之士，身为领导者的九五，该如何自处？本卦以卦辞及对应之六二爻辞和九五本身之爻辞，可分三点：

1. 元亨利贞：卦辞上出现这四德，关于这四德的内容，前面已有说明。此处仅讨论无妄与这四德的关系。"无妄"是心地上的"无妄"，应该位在"元"的始生处。但"元"有"大"的因子，必须变大，接着要能"亨"，即万物沟通，"利"的和利万物，以及处事以贞正之道。如果"无妄"只是在"元"上的无妄心、无妄念，可以成为修行人，但作为一个领导者只有本心的清净是不够的，而必须有"元""亨""利""贞"去领导群伦，否则只有"无妄"，反而有疾。

2. 不耕而获：在六二爻上已说明这是强调无为自然之义。作为一个领导者而言，就是无为而治。"无妄"与"无为"的不同在于，"无妄"只是心念的清净无邪，而"无为"则是一种"为"，是一种方法，一种处事治世的原则。就拿"不耕而获"来说，这块田地本身的纯净就是"无妄"。如何用这块田地种植适当的作物，如何花很少的力而得很多的收获，这是"无为而治"。所以作为领导者的本爻，吸取六二的教训，而能"图难于其易，为大于其细"（《老子》六十三章）及"为之于未有，治之于未乱"（《老子》六十四章）去解决问题，去开展新机。

3. 勿药有喜：用药是为了治病，有病才会用药。"无妄之疾"是否是病，值得讨论。譬如孔子说"小人喻于利"，后儒把小人看作无德之人，于是喻于利，就是私利，所以汉儒董仲舒要"正其谊，不谋其利"。如果我们换一种看法，把小人当作一般的平民看，他们为了生存、为了家计追求小利，有什么不对？只要他们的追求小利，不是侵害别人的权益。那么他们的"喻于利"也是很自然的，也可看作无妄之心。但后儒过于刻板，把他们的"喻于利"当作"疾"来看。对于这种"疾"，一位开明的领导者，非但不需用药来治，反而应针对他们的需要，满足他们的追求，岂不是"小人乐其乐，而利其利"（《大学》）？这不正是"勿药有喜"吗？所以一位高明的领导者在本爻上，要能和人民沟通，了解人们都有无妄的本心，而能顺人心的自然，无为而治。

大畜 二十六

扫一扫，
进入课程

大畜。利、贞。不家食，吉。利涉大川。

初九：有厉，利已。

九二：舆说輹。

九三：良马逐，利艰贞。日闲舆卫，利有攸往。

六四：童牛之牿，元、吉。

六五：豮豕之牙，吉。

上九：何天之衢，亨。

一、语译

大畜。利于坚守贞定，不只为了自家而求食，有吉。利于跋涉大川。

初九：有危险，利于停止。

九二：车子脱掉了轮輹。

九三：良马追逐，利于在艰困时坚守贞定。每天演习车骑以防御，利于有所往。

六四：如幼牛的角上的横木，能原其始，有吉。

六五：如被去势之野猪的牙齿，有吉。

上九：肩荷天之大路，能亨通。

二、解义

1. 本卦名"大畜"，"大"是指阳爻，"畜"为畜养、积蓄之义。本卦由内乾外艮两卦重叠而成，其象有以下各义：

（1）艮在上，为止；乾在下，为健。止其健行，即是使三阳之健被畜于内，能畜三阳之大，这是大畜之意。

（2）艮在外，为山；乾在内，为天。天在山之中，即指山之内有天，此明畜养之大的意思。

（3）本卦二阴，抵制三阳之跃进。三阳为大，以明此二阴畜养三阳之大的意思。

2. 卦辞："大畜"，指畜养之大。"畜"在运用上有三义，即止欲、养贤和修身。"利、贞"，是指坚守贞道。以六五之君王来说是谦德，以上九之艮止来说是诚德。"不家食"，即不食于家，而食于朝廷，也就是说不为一己之家而为朝廷服务。"利涉大川"指有此畜养之贤才，可以渡过艰困的环境。"大川"是指危险与困难。

3. 初九：本爻位当，与六四相应。本爻为阳，易于跃进，但外卦艮止，止其进。所以本爻被畜，不宜冒进。"厉"是环境的危险，但须被畜。"已"是止，"利已"，暂时停住脚步是有利的。

4. 九二：本爻位不当，与六五相应。"舆"是车子，"说"古文与"脱"相通，"輹"是车身与轮的衔接处，"舆说輹"，即指车子与轮脱落，车子要行，轮子不动。意指本爻是在乾阳之中，本可行，且与六五相应，但六五为艮止之主，使它和轮不听使唤，而不能转动，也就是被畜住了的意思。

5.九三：本爻位当，与上九不相应。本爻在三阳之上，阳为马。这三只良马，一起奔逐。"艰"是来自外卦有二阴制止它们。但在此时，三阳需坚守它们的贞定之性。"闲"是防范邪恶，"日闲"指每天都防邪，不使邪妄进入。"舆"是车，这里指三阳之马所共拉的车子，以防卫别人的进攻。如果这三匹马同心协力，训练有素，则可以前进。这也就是畜养的成功，使三阳能受训练，能互相协调，而产生力量。

6.六四：本爻位当，与初九相应。本爻在艮止之初，首先与下面三阳接触，而发挥畜止的功能。但一阴柔弱，如何能止三阳？"童牛之牿"是初生之牛，懵懂无知，常以幼嫩之角到处乱触，所以主人在它的角上绑一横木条，以免它折损了牛角。这里的"牿"就是这块横木，这是比喻用制度或教言，从外面以畜止它的蛮动。"元"就是在根源上，以正大的方法畜止它。

7.六五：本爻位不当，与九二相应。在畜止中，本爻在君位，是主爻。"豮"是去势，即断掉生殖器，"豕"是野猪。野猪之牙锋利，易伤人伤物，但野猪去了势之后，它的野性便从根挖掉，即使有牙，也不会造成伤害。这种去势的方法，是比喻从根本上把欲除掉。当然对三阳来说，可以用去势为比喻，但对人才的畜养来说，不能真当作去势，而是用道家的方法，减少人欲罢了。

8.上九：本爻位不当，与九三不应。"何"，古注有"何其""肩荷"等解释，此处作肩荷或肩负来解较妥。"衢"是通路，"天衢"

即指天的大路。这一爻位不当，又不应，所以有极力去畜止之意。但在天位上，因而有畜道已成，进入天的大路之象。"亨"是指亨通，表示畜道之大成，才能有大亨通。可以通行无阻，不再受畜止了。

三、处变学

（一）自修

1. 初九：本爻在自修上来说，在一个"已"字，这个"已"字当作动词用，可作"止"字，指使它止于某处。本爻为阳，以德来说是"诚"，是"择善而固执之"，也就是"止于至善"的意思。《大学》篇说："诗云：'邦畿千里，惟民所止'。诗云：'缗蛮黄鸟，止于丘隅'。子曰：'于止，知其所止，可以人而不如鸟乎？'"又说："诗云：'穆穆文王，于缉熙敬止。'为人君，止于仁；为人臣，止于敬；为人子，止于孝；为人父，止于慈；与国人交，止于信。"本来在这一爻上的自修，是修诚德，但诚德的意义广泛，所以《中庸》要"择善"，而《大学》的"止于至善"更把这个善广及每个人在不同的位置上有不同的德行。所以本卦的畜止不是从外面硬加以制止，而是使他们止于最适合的德行而培养之。

2. 九二：就本卦为畜养来说："舆说輹"不是车子本身脱了輹，破损了，不能行，而是我们拿掉了使轮子转动的关键，使车子暂时停在那里，不能动。这个脱輹的动作，就自修来说，就是止欲的意思。老子说："始制有名，名亦既有，夫亦将知止，知止所以不殆。"（三十二章）名一多，方向就多，心也就会愈乱。所以"止"乃是止其心于一处。在前爻，我们已经做到"择"一善而"止"，可是本爻到了地上，万物芸芸，各象环生，我们心里的欲望也会跟着而转。所以在这一爻上的自修，就是把这个控制车轮的"欲"先拿掉，不让轮子跟着欲走，使我们在前面所择的善德能够逐渐滋长，这是畜止在第二爻上的畜其德而止其欲。

（二）应变

1. 九三：这爻的"良"字是指这三匹阳刚之马已被畜止而成为好马了。但只有本身的好，是不够的。如果修养只有个人的自修，仅做到独善其身，也只是"自了汉"，他必须与其他人互相兼顾，形成一个合作团队。在这一爻的应变上，他一方面要面对下面二阳爻的调适，他作为二阳的领袖，必须能支配他们。另一方面对上面二阴爻，他又能克制他的阳刚，和阴柔相和合。本爻的功夫就在两个字，一是"贞"，一是"闲"。"贞"是坚守贞定之性，以诚德对下对上，"闲"是随时随地以闲邪之心，使纯阳之气，不受污染。

2. 六四：本爻在应变上，一方面对付三阳的跃进，一方面又须赢得六五之君的信任。对付三阳，他所用的是横木，这块横木可以用儒家所建立的礼制来比喻。荀子说："凡用血气、志意、知虑，由礼则治通，不由礼则勃乱提慢。"（《荀子·修身》）本爻所要畜止的，就是三阳的血气之盛，用这个"礼"就是使他们的血气得到宣达，而不至于勃乱。本爻对付上面的六五，就在一个"元"字。本爻和六五同属阴性，容易产生嫉妒和疑虑。所以本爻必须以"元"来表现"元者，善之长也"（乾《文言》），对六五以输诚而召信，才能得六五的支持，合二阴之力，共同以畜养三阳。

3. 上九：这个"何"字虽有作"何其"解，如朱子《周易正义》，但在噬嗑卦上九爻辞有"何校灭耳"，作"肩荷"解，为了统一，此处可作肩任和承担解。"衢"是四通八达之路。但在天上本来就是通行无阻的，根本没有任何阻拦，所以这个天路，实指天地间，宇宙万化的大通。接着这个"亨"字正指沟通的意思。六十四卦中，"亨"字多半用在卦辞和其他爻上，很少出现在第六爻，这是在天位，因此是大通，即天之通达。庄子对宇宙一气的变化，是无所不通的，即是"大通"。在"坐忘"中，他说："堕肢体，黜聪明，离形去知，同于大通，此谓坐忘。"（《庄子·大宗师》）本卦的畜止三阳之气，有如坐忘。"堕肢体，黜聪明"，就是对三阳之气，或欲的畜止，而本爻的"天衢"，即是宇宙的"大通"。如果本爻被看作为国家畜养人才的话，前面三爻即培养人才的德和性，而化解他们的自私之欲，到了本爻，就是使他们的才德能够自由地发展，也就是适合他们自己才能而发展。

（三）自处

六五为处变者自处之位，是本卦畜止人才而致大用的主导。他的自处，除了本爻的爻辞外，卦辞中也显示了重要的信息，现分析如下：

1. 豮豕之牙："豮豕之牙"的"豮豕"与九二的"舆说輹"相应，意义相似，都是指去欲的意思。但在本爻上，还强调一个

"牙"字。"去势"只是除掉了私欲、贪欲及伤人之欲，而这个"牙"的锋利并不会减弱，只是由于没有私欲，这个"牙"会用在正当的途径。在"十翼"中的《彖传》的"彖"字也作野猪解。为什么用野猪来作"彖"？这是指"彖"的野猪之牙锋利，可以干净利落地断事。所以这里的"牙"也指这位领导者没有偏私之欲，而有非常准确的判断力。在畜养人才上，判断力是非常重要的，所谓伯乐能知千里马，就是本爻之"牙"。

2. 不家食：这句话的意思是不为了一己之家而求食。本来普通人为了自家而谋食，这也是正常的，所谓"小人喻于利"。但国君或领导者的培养人才，却是要超越小人。孔子说"君子谋道不谋食"，这不是说不要食，而是把道放在首位，因为在谋道时，自然食在其中。所以领导者在培养人才时，至少要能使他们愿为人群、为国家而牺牲一点个人的私利。

3. 贞：卦辞中的这个"贞"，由于本爻是阴柔，所以要坚守这个阴柔的贞定之性，在德来说，就是谦让。本爻和六四两阴爻，共同畜止三阳，六四重在止，本爻重在畜；六四在培养人才，而本爻却在如何用才。本爻的谦德，是要转化这三阳，与上面的上九之阳共融，而成为大畜的大用。

䷚颐　二十七

颐。 贞，吉。观颐，自求口实。

初九： 舍尔灵龟，观我朵颐，凶。

六二： 颠颐，拂经于丘颐，征，凶。

六三： 拂颐，贞，凶。十年勿用，无攸利。

六四： 颠颐，吉。虎视眈眈，其欲逐逐，无咎。

六五： 拂经，居，贞，吉。不可涉大川。

上九： 由颐，厉。吉，利涉大川。

一、语译

颐。 坚守贞定，有吉。观想口颊，自己要求口中之实。

初九： 舍弃你自己有灵性的神龟，而观看我口中的所食，有凶。

六二： 颠倒口颊之养，违反了通向高丘的口颊之养，如果出征，则有凶。

六三： 违反口颊之养，以此为贞，有凶。十年都无可用，毫无所利。

六四： 颠倒口颊之养，有吉。如老虎似的注目有神，急于追逐欲求，没有过患。

六五：违反了正途，如能居于贞正，则有吉。不可以跋涉大川。

上九：为口颊之养所由出。有危险，却有吉，利于跋涉大川。

二、解义

1. 本卦名"颐"，是指口颊及口中所食，也指颐养心性的意思。本卦由内震外艮两卦重叠而成，其象有以下各义：

（1）艮在上，为止；震在下，为动。上面脸颊停止，下面之颚移动，为口颊进食之象。

（2）上下两爻为阳为实，其中四阴为虚。整个卦就像口颊，内空洞，可进食之象。

2. 卦辞：首重一个"贞"字，说明坚守正道之重要。"观"不是用眼看，而是用心去体察。"自求口实"，是经过体察之后，不仅知道口中所食要注意，而心中如何颐养精神更为重要。这个"实"，是阳之实，在本爻中下面之一阳为物质，而上爻之一阳为精神。

3. 初九：本爻当位，与六四相应。"朵颐"即口颊，"观我朵颐"，就是只看口颊内吃了什么食物。"灵龟"是有灵性的神龟，代表智慧。在本卦中以上九为喻，也就是说，本爻只重物质，而舍弃精神，所以有凶。

4. 六二：本爻位当，与六五不相应。本爻不能上应六五，而向下求初九之合；即舍上而趋下，所以是"颠"倒了颐养之道。"丘"是指高处，即上九的阳实，因向下追求，所以违背了通向高丘的路子，这样违反了精神上的颐养之道，而只向外追逐物欲，当然有凶。

5. 六三：本爻位不当，与上九相应。因与上九应，本该向上，但却"拂"背了向上求颐养之道。如以此为正，继续下去，自然是凶。"十年"是指时间之久。"勿用"即不能用。当然是不利的。因位又不当之故。

6. 六四：本爻位当，与初九相应。本爻的"颠"倒颐养之道，不向上而向下，为什么反而吉呢？除了本爻和初九相应外，这是因为本爻为大臣之位，他虎视眈眈，即表示张大眼睛，注意人民，他的向下强调食物，是为了满足人民的需求。所以他的逐欲，不是为了自己。在本卦中，唯有本爻的意义特殊，向下反而无咎。

7. 六五：本爻位不当，与六二不应。本爻由于位置、关系的不合，所以是"拂经"，违离了正路。但如能在他的位置上，坚守贞定，以谦德自养，则有吉。"不可涉大川"，乃是这一爻在艮止之中，宜止而不能冒进。

8. 上九：本爻位不当，与六三相应。本爻为本卦最上的阳爻，代表精神的境界，所以它是颐养的源头，为各爻颐养之所由出。虽然它位不当，在卦的最高处，有风险但能知止，则有吉。"利涉大川"是建议可以前进，因为本爻为阳，象征精神，又在天位，可以逍遥自由，通行无阻。

三、处变学

（一）自修

1. 初九：在精神和物质的对比中，我们都知道精神的可贵，可是在两者的选择时，由于物质可见，精神抽象，所以我们往往会逐物质而忘了精神。老子便说过，"身与货孰多"（四十四章），"身"是我们的身体，"货"就是货财。谁都知道追求货财是为了保存身体，可是当我们追求货财时却牺牲了身体，这就是"舍尔灵龟"而"观我朵颐"的颠倒行为。因此在本爻的自修上，就应以精神的自由为高，本爻为阳，以修诚德为重。

2. 六二：本爻的爻辞是由于它和六五的不应，所以是说它的颠倒，不能向上而向下。因此在自修上，必须反过来，向上追求精神的自由。本爻乘于初九之阳，它应以谦让的态度，使阳能向上发展。"征，凶"，就是不乱动，不跃进，不与人争，站在自己的位置上，以谦德自修。就颐养心性来说，最基本的就是"知足"，知足则能常乐，知足则精神自能提升。

（二）应变

1. 六三：本爻在众阴的中间，为黑暗所包围，再加以从内到外变动时，受到外卦艮止的阻拦，只能待在位子上不动。但本爻又在震动之上，性喜好动，在这样的情形下不能上，就容易下，如逆水行舟，不进则退。此处的"拂颐"，就是前爻"拂经于丘颐"的省写，即不能向上求精神的颐养，如以此为正道则凶。在应变上来说，本爻宜守于其位，耐得住时间的磨炼，不改变向上之心。

2. 六四：本爻处众阴之中，他要挣脱阴暗，走向光明，只有两条路：一是向下，与初九相应，因为他们相应，所以这条路是很合理的；另一条是向上，追求上九的自由空灵，但他必须通过六五的信任，一齐提升。向下重视物质生活，解决人民的疾苦，本是为大臣的任务。试看周公为了国事，忙得"一饭三吐哺"，食不知味，诸葛孔明"鞠躬尽瘁，死而后已"，都是为了人民的生活，形劳天下。他们也有自己精神生活的一面。孔明出山以前，是位闲云野鹤的"无为道人"。可是当他接了大任以后，他把个人精神生活纳入到了他对国家人民的工作之中。而且他在注重人民物质生活的同时，也兼顾到了精神生活。《尚书》所谓"正德、利用、厚生、唯和"（《大禹谟》），"利用、厚生"是物质生活，"正德"即是精神生活，两者必须兼重。宋儒张载的"为生民立命"的"命"也是同时具有物质和精神的生命。所以在本爻的应变上，本身虽在阴暗中，却同时重视初九的物质和上九的精神。

3. 上九：本爻在天位，是指精神，本是好的，是吉的，为什么又加了一个"厉"字？就拿"由颐"来说，虽然是颐养的所由出，但这个"由"，是自由，是精神的自由。自由虽然为我们一般人所向往，那是因为我们现在不自由、身不由己。可是一旦我们得到了自由时，又感觉百无聊赖，不知所措。所以它有"吉"，也有"厉"。"吉"是好的，不必说。"厉"是一种危险，是一个警惕我们的信号。本爻的应变，就是如何去避过这个"厉"的危险。这一点，我们可以从爻象上得到信息。

（1）阳实：本爻是阴位，应该是阴爻才当位，但本爻却是阳爻，位不当，却另有深意。因为如果是阴爻，就显得太轻盈了，精神已是空灵，再加上阴爻又是太轻盈的话，未免轻得太过多了。譬如我们重视精神生活，但却失了业、离了家，没有朋友，这虽然有自由，却是孤单、疏离而失去了享受自由的真谛。本爻的阳，却说明了实的重要。精神要有光辉，自由要有实体，本爻的阳就具有这两层意义。我们通常说精神的空灵，如果这个"空"没有"灵"，这个"空"便如中国大乘佛学所说的死空与顽空。空必须能灵。所以中国佛学说"空中妙有"，这个"有"是实，本爻的阳，就是能发挥空灵的"实"。

（2）艮止：本爻在外卦艮之上，是负有"止"的作用。一般的看法，都以为精神的自由，是无所阻挡，爱做什么就做什么。其实这是自由的滥用，是危厉的。所以要能懂得"止"。"止"有两种意义，一是《老子》中的"知足"和"知止"。能"知足"，我们的"自由"，才能为自己所有，否则"自由"反而变成了一种欲望，变成永远的追求，而不能享受目前的真正自由。"知止"就是知道自己所享受的自由的范围，而不至于侵犯别人的自由。这正是今天我们很多人误用自由的毛病。另一种"止"是《大学》中孔子说的"于止，知其所止"，也即心中有主，而这个"主"是"择善"、是"至善"。这也就是说，我们的精神不只是一种意识、一种能量，而是以善德为基础，由善德发展出来的。否则意识和能量都很容易用尽而无活泉。所以只有修养善德才能为心灵提供活泉。

（3）涉大川：本爻上的"利涉大川"是劝人有所作为，甚至冒险犯难也在所不惜。精神自由不是停在虚无的境界，什么都不做。相反的，却是进入现实生活中，什么都能做，用老子的话来说就是"无为而无不为"。最好的例子是庄子，他的《逍遥游》表面上的描写，好像是"逍遥于无何有之乡，广莫之野，彷徨乎无为其侧"（《庄子·逍遥游》），但真正的逍遥功夫乃是"不敖倪于万物，不谴是非，以与世俗处"（《庄子·天下》），也就是逍遥于现实社会中。如他说："以刑为体，以礼为翼，以知为时，以德为循。以刑为体者，绰乎其杀也；以礼为翼者，所以行于世也；以知为时者，不得已于事也翼以德为循者，言其与有足者至于丘也。"（《庄子·大宗师》）所谓"绰乎其所杀也"，就是把生命看作自然变化的一小部分，本来就该接受死亡的，这样去想，就绰绰有余地去对待死亡了。所谓"不得已于事"，就是一切顺其自然。所谓"与有足者至于丘"，就是只要有双足，就可步行到附近的山丘，这是极容易自然的事。庄子的意思就是这种精神的逍遥自由，不能只游于虚空中，而是在复杂的现实生活里，照样能"心远地自偏"，适性而游。

（三）自处

六五是处变者自处之位。他对于人们的颐养之道，是食物和精神两者的平衡，也就是两者的兼顾。他的自处，包括了本爻爻辞和卦辞中的"贞"字，以及卦辞的"自求口实"。

1. 居贞：本爻在"贞"字上加了个"居"字，这是强调在这一爻上，必须停留在原有的位置上不动，因为他在艮止的中央，必须自己能止，才能使别人止。庄子说："人莫鉴于流水，而鉴于止水。唯止，能止众止。"（《庄子·德充符》）这是说他本身必须像水之能止、不流动，才能有鉴照的作用，他本身能心如止水，才能止万物的动乱。庄子接着又说："受命于天，唯舜独也正。幸能正生，以正众生。"（同前）这个"正"就是"贞"定的正，也就是正道。本卦之所以两次强调"贞"字，就是认为无论是物质还是精神，要使我们身心得到颐养，必须走正道。一位领导者，要使他的人民的身心得到颐养，也必须循乎正道。

2. 自求口实："口实"是口中的实物，表面上是食物，但"实"也是真实。"口实"也可喻为口吐真言，也就是追求真实的意思。"自求口实"的"自"，点出了"自己"的重要。因为真正的颐养之道，在于"自养"。一位领导者，必须先懂得自养之道，在物质的生活中，不断地提升，以性灵去颐养自己，同时要重视人民的颐养之道，保持物质与精神生活均衡。儒家所谓"治国平天下"之道就是一个颐养之道。

䷛ 大过　二十八

扫一扫，
进入课程

大过。栋桡，利有攸往，亨。

初六：藉用白茅，无咎。

九二：枯杨生稊，老夫得其女妻，无不利。

九三：栋桡，凶。

九四：栋隆，吉。有它，吝。

九五：枯杨生华，老妇得其士夫，无咎，无誉。

上六：过涉，灭顶，凶。无咎。

一、语译

大过。栋梁弯曲了，有所往则有利，要能沟通。

初六：垫着白茅草，没有过患。

九二：枯掉的杨木树生出了小芽，如年老的男人娶了年轻的女子为妻，一切顺利。

九三：栋梁弯曲了，有凶。

九四：栋梁又隆起了，有吉，如有他心，则有吝。

九五：枯掉的杨木树生了花，如年老的女人嫁了年轻的男士，没有过患，也没有赞誉。

上六：涉水过深，灭了头顶，有凶。但也无过患。

二、解义

1. 本卦名"大过"，"大"是指阳爻，"过"是过多。因本爻有四阳爻压在一阴爻之上，故有"大过"之象。本卦由巽内兑外两卦重叠而成，其象有以下各义：

（1）兑在上，为泽；巽在下，为木。木沉没于泽水之中，有大过灭顶之象。

（2）全卦四阳在中，仅上下两爻为阴，阳刚强，阴柔弱。四阳过大，压住了在下之一阴。四阳又过分膨胀，向上冲着上面之一阴，所以有阳过大之象。

2. 卦辞："栋桡"是指栋梁弯曲，是阳过大的原因。栋梁是一个大房子的重要梁柱，它的弯曲，使整个房子有动摇而倒塌的危机，这是喻国家产生了动荡的危机。因此"利有攸往"是指在这个时机，必须前往救难。"亨"是指救难的工作必须先要有充分的沟通和切实的了解。

3. 初六：本爻位不当，与九四相应。本爻为阴，体弱，可是要支持上面的四强阳，所以要非常小心。"藉"是用、是依、是靠，此处作"垫"解。"白茅"是白色的茅草，就是在支撑很重的货物时，必须要用白色的茅草垫着，以免破损，这样才能避免本爻不当位的过患。

4. 九二：本爻位不当，与九五不相应。"枯杨"的"杨"是指杨树，因杨树生于泽旁，有水则生长茂盛，但本爻离外卦之泽水尚远，故有缺水而枯之象。但本爻在四阳之初，有下阴之相比，故又有新芽产生。"老夫得其女妻"，这是比喻语。"女妻"是指初六之阴。"老夫"是指年老之男士，女是年轻女子，老夫过了适婚年龄，而娶年轻女子为妻，虽然年龄已不相适，但老夫仍然能得女妻而生育。这在占卜之象上，是九二与九五不相应，但如能与初六相合，也能有生育之效。这些只是比喻之词。本爻之"枯杨"，实喻国家之危难，"生稊"是指有新的人才产生以救难，当然对国家的复兴是有利的。

5.九三：本爻位当，与上六相应。但在内卦之上，众阳之中，有阳刚过盛之病，所以"栋桡"是比喻支撑国家的栋梁弯了，是国家有危险的凶象。

6.九四：本爻位不当，与初六相应。本为阴位，此处却是阳爻，有阳太强，而使栋梁隆起来了。"栋隆"有两种解读，如果从九三的"栋桡"，现在又隆起来，恢复到以前的旧观，则代表有救，故吉。但隆起太过，矫枉过正，所谓"有它"，则又有羞惭之病。"有它"又有另解。本爻虽与初六有应，但身为大臣，应以解救国难为第一要务，如果和初六有男女私情，或把家庭放在第一位，未免不当，故有"吝"。

7.九五：本爻位当，与九二不应。本爻在阳刚中正之位。照理说是国之明君，但在四阳之上，阳刚太强，而与九二不应，所以缺乏同心相共之臣的辅助，反而有阳过盛，使杨木有枯萎之象。但九二、九四毕竟是正道之士，得他们的辅助，故有"生华"的富丽现象。但阳太过，所怕的是昙花一现，不能以此夸耀。"老妇得其士夫"，这是比喻。老妇虽有年轻丈夫的相伴，可以照顾生活，但终非正常婚姻，不能生育，不能向外炫耀，只能做到保守现状。以国家危难来说，此时，只求渡过难关，不求有新的改革与新的局面。

8. 上六：本爻位当，与九三相应，照理说应该不错，故爻辞，最后说"无咎"。至于"过涉，灭顶"，是警诫语。因本爻阴柔，乘坐在四个强阳之上，有强阳太过，淹没其头之象。本爻爻辞同时有"凶"和"无咎"并存，古哲有两个相反的解读。程颐认为凶，是由于"小人太过"，这是指上六的太高；而朱熹则认为是"杀身成仁"。朱子之说较为圆通，因杀身成仁，对个人生命是凶；而拯救国难，则无憾无悔，故说"无咎"。

三、处变学

（一）自修

1. 初六："藉用白茅"是表示谨慎小心的意思，我们常把"谨慎"和"小心"连用，其实两者有所不同。"小心"是心之小，即仔细注视小处，是一种行为；而"谨慎"却是一种德性，它不只是注视小处，而且关涉到大处，关涉到未来，不只是一事、一时，而是永恒如此。对于谨慎的强调，老子说："民之从事，常于几成而败之。慎终如始，则无败事。"（六十四章）可见这种谨慎之德是做一件事，从始至终，持之以恒的。谨慎是在事前准备周全，如本爻之"藉用白茅"。《中庸》说："凡事豫则立，不豫则废。

言前定则不跲，事前定则不困，行前定则不疚，道前定则不穷。"

在政治上，谨慎尤其重要，《论语》上记载："子张学干禄。子曰：'多闻阙疑，慎言其余，则寡尤。多见阙殆，慎行其余，则寡悔。言寡尤，行寡悔，禄在其中矣！'"（《论语·为政》）在本爻上，修谨慎之德，还有一个缘由，因本爻是阴爻，主在谦德，能谦虚才能谨慎。这两德是互为表里，互相为用的。

2. 九二：本爻爻辞中，最关键的一个字是"生稊"的"生"字。这个"生"字在《易经》中非常重要，所谓"天地之大德四生"（《系辞下传》一章），"生生之谓易"（《系辞上传》五章）。此处的"生"，有以下三义：

（1）新生：本爻在地上，正象征物之出地，为新生之物。

（2）生机：生是一种机能，万物中都藏有这种生的机能，故万物相生而不灭。庄子说："万物皆出于机，皆入于机。"（《庄子·至乐》）

（3）元善："生"是物之元，"元者，善之长也"（乾文言），所以生必为善。"一阴一阳之谓道，继之者善也"（《系辞上传》五章），阴阳相和而物生，生就是善。

本爻在修德上来说，因为是阳爻，以诚德为主，所以由修诚而发动生机，"诚者，天之道"，也就是生生不已之道。

（二）应变

1. 九三：本爻爻辞只说"栋桡，凶"，这是就占卜来说的，在应变上，我们要先看造成"栋桡"的原因，才能避免致"凶"的结果。如果把大过六爻看作一间房屋，那么九三、九四在中间，正像栋梁撑着屋顶，所以这个"栋"字只出现在这两爻上。先看九三，它在内卦巽的最高处，下乘九二之阳，有阳刚过盛之象。在由内向外求变时，它又遇到九四与九五的双阳盖顶，所以阳刚之势内外夹攻，逼得它有桡曲的危险。要如何解救这个危险？唯一可以把握的是九三和上六相应。九三之阳刚需要上六的阴柔来调和。上六在天位上，所以九三需要来自天的支持。这一点使我们想起了孔子困于匡的故事："子畏于匡。曰：'文王既没，文不在兹？天之将丧斯文也，后死者不得与于斯文也。天之未丧斯文也，匡人其如予何？'"（《论语·子罕》）这是孔子在拯救文化的存续，遇到危难时，诉诸天命，也就是他以天命自任。所以在这爻上的解救凶危之险，必须求外援，以天命自任，来面对"栋桡"的国难，勇敢以赴。

2. 九四：本爻爻辞上有两个重点，一是"栋隆"，一是"有它"。"栋隆"是占卜之象。本爻已在外卦，为大臣，辅助君王，故有"栋隆"之象。但"栋隆"的原因，却是我们要把握的应变之道，乃是在于九四和初六的相应。九四在众阳之中，本有阳刚过盛之病，但它和初六相应，却得自从内而来的阴柔的调和。在初六上，我们已强调过自修的谨慎和谦德，这正可支持九四，以此两德来辅助九五，使栋梁由桡曲而隆起。但"有它"也指的是初六，却正好相反。在九四上，他只有一个任务，就是辅助九五之君以救国难，初六的助力是帮助他向上发展。如果他私心重一味眷顾初六，为初六所牵制，这又成为一种拖累。如果将九四和初六的关系譬作婚姻，初六就是家庭，家庭的安定，使九四的赴国难无后顾之忧；如果家庭产生了问题，九四便分心而"有它"，即受到了拖累，不能全力以赴去拯救国难。所以同样是初六之应，一正一负，就在九四如何能应变了。

3. 上六：在应变上来看，"过涉灭顶"是凶，当然不好，但究竟要如何去避免如何去转变呢？爻辞上没有说明，只留下意义深长的"无咎"两字。上六位当，但是以一软弱的阴柔，驾乘四个刚强的阳爻，当然是凶，岂能无咎？所以"无咎"两字必然另有所指，照占卜上说，应该是指上六与九三的正应，使救难之援，来自内部，来自下层。朱子注"杀身成仁"，这对拯救国难，尚说得通。如果今天一个大公司在上六一爻遇到危难，难道这位大老板要杀身，或要求主管者杀身吗？未免言重了。所以就一般领导学上把灭顶之凶和"无咎"两者合在一起来应变，可能有两个解决方法：

（1）牺牲某些利益：此处我们把"杀身"转成"牺牲"，不是牺牲生命，而是牺牲某些部分的利益。用佛学上的名词，也许比较好听，就是能"舍"。这位领导者在上六之高处，地位高，自视也高。但他在阴柔之位，有某些致命的弱点，而他所做的事业，正像下面的四强阳，发展得太过与太快，因此使他的事业因过度膨胀而产生了危机。这时他对以前的优点，可是后来却变成缺点的部分，要忍痛割舍，这就是断臂求生的道理。墨子说："利之中取大，害之中取小也。害之中取小也，非取害也，取利也。其所取者，人之所执也。遇盗人，而断指以免身，利也，遇盗人，害也。"（《墨子·大取篇》）这比喻很清楚地说明了，在上六爻的应变，为了不致灭顶，要懂得牺牲某些利益，割舍长期以来自己以为的优点及见解。

（2）重新召用人才：就卦象来说，本爻在外卦泽水之上，因而有灭顶之凶。但本爻相应的九三在巽木之上，虽然泽水淹了巽木，但九三似木浮于水上。因此上六在灭顶的危险时，如能抓住一块浮木，就可以保身。所以上六之"无咎"，就在于能抓住九三。九三从九二之"生稊"而来，是新进的人才，尚未突破内卦到了外卦变成大臣或重要负责人才。因此在上六的领导者，如能启用九三的新进人才，也许可以有助于解危。事实上九三和其他三阳都属阳刚，本为阳太过之一部分，何以能解太过之病？这是因为上六和九三相应。为上六所用之九三，已得上六阴柔的调和，也就是九三通过了上六的阴柔，使上六和九三共同一起来处理危机，便不致有上六太弱及四阳太强之大过。当然上六之用九三的新进人才，并不是大动刀斧地砍削旧有人才，而是重用了新人才，可以与旧人才得到调和与平衡。所以本爻只讲"无咎"，免于大过而已。这个"无咎"，在本卦领导者的九五上，可以得到相对的解释。

（三）自处

九五是处变者自处之位，他的自处，除了本爻的爻辞外，卦辞及初六、九二的自修都是他处理问题的重心，可以分成以下四点：

1. 亨：这是卦辞中强调的，"亨"是沟通与了解。本卦大过的现象，就是阳刚太强，领导者所主持的事业，发展太快，膨胀太大而造成的危机。在处理时，当然需要充分地沟通，以了解问题的症结。

2. 谨慎：这是在初六爻辞上所强调的。这位九五的领导者需要九四的辅助，九四与初六的相应。就是九四需要初六的谨慎，以免阳刚过躁之病。因此九五也通过了九四的转化而得到了初六谨慎之助。

3. 新生：九五与九二虽然不相应，但两者同为阳爻，也能推诚相与，所以九五可以吸取九二的枯杨所生的"稊"，"稊"是新芽，是指新的血液。也就是说，九五的领导者要能时时注意新的人才。这种新的人才也象征了领导者要有新的观念，要吸取新的知识。

4. 无咎无誉：在九五爻上的"无咎无誉"，好像是判断语，其实是指导语。"枯杨生华"，虽然好看，却只是一时的，这是指领导者不要迷于目前的成就。"老妇"嫁了年轻的男士，不能改变自己的老，但也不能像年轻男士一样地逞强，当然这是比喻语。就是说这位领导者所处的现状，要改，但不能大改或改得太快。"无咎无誉"就是说要免于危机，但也不求大利，即在稳定中求变化。

☵ 习坎　二十九

习坎。有孚，维心，亨。行有尚。

初六：习坎，入于坎窞，凶。

九二：坎，有险，求小得。

六三：来之坎坎。险且枕。入于坎窞，勿用。

六四：樽酒簋贰，用缶。纳约，自牖，终无咎。

九五：坎不盈，只既平，无咎。

上六：系用徽纆，置于丛棘，三岁不得，凶。

一、语译

习坎。要有诚信，安定此心，能沟通。行进是值得推崇。

初六：演习坎险，如进入了坎险的深潭，有凶。

九二：深坎有危险，要抓住小的所得。

六三：接着而来的坎险和坎险，危险就如你的睡枕。进入坎险的深潭，不要动用。

六四：一杯酒，两竹器的食物，用粗瓦器盛着，能节俭以表明心志，最后，没有过患。

九五：坎洞没有满，等到填平之后，才没有过患。

上六：用三股麻绳所做的绳索绑着，投置于丛密的荆棘之中，三年也无所得，是有凶的。

二、解义

1. 本卦名"习坎"。有人以为"习坎"前应有一个"坎"为卦名，而"习坎"乃是卦义，因"习"是演习，"坎"是坎险，演习坎险，就如水军必须演习如何克服水险。本卦由两个"坎"卦重叠而成，其象有以下各义：

（1）上下两卦都是"坎"。"坎"为水，水太多，有险。

（2）内外两卦都是"坎"，"坎"为险，内外都有险。

（3）九二为内卦之阳，九五为外卦之阳，两阳都陷于四阴之中，故有险。

2. 卦辞：本卦为坎的重叠，就象上来说，是指的坎险，但就用坎来说，乃是如何应付坎险。"有孚"是要有诚信，这是指九二与九五之阳来说的。"维心"的"维"是维持、支持的意思，也就是以诚来安其心。"亨"是对坎险的沟通了解。"行有尚"是指像水流一样继续前进才能脱险，否则便停于险中。

3. 初六：本爻位不当，与六四不相应。位置和关系都说明了有不当之险。在习险时，一开始即一脚踏入了坎险的深处，来不及自拔，当然有凶。

4. 九二：本爻位不当，与九五不相应。虽然位置和关系不当，但在内卦中它是唯一阳爻，有诚信与真实的意义，所以是小得。

在危险中如能抓住实物，也可以自救。

5. 六三：本爻位不当，与上六不应。位置与关系都不当，自然有险。尤其内卦是险，外卦也是险，本爻处于由内入外的变化中，正是夹在两险之中，所以有坎险应接不暇的来临。"险且枕"就是睡在险中，以险为枕，这是多么危险之事！在这种险境，最重要的是不动，等待时机。就像掉入泥泽中，越动便下陷越深。

6. 六四：本爻位当，与初六不应。因位当，又与上面九五中正之君相处，所以可用六四阴柔的谦让来自表。一杯酒，两竹器的食物，用瓦器盛着，这本是祭祀用的，在这里也是表示最简单的食物，代表最朴素的生活，这是节俭的表现。"自牖"的"牖"是窗户，也指心扉，就是表明发自内心的谦让。因为节约就是谦德。"终无咎"，就是最后可以出险。

7. 九五：本爻位当，与九二不应。位当，故阳居阳位，为阳刚中正之君。虽与九二不应，但九二也为真诚之士，所以虽有险，但无咎。"坎"是取象于水，"坎"又为有洞穴之地，人易掉入，故有险。坎之水不盈，则洞空着，而人易掉入。当水在洞中充满后，水和洞平，则不易误踩而入洞。这个"平"不只是水满而平，也是用泥填入而使其平，所以本爻是填坎险的主爻。

8. 上六：本爻位当，与六三不应。位虽当，但以阴乘九五之阳，与六三、六四皆阴，三阴夹阳，故阴暗太过，险象环生。不仅自己掉入坎险，还被粗绳绑着，坎洞中还长满了荆棘，自然难以脱身。"三岁"是指时间之久。

三、处变学

（一）自修

1. 初六：本爻有本卦中最重要的一个字，就是"习"。"坎"是水之险。一个懂水性的人，被称为习于水性。在海边河畔长大的人，从小便玩水，所以才能习水性。"习"是不断的练习、修习。《论语》第一句话便是"学而时习之"，学了道之后必须时时而习之。《礼记·学记》篇写为学不能躐等，必须循序渐进，同样习险也不能一步登天，否则，摔下来，掉在深潭中，便无法自拔了。"坎"险虽以外在的水险为喻，其实人生还有各种不同的险围绕着我们。庄子就说："祸重乎地，莫之知避。"（《庄子·人间世》）也就是说，各种灾祸的危险，遍地都是，我们常常画地为牢，自己钻了进去。对于人生的各种危险，除了知的了解外，还须有德的修养。本爻为阴爻，就德性来说，就是谦。对于德性的修养，也是需要时时修习的。《大学》篇说："汤之盘铭曰：'苟日新，日日新，又日新'"，这是日新其德。所以在本爻上的自修，是在知和德两方面的时习，以奠定应付危险的基础。

2. 九二：本爻爻辞只说"求小得"。在坎险中还有得，是因为本爻在坎卦中是阳爻居中。虽夹于双阴，有危险，但阳的刚正及诚德，正可以为中流砥柱，不为坎水的冲动而沉沦。在水险中"求小得"，是尽可能抓住一根浮木或一堆草丛，也许可以自救。但为什么是"小得"而不是"大得"呢？在危险中，有"小得"已是万幸，如何可能有"大得"？我们的理想与眼光固然要大，可是做事却要从"小"做起。孔子讲伟大的仁德，却是能近取譬，也就是周围的小事取譬。"求小得"为了自保，"求大得"便有贪心。一有贪大的心，这就是有险的原因。本爻的"求小得"的这个"小"字，是本爻自修的关键语。老子说"见小曰明"（五十二章），《系辞传》也说"小人以小善为无益而弗为也，以小恶为无伤而弗去也。故恶积而不可掩，罪大而不可解"（《系辞下传》第五章）。可见"求小得"实是避险的第一法门。

（二）应变

1.六三：本爻在内外两个坎险之间，唯一用以应变的只有"勿用"，这两个字在乾卦的初九"潜龙勿用"已有。但在"潜龙勿用"中是修德，而此处却是临险的应变，有所不同。此处的"勿用"有以下各义：

（1）不宜乱动。不宜乱动，并非不动，只是要很小心的动。以险为枕，睡于险的枕上，当然要移开枕，不能睡着了，但不能乱动，因为"乱动"非但耗损精力，可能又走入更险之境。

（2）不用旧思维。现在所遇的险境，多半是过去的习性思维所产生的，因此在这时，先把旧的思维放在一边，寻求新的方法，有时候念头一转，困难会突然冰消。

（3）不求有用。在危险之中，先把自己身段放下，置于"无用"之境。庄子说："无所可用，安所困苦哉！"（《庄子·逍遥游》）又说："人皆知有用之用，而莫知无用之用也。"（《庄子·人间世》）人世间多半的危险是冲着你的"有用"而来的。如果在危险中，还求有用，岂不是"山木，自寇也；膏火，自煎也"（《庄子·人间世》)？在危险中，保命为先，求"有用"之念，是把自己交给了别人，如何能自救？

（4）不用躁进。"不用躁进"，意味着可进，但不宜急进。前贤解这爻（如程颐），说本爻退也险，进也险，居也险，便是一无可用。其实坎为水，水流往前，不能停滞。卦辞已说"行有尚"，即是要我们前行。所以本爻，不宜停，更不宜退，只有缓慢地、稳当地向前进。就如船在河中突遇风险，无法停，也不可能退，只有把紧舵，慢慢地往前驶，再找个安全的河边慢慢地停泊。

2. 六四：本卦内卦三爻是坎险，都以险象为爻辞，外卦虽也是坎险，但除了上六之外，六四与九五却都不谈险象。追究原因，可能因为这两爻的任务是合作以止险。以本爻来说，他虽然要应付内卦前来的险，但他最主要的还是要赢得九五之君的信任。爻辞上最重要的一句话是"纳约，自牖"，"纳约"是俭约，"自牖"是自明心志。老子说："我有三宝，持而保之。一曰慈，二曰俭，三曰不敢为天下先。"（六十七章）本爻的应变，就用了两宝。"纳约"是俭的表现，这也是处险最重要的法门。"自牖"的"牖"就是窗子，喻透过窗子，让君主看到自己的心志。什么心志？就是"不敢为天下先"的谦让。这样六四之俭与谦，才能得到九五的信任。这是六四所要化解的最大可能的危险。

3. 上六：上六爻辞只是描写险境，看不到如何应变的指示，因此我们必须从言外去探讨。先看卦象，它虽然位正，但以阴爻乘在九五君王之上，又无六三的正应，自然有凶之象。然而要如何避过凶，走出险来？我们可以有以下几方面的努力：

（1）处谦。本爻为阴爻，以谦为德。上六凌驾九五才有凶，因此上六转而修柔德，以谦下的态度尊重九五，借九五的阳刚以自保。

（2）勿用。上六与六三不相应，这也正是他有凶之象。因此反过来，他应吸收六三处险的应变方法，就是"勿用"两字。在六三的"勿用"上，我们提出四点，在这里全用得着：不要乱动，因有荆棘；不用旧思维，因被绑着；不求有用，因需等三岁。最后一点，不用躁进，因上六已至本卦最高处，已无可进，当然无法躁进。

（3）天险不升。坎卦象辞说："天险不可升也。地险山川丘陵也，王公设险以守其国，坎之时用大矣哉！""地险"是指地上的险要，如山川河流不易跋涉，多有危险，正因如此，一国的军事反把这些危险的地方，变成防御敌国攻击的要塞。那么"天险"又是什么呢？是指上天所设的许多险要，使人们无法爬升，不敢逾越。李白的《蜀道难》便说："蜀道之难，难于上青天。"蜀道还是高山，已经难越，何况是青天？"天险"就是天的禁忌，人类是不可以冒险犯禁的。相对于"天险"，我曾做了以下的一些对比，如：天刑不可遁（庄子）、天命不可违、天时不可失、天机不可泄、天功不可贪、天道不可离、天爵不可弃、天意不可渎……从这些对比，就可知天险之不可升了。今天有骄横的科学家说，人力可以征服自然，创造一切。他们当中有的人甚至跃跃欲试，自比上帝，试着制造人类，这样的想法就是犯了"天险"。本爻上六所处的位置，就是在天险之中，所以爻辞有凶。如何避凶，就看人的智慧了。

（三）自处

九五是处变者自处之位。本卦以水来喻坎险，水之险在《易经》中常用"大川"来比喻，但《易经》的卦爻辞却有"利涉大川"及"不利涉大川"两种说法。可见涉水险就有正负两面。其实水本身就有这两种属性，它是生命的所需，但也能淹没一切生物。老子对于水完全从正面来看，他说："上善若水，水善利万物而不争，处众人之所恶，故几于道。"（八章）现在九五爻上，领导者的自处，就是以水之德来转化水之险。在本爻爻辞和卦辞上可以看出有以下三方面：

1. 水平之性：本爻爻辞的这个"平"字固然是指把坎洞填平，但也意味了水平之性。孟子曾说水"盈科而后进"（《孟子·离娄下》），也即是水填平了一处坎洞，再往前流去，也即循序而进。用在领导学上，也就是这位领导者，对于坎难的处理是一个一个解决，解决了内卦的坎险，再解决外卦的坎险，有条不紊、不慌不乱地去处理问题。这个"平"的最大特性，就是平衡与平等，可以作水平的测量，也可以为法律的公平。这位领导者的所以能填平坎洞，主要还是由于他的心之平。他自己的内心能平衡，自然就能摆平外在坎险的不平了。

2. 有孚之德：卦辞上强调"有孚"，"孚"就是诚信。九五之阳是诚德。他能以诚德连同九二之诚德，而召信初六、六三及上六的三阴。子贡问孔子为国之道，孔子告诉他"足食，足兵，民信"，其中"民信"最为重要，因为"民无信不立"（《论语·颜渊》）。诚是心中之诚，所以卦辞说"维心"，而"信"是感动人民。诚信也是水之德。老子描写水之用，便说"言善信"（八章）。唐诗人李益《江南曲》："嫁得瞿塘贾，朝朝误妾期，早知潮有信，嫁与弄潮儿。"都是指水有信德。

3. 亨通之行："亨"是通达。水的流动是四通八达，无所不至的。所以卦辞在"亨"之后，接着就说"行有尚"。水的通达，是往最低的地方去，而且湿润万物。本爻处坎卦外卦的中间，也是最危险的地方，却能照顾人民，让他们脱离险境。

䷝ 离　三十

扫一扫，
进入课程

离。利，贞，亨。畜牝牛，吉

初九：履错然，敬之，无咎。

六二：黄离，元吉。

九三：日昃之离，不鼓缶而歌，则大耋之嗟。凶。

九四：突如，其来如，焚如，死如，弃如。

六五：出涕沱若，戚嗟若，吉。

上九：王用出征，有嘉，折首。获匪其丑，无咎。

一、语译

离。有利，贞定，亨通。畜养雌牛，有吉。

初九：鞋履错乱了，保持恭敬以待，没有过患。

六二：黄色的离火光明，原其始，有吉。

九三：日斜后的离火光明，如不知鼓瓦器而歌，则等到老时便有嗟跎之叹，有凶。

九四：突然的，如此的来临，如此的焚烧，如此的死亡，如此的被遗弃！

六五：这样的涕流不停！这样的忧戚嗟叹！是有吉的。

上九：国君用兵出征。有杀死敌首的嘉报，掳获了非我同类的敌人，没有过患。

二、解义

1.本卦名"离"，是指附丽、光明的意思。本卦由两个离卦重叠而成，其象有以下各义：

（1）内外卦都是离火，火必须附着在薪木上才能燃烧，所以离有附着于物的意思。

（2）内外卦都是离，是两重火的燃烧，所以有强烈的光明。

（3）内卦离的光明，喻人的才知；外卦离的光明，喻社会的文明。

2.卦辞："利"是有利于万物，因为火是人类最有用的能源之一。"贞"是火的附丽，必附于正道。"亨"是火的光明通透无阻。"畜牝牛"，是畜养雌牛，雌牛性温和，但力量强大，这比喻离火不能过强，需以阴柔调和之。

3.初九：本爻位当，与九四不应。在卦之初，以履来象征。"错"是交错，如履平排而放，表示不动，交错则一前一后，像脚穿履而启动。初九当位为阳，故有诚敬之心。初九与九四不应，本有咎，但能敬之，故可免于咎患。

4.六二：本爻位当，与六五不应。因本爻在地上，故因黄土而有黄色。离指火光，黄也为中色。在内卦之中，故离火为中色，不致过强。"元"是原始之大，因本爻当位，处中正之位，"元者，善之长"，自然有吉。

5.九三：本爻当位，与上九不相应。本爻在内卦离火之上，非常强烈，有如日正当中。"昃"是日斜，因为日正当中，不能持久，很快又向下而斜。"缶"是瓦器之属，"鼓缶而歌"，是指拿着瓦器敲打而唱歌，是表示非常简朴而知足的原始人民的生活。虽然日正当中，非常光明，但他们仍然很知足，知道时不我与，只有把握现在，以敲打瓦器为乐。"不鼓缶"的"不"是条件语词，指"如不能"。"耋"是老大，"大耋之嗟"，即老大徒伤悲。到了此时叹也无益，故有凶。这是九三与上九不相应，位在强阳，而又走上极端之象。

6.九四：本爻位不当，与初九不应。由内卦之离火，到了外卦之离火，火势太烈，烧毁一切。"突如，其来如"，指外卦之离火的来临，火势甚速，故来得突然，不及应付，转眼间，焚掉一切，烧毁一切，使一切归于如弃的尘土。

7.六五：本爻位不当，与六二不应。本爻与六二是全卦仅有的二阴爻，虽不应，但却出现了仅有的两个"吉"字。这说明了在全卦离火的强阳中，必须有阴柔的调和。本爻的"涕沱"是表示软弱，"戚嗟"是表示忧患和警惕。

8.上九：本爻位不当，与九三不应。本为有咎之象，但本爻在离卦之极处，已在天位，阳刚过盛，光明外露，而有王用兵出征之象。"有嘉，折首"，"嘉"是嘉美，"折首"是折敌方将领之首，为"擒贼先擒王"之意。"丑"是指的同类，"获匪其丑"就是俘虏了对方的士兵。可见这是获得了大胜的现象，自然无咎。为何在这一爻上大谈战事？这不是崇尚侵略，而是光明照耀四方，有平天下的文明之象。

三、处变学

（一）自修

1. 初九：本爻在自修上只有一个"敬"字。"敬"是儒家的一个很重要的德行，《易经》六十四卦中用到了两次，一次是需卦的上六爻，是用"敬"在危难中，另一次就是在本爻。本爻是行动之初，是立德，所以这个"敬"字要如何去修非常重要。本爻为阳爻，理应为诚，为何此处却说敬？其实儒家常诚敬连言，诚和敬稍有不同。诚着重气，敬着重心；诚用于意，敬用于事；诚反于内，敬通向外。由于本卦是离火，火必须附于物才能燃烧，所以本爻在离之初，首先要着物，所以以"敬"字代替"诚"字。本爻一开始说"履错然"，履的交错有错乱之象，所以用一个"敬"字来使错复归于正。宋儒程颐解"敬"为主一，他说："敬只是主一也，主一则既不之东，又不之西，如是则只是中。既不之此，又不之彼，如是则只是内。存此则自然天理明，学者须是将敬以直内涵养此意，直内是本。"（《近思录》卷四）这里"直内"是通乎诚，把诚发展出来。但"敬"向外来说，是集义，所谓"敬以直内，义以方外"（坤卦《文言》），即对外事外物、是是非非分得清楚，就像离火的照明。所以在本卦之初，特别要修这个"敬"之德。

2. 六二：本爻上有两个重点字，即"黄"和"元"。本爻在地上，又是阴爻，故以黄色为喻。这个"黄"曾出现在坤卦的六五爻上，所谓"黄裳，元吉"。这与本爻的"黄离，元吉"只有一字之差，意义也是相似的。"离"是火，是光亮。"黄"是中低之色，用以遮盖了火和光亮。老子所说的"和其光，同其尘"（五十六章），正可用在这一爻上。"和其光"，即以"黄"色遮掩离火；"同其尘"，即处于本爻的地上，不凸显自己。"元"是始，是大。以本爻来说，是指初九之阳，也就是说本爻乘于初九，本有负面意义，但本爻以他的谦让，一面缓和初九的离火，一面又让初九的光明能透过六二而向上发展。因此在本爻的自修上，是"谦尊而光"（谦《象辞》）。

（二）应变

1.九三：本爻在内卦离火之上，当然光芒太过，不能持久。处此应变之道，因九三乘六二之阴柔，他必须向下吸取六二阴柔温和的特质。他要吸取老子的智慧，对外要知止，对内要知足。所谓"鼓缶而歌"，就是一种淡泊明志，满意于现有一切的歌。我们可以从一首远古先民的歌谣来看："日出而作，日入而息。凿井而饮，耕田而食。帝力于我何有哉！"（《古诗源·击壤歌》）击壤与鼓缶是同样的，都是敲打最简单的乐器，即以土瓦等物为乐器而歌。这土瓦的乐器不也象征了六二的黄土吗？所以本爻上的自修，乃是谦卑自处，淡泊明志。

2.九四：本爻到了外卦，又在离火之初。他和九三不一样，九三乘六二的阴柔，可是他却乘九三的强阳，有强阳大过，能上不能下的毛病。爻辞的描写全是负面的，是被火焚烧后的一片惨状。我们从爻辞中根本看不到一点如何应变的消息。但这样的结果，却促使我们自反，从自反中去寻求应变之道。九四虽与初九不相应，但九四是外卦离之初，与初九是内卦离之初同为离之初，它们有相同的处境。因此在初九上的"敬"字，也可作为九四的应变之道。在初九，因为是"履错"，重视初步之行，所以"敬"字在立基上来说，重"敬"之修养。而九四在外卦上，由于内卦离火的上烧，以及九三阳刚的逼近，所以九四之敬，是用"敬"在危难中，如需卦上六之"敬"。《论语》说："子谓子产，有君子之道四焉：'其行己也恭，其事上也敬，其养民也惠，其使民也义。'"（《论语·公冶长》）子产是大臣，正当九四之位，九四之敬是事奉君上，是对六五来说的。六五之君为阴柔，所以九四要以非常恭敬的态度事上，才能解除六五对强臣之顾虑，才能有君臣推心置腹的合作。

3. 上九：本爻在离卦之上，光明外被，所以有"王用出征"之象。这是大动作，因此也是大应变。对于"出征"之事，《易经》里常提到。《易经》是讲求和平的，当然，不像兵家一样帮助君王灭异国，成霸业。所以"王用出征"，乃是为了同盟的守望相助，或为了安邦定国的维护各国的和平。就本爻的爻辞，是"有嘉""无咎"，所以是胜利的。然而在应变上，我们不是鼓励出征，不是研究如何得到胜利，而是讨论当离火冲到最上层时，该如何应变。这要看看"出征"代表什么意义，"折首"代表什么意义？"获匪其丑"又代表什么意义？为什么得到大胜后，却不是大利，而只是"无咎"而已？就爻辞的象征意义来说，"出征"代表向外发展，"折首"代表把握问题的中心，"获匪其丑"指许多相关的问题迎刃而解，"无咎"是求无咎。因为本爻位不当，又不应九三，本来有咎，如果用这种借外在的发展，来解决内在的问题，是不得已的，只能求无咎而已。

再从应变的角度来看，本爻以阳刚而乘六五之阴柔，他必须向下与六五相和，以六五的温柔为基础。斩首与擒虏不是王者真正的目的。老子说："夫慈以战则胜，以守则固。天将救之，以慈卫之。"（六十七章）这个慈悲之心来自六五。老子又说："夫佳兵者，不祥之器，物或恶之，故有道者不处。"（三十一章）所以"出征"并不是好战，离卦到了这一爻，已是不得已而为。即便是兵家，如《孙子兵法》，还以"不战而屈人之兵为上"。如果这一爻用在某些商业的发展上，最后一定要竞争到你死我活，把对方打败，消灭掉，才算自己胜利，这种胜利是建筑在争斗的基础上，本是危险的。暂时的胜利，只是短期的无咎而已。一个真正成功而且有前途的事业，必须建立在为人群谋福利，为人人所乐于接受的基础上，这就是本爻给予我们言外之意的应变之道。

（三）自处

六五是处变者自处之位。爻辞出现了"涕沱"和"戚嗟"的字眼，当然六五是阴爻，才有这种哭泣与忧虑的表情。试看六五夹在下面二阳与上面一阳之间，离火如此强，怎能不流泪与忧戚？领导者会忧戚的人很多，所谓"先天下之忧而忧"（范仲淹），但会流泪的也大有人在。试看《三国演义》中的刘备，每当他手下的五虎将出征时，他都流泪地表示自己的无能，只有靠手下的卖命了。所以爻辞在哭泣与忧虑之后，还说是"吉"。这是他的自处，也是他的应变之道。除了本爻的爻辞外，卦辞的"利，贞，亨"和六二的"元"，合起来就是"元亨利贞"四德。一位领导者走上一个光辉亮丽的途程，他必须有"善"的动机、沟通的能力、利人的事业，以及贞定自守的节操。除此之外，他还要像卦辞所说"牝牛"一样，有温和的个性及坚忍负重的耐力。

咸 三十一

扫一扫，
进入课程

咸。亨，利，贞。取女吉。

初六：咸其拇。

六二：咸其腓，凶。居，吉。

九三：咸其股，执其随。往，吝。

九四：贞，吉。悔亡。憧憧往来，朋从尔思。

九五：咸其脢，无悔。

上六：咸其辅颊舌。

一、语译

咸。亨通，有利，贞定。娶女为妻，有吉。

初六：咸的感应到了脚拇趾上。

六二：咸的感应到了小腿肉上，有凶。停留，则有吉。

九三：咸的感应到了大腿股上，需控制而不跟随，如前往，则有吝羞。

九四：贞定，有吉，后悔就不生了。心念起伏往来，朋友跟我想法一样。

九五：咸的感应到了后背肉上，没有悔事。

上六：咸的感应到了脸颊及舌头上。

二、解义

1. 本卦名"咸"，"咸"是感字去掉了心，是无心之感。也就是说"咸"是感应，是不用心和意去感，而是自然的感应。本卦由外兑内艮两卦重叠而成，其象有以下各义：

（1）兑在上，为泽；艮在下，为山。泽水下流，使山上之土受到润饰，故有感应悦乐之象。

（2）兑在外，为悦；艮在内，为止。止于诚，故诚于内，而悦于外。

（3）兑在上，为少女；艮在下，为少男。古注以家庭人员释八卦，乾为父，坤为母，震为长男，巽为长女，坎为次男，离为次女，艮为少男，兑为少女。那么本卦少男追求少女，正是青春男女恋爱之象。

2. 卦辞：因本爻主在感应，故沟通是首要之务，本卦每爻都是阴阳相应，所以是和谐之利。在感应之中，应把握贞固的正道，不受物迁，而失去了自我。艮男追兑女，因有以上"亨""利"，和"贞"之道，所以身份相合，方法正确，而有吉。

3. 初六：本爻位不当，与九四相应。本爻为初，以足为喻，是拇。因是阴爻，不宜前行，又是艮之始。故感应在脚拇趾上，甚为轻微。

4. 六二：本爻位当，与九五相应。本爻在内卦之中，故以小腿肉为喻。就感应来说，小腿肉的感应似乎较迟钝，有点麻木。但足之行动，小腿上的肌肉却是关键，是司动之处。本爻在艮之中，不应行却又要行，故有凶之象。但如能知止，居其位，则因位当而应，反为吉。

5. 九三：本爻位当，与上六相应。本爻在内卦之上，面临由内向外的转变，就身体部位来说在股之上，即腰的部位，正当生殖系统和肾脏机能处，为肉欲的主导。所以说要"执其随"，即控制住，不使自己随欲而走，否则的话就有羞耻的事发生。

6. 九四：本爻位不当，与初六相应。本爻脱离了内卦之艮止，到了兑悦之始，如能把握他的贞固的诚德，就会有吉。因位于两阳之间，位又不当，本有悔，但如果能守诚以待，则后悔之事便不会产生。就身体部位来说，本爻正在心上，我们的心念就是会"憧憧"，飘忽不定，来往不停。"朋从尔思"，总是希望别人跟自己的想法一样，这就是我们心念的感应，心意识的感应。

7. 九五：本爻位当，与六二相应。"脢"在身体的部位就是指背脊肉，就感应来说，背脊肉的感应非常不敏锐，几乎是无感。从负面来说，无感是感应不深，但从正面来看，它不像心念一样，有那么多感触，那么多烦恼，反而因无情而无悔。

8. 上六：本爻位当，与九三相应。本爻在本卦的最高处，从身体部位来说就是头，所以说是"辅颊"和"舌"。因为受到感应而产生反应的就是我们的口舌。好吃的东西，只有口舌知味；听到不舒服的话，口舌先反应，而反唇相讥；有了爱的感觉，口舌先表示"卿卿我我"。

三、处变学

（一）自修

1.初六：本爻爻辞上只说了一个脚趾的"拇"，但要如何以"拇"来自修其德？先就"拇"来说，我们身体最先感应之处是脚趾。有诗说"春江水暖鸭报先"，因为鸭子在水中划行，足趾先感受水之冷暖。今天我们的足趾，先包以袜子，再加以鞋子，所以感受便迟钝了。其实以"拇"为喻，是指感应之先，但尚不及于行动。本爻为阴，以德性来讲是谦。在这一爻上我们修的谦，究竟有什么特色呢？

（1）以虚为体：我们常以谦虚为言，所以虚是它的本体，即没有任何成见，咸的无心之感，首重于此。

（2）以顺为用："拇"因无心无意，所以它不能主动，它在感应之后，是顺着其他主动者而走的。

（3）开放为先：谦的反面是傲，自傲者就是把自己封闭在自我的樊笼内；谦则相反，先须开放自己，做一个好的听者。

（4）能止为主：本爻在艮止之初，所以以止为主。谦让常连言，让就是知止、能止。

2.六二：本爻爻辞在感应上也只有一个字"腓"，是小腿肌肉的意思。对足趾来说，它的行动是由小腿肌肉所牵动的。在本爻上的自修与"腓"又有什么关系呢？本爻为阴，以德性来说也为谦。本爻的"谦"在自修上，与初六稍有不同的是重在"止"的特性。因为本爻艮止在中间主要的位置，所以它在接受感应之后，它的反应必须有正确的判断。前一爻有"顺"的作用，而本爻却重在一个"止"。所以它在一开始，就知道这种感应会有凶的可能，接着立刻说"居，吉"，要我们能"止"才有吉。老子不是一再强调"知止可以不殆"（三十二章，四十四章）吗？但此处为什么由"谦"说到"止"？因为如果只讲"止"，只是用力去止，这不是本爻六二的方法。本爻由谦来止，这是柔软的，这是自修谦德，自然地不好强、不斗狠，而能归于虚静。

（二）应变

1.九三："股"在大腿之上，代表性欲。"执其随"的"随"有两义，一是对向外之随，一是对内在之随。所谓向外之随乃是因外物对我们之刺激，如声色犬马等，当它们引诱我们时，我们内在欲望也跟着它们走。所谓内在之随，就是我们内在的欲望不断升起，使我们不断向外在的物欲追求。所以"执其随"，就是对这两方面欲念的控制。在应变上，本爻在内卦艮之上，为艮止的主要力量，它是阳爻，和前两爻的谦柔稍有不同，因为这时外在的刺激和内在的欲望都比较强，必须用比较强制的手段。如朱熹的白鹿洞书院的院训，便用"惩忿窒欲"的字眼。因为在这一爻上是指的欲望，断欲不能妥协，不能延缓，必须能当机立断，断得干净。否则"往，吝"，犹有余欲未尽，就会有羞辱之事来临。

2.九四：本爻到了外卦之初，却夹于两阳之间，下有九三之阳向上冲，上有九五之君之阳压顶，所以本爻只有坚守它的贞定。以德来说，就是用诚以对下对上。本爻是指的心，心所受的感应最为复杂。心的最大的特色即是自我中心，"朋从尔思"就是描写这种特色。这句话有两个现象，一是寄托在"朋"，一是只想到"尔"的我。我们一般都以为自我中心主义，是只讲"我"的个人主义，好像是隐士一样的个人主义。其实不然，他们非常在乎别人，他们在乎别人是为了别人能赞美自己。老子有段话说的正是此意："宠辱若惊，贵大患若身。何谓宠辱若惊？宠为下，得之若惊，失之若惊，是谓宠辱若惊。何谓贵大患若身？吾所以有大患者，为吾有身，及吾无身，吾有何患？"（十三章）老子这话就是针对自我中心的思想来说的。"宠"之所以不好，就是把自己寄托于别人的看法，这就是"朋从尔思"，希望所有的人都以我的看法为看法，爱我赞我，和我相同。本爻的应变，是在求此心不受外来的影响，能把握贞定，把"自我"空掉，则此心便能长安。

　　3. 上六：本爻爻辞只说"颐"和"舌"。如果就口舌来说，它的感应就是食物。在佛学讲的我们的五蕴"眼耳鼻舌身"所对的五尘"色声香味触"中，舌所对的味也占了一个重要的部位。告子说的"食色，性也"（《孟子·告子上》）中，食更是基本的性。本爻讲食欲，与它对应的九三讲色欲，这两爻正说明人生的两大欲望。那么在应变上讲，本爻又如何去处理呢？约有三点：

　　（1）知止。本爻和九三爻正应，九三是"执其随"，因此本爻也采取九三的艮止之道，要懂得"知止"。"知止"并非闭嘴不食，而是要有节制。

　　（2）正味。老子说"五味令人口爽"（十二章），又说"甘其食，美其服"（八十章）。前者是负面的，是指追求各种美味，反而使口失去了味觉；后者是正面的，是指能满足自己的所食，即使是粗菜淡饭。所以本爻爻辞并没有不好的判语，因为上六当位，所以此处我们强调要求正味。

（3）慎言。"祸从口出"。口舌的反应由于在本卦之极，而上六为阴，过于轻浮，所以很容易逞口舌之争，表现自己的能言，因而常会失言。老子说："多言数穷，不如守中。"（五章）"中"是"中虚"，也就是本爻阴柔的谦虚，表现在言语上，就是慎言。

（三）自处

九五是处变者自处之位。他的自处，在爻辞上只有一个"脢"字。而他与六二正应，采取六二的一个"居"字，再加上卦辞的"亨，利，贞"。合起来可以看出他的自处之道有以下三点：

1. 无心之感。背的前面是心，心的感应太多、太快，常常产生很多烦恼，而背居后面，在感应来时，已先被心吸收了，所以背的感应非常迟缓和迟钝。它几乎没有心意识，但它的厚实，却支持了整个身体。再加以本爻为当位之阳，是诚笃，又是中正之道。本卦中其他各爻的感应都有动摇之象，只有它安定如山。

2. 亨，利，贞。这是卦辞的三个重点，是本卦的中心思想，也正是九五领导者的自处。他虽在无感的背脊上，但要能沟通、知民情，要能利物、与民相共，要能把握贞定、稳定人心。

3. 居后而不先。六二的"居"字，在领导者来说，就是居在背后。老子说："欲上民，必以言下之；欲先民，必以身后之。"（六十六章）本爻所指的"脢"，就是要领导者真正"绝圣弃知"（《老子》十九章），以身后之。

䷟ 恒 三十二

扫一扫，
进入课程

恒。亨，无咎。利，贞。利有攸往。

初六：浚恒，贞，凶。无攸利。

九二：悔亡。

九三：不恒其德，或承之羞，贞，吝。

九四：田无禽。

六五：恒其德，贞。妇人吉，夫子凶。

上六：振恒，凶。

一、语译

恒。亨通，没有过患。和利，贞定。有所往得利。

初六：求水深而有恒，持此以为贞，有凶，没有所利。

九二：后悔消失了。

九三：修德不能有恒，也许会遇羞辱之事，持此以为贞，是有羞吝的。

九四：在田地上没有野禽。

六五：持德有恒，而能贞定。对妇人，会有吉；对男士，则有凶。

上六：震动的恒，有凶。

二、解义

1. 本卦名"恒"，是指持之以恒，它是一种德行，也是做事的一种态度。本卦由巽内震外两卦重叠而成，其象有以下各义：

（1）震在上，为雷；巽在下，为风。雷动风生，此自然之常，故为常恒之道。

（2）震在外，为动；巽在内，为顺。内顺而外动，一切顺适，此为能持之有恒的基础。

（3）震为长男，巽为长女。男主外，女主内，此古代治家之常经，也为家庭能维持恒常之理。

2. 卦辞：首重一个"亨"字，本卦各爻都能相应，所以有沟通之象。因沟通而和合，所以有和之利。"恒"是能保持永恒，因此必须坚守贞定，处事有原则。"恒"不是守在一处，必须有发展，所以利在有所往，也就是说有所往，才能有恒。

3. 初六：本爻位不当，与九四相应。"浚"是指水之深。因本爻为阴柔，位又不当，在开始时便要求深，则不能持恒，如执此以为正道，就会有凶象。本爻之上有三爻挡路，所以虽相应，不宜急往。

4. 九二：本爻位不当，与六五相应。爻辞只有"悔亡"两字，照理说前面应有文字讲如何恒才能"悔亡"。我们虽不敢妄加，但据爻象说"悔亡，能久中也"，所以本爻之"悔亡"，似因本爻处内卦之中，为阳刚之诚，而为"恒"的主要基础。

5.九三：本爻位当，与上六相应。位当，故以德为喻，但处巽卦之上，又乘九二之阳，阳刚过盛，不能持恒，且面临外卦之震动，也不易守恒，所以爻辞逆说，如执德不恒，便会有羞辱之事。"吝"和"羞"是相同的，此"贞"乃负面的意思，是指以此不恒为贞。

6.九四：本爻位不当，与初六相应。爻辞只说"田无禽"，而没有任何评断。但推敲它的关系，可能有两解：一是本爻与初六相应，初六在地之位，可以喻"田"，但初六本身有凶，不能往，所以"无禽"，即无所获；另一义，本爻在身体部位的心，指心中无欲。这可以有正面的解释，因九四是大臣，对六五之君，须推诚相与，而无私心。

7.六五：本爻位不当，与九二相应。本爻在君位，以恒之德为喻，即持守贞固之道。可是为何"妇人吉，夫子凶"呢？据爻象的解释："妇人贞吉，从一而终也。夫子制义，从妇凶也。"这是以传统夫妇的关系来看的，也许可备一说。但我们跳脱这种关系来看，妇人指六五之阴柔，以阴柔驾驭下面之双阳，以柔克刚则有吉。"夫子"指师长，如师心自用，以六五乘双阳，与双阳相斗则凶。

8.上六：本爻位当，与九三相应。本爻位虽当，但在外卦震动之上，本身又为阴柔，故易于轻率。"振"即震动之意，上无所比，下又乘六五之阴，所以这时的振动，没有稳定性，不能持恒，故有凶象。

三、处变学

（一）自修

1. 初六：本爻的关键字是"浚"，该字是水的偏旁，指水的深险，如以山为偏旁则为"峻"，指山的高危。本爻在恒之初，恒之所以能持久，是由于它的循序渐进，否则一开始便要求深，尤其初六是阴，不当位，基础不固，愈深挖危险愈大。所以在本爻的自修上，应以初六的谦虚之心，从简单浅显处做起。明儒王阳明批评佛家在上一截形而上部份与儒学相似，只是欠缺"下学"。他说："凡可用功，可告语者，皆下学。上达只在下学里。凡圣人所说虽极精微，俱是下学。学者只从下学里用功，自然上达去，不必别寻个上达的工夫。"（《传习录》卷上）。所以在这一爻上就是从"下学"的实际生活上下功夫。

2. 九二：本爻只有"悔亡"两字，我们就从"悔亡"上下功夫。前面曾说过"悔"有两义：一是做错了，结果的后悔；二是以悔悟的心情，使以后不再犯错，颜回的"不贰过"即是这种功夫。所以本爻的自修，就是求以后的"悔亡"。要如何自修呢？有以下三种情形。

（1）前事不忘："前事"即是指以前的后悔。如能记取以前的经验，便不易犯同样的错误，而有以后的后悔。就爻的发展来说，在本爻上也应记取前爻"浚恒"之凶，而保持顺序渐进地发展。事实上，本爻"悔亡"两字，如果前面还有告诫的话，就是初六的爻辞，在九二上记取"浚恒"之病，自然也就"悔亡"了。

（2）问心无愧："悔亡"就是"无悔"。要达到"无悔"的境地，就要做任何事都能"问心无愧"。如孟子所谓"仰不愧于天，俯不怍于人"（《孟子·尽心上》），如能无愧，自然就"无悔"了。

（3）择善固执：《中庸》说："诚之者，择善而固执之者也。"本爻是阳，在德为诚，而"固执"就是恒的意思，所以"恒"是择善固执。择善而行，坚守不移，自然就无后悔之事及身了。

（二）应变

1.九三：本爻爻辞上把恒和德放在一起，"不恒其德"可能有二解：一是指恒本身是一种德，"不恒其德"是指恒德的不能持守；二是指恒用在德上，"不恒其德"是指修德的不能持恒，即择善的不能固执之。无论以上哪种解释，把恒和德连在一起，就意味着，"恒"必须有德，必须以德为基础。如果一位商人，只为了个人的私利，锲而不舍地拼命追求财利，虽然达到了目的，这种努力，在一般来说是认为有恒，但却不是《易经》所赞许的，因为它没有择善的基本条件。在《论语》中，孔子便引证过这一爻："子曰：'南人有言曰：人而无恒，不可作巫医。善夫！不恒其德，或承之羞。'子曰：'不占而已矣！'"（《论语·子路》）前面孔子的话只是强调有恒心，可是这个"不占而已矣"，却把恒通向了诚。也即是说有诚之德，择善固执，问心无愧，因此即使"不占"，也能行之无悔。这个"恒"字，无独有偶的，在《论语》中还出现了一次："子曰：'善人吾不得而见之矣！得见有恒者斯可矣。亡而为有，虚而为盈，约而为泰，难乎有恒矣！'"（《论语·述而》）这话很清楚地说明了"恒"，必须有实的而不是空洞的，是有善的而不是私利的。所以在本爻的应变上，恒与德的相连，本爻是阳爻当位，也就是要有诚，要问心无愧地自反而诚，才能继续而行。

2. 九四：本爻乘下面的二阳，有阳刚过盛之象。而本身是以阳居阴位，又在外卦震动之始，所以有向上冲击的毛病。可是又遇到六五是柔弱之君，所以在应变上，本爻的爻辞主在诚刚强。"禽"是野禽，有野性，可以比喻为野心或私心。人不能无欲，我们对于一个目标的追求，欲也许还是它的动力，使我们持之有恒；可是当这种欲，过于强烈，甚至成为有害的私欲，却会焚烧这个动力，如我们常说的欲火焚身。这样如何还能持之有恒？所以在这一爻上，应做到如老子所说的"少私寡欲"（十九章），因为少私寡欲可以减轻下面两强阳所带来的压力，同时对上面六五之君而言，也减轻了他对本爻强阳的压力。所以本爻的应变，就是减欲以舒压，才能保持"恒"的稳定。

3. 上六：上六之凶，来自本爻唯一的一个"振"字。"振"是振动。"恒"是要稳定、要如常、要耐久。如果一有振动，就会不稳、不常、不久了。就像地震或海啸，都是发生在很短的时间里，不可能长久。因此在本爻的应变上，就是讨论如何防震与避"振"。首先我们必须看清产生"振"的原因。在爻象上来说，上六是阴爻，太轻，再加上所乘的六五又是阴爻，更是过轻，所以先应防轻，就要用重力使它稳定。就上六的机会来说，它和九三正应。九三是阳，又夹于双阳，它的阳刚之气，足可以稳定上六的轻飘。在九三上所强调的乃是德，如果"不恒其德"，就会有"羞"、有"吝"，"羞"和"吝"不正是暗指上六之阴吗？所以本爻在应变上，有两种情形：

（1）知返。上六已在恒卦的最高处，不能再向前走，因此只有两种情形，就是停住或是回返。如果停在上六之位，由于是阴柔，太轻飘，停不住，所以要回返。在爻象上，是返于九三之阳，但就哲理来说，是返于道。在持恒之路上，有时不免有歧路，因此时时反省，要返于道，回归正常。

（2）重德。九三以德为训，在上六的应变上，我们也强调以德为重。老子说："重为轻根，静为躁君。是以圣人终日行不离辎重。"（二十六章）"重"是德，"轻"是欲。"终日行"是恒之行，"辎重"就是比喻以德为重。本爻的德，因为是阴爻，应以谦为主，但上六与九三的相应，所以也是以谦来表诚。

（三）自处

六五为处变者自处之位。他在本卦的自处之道，除了本爻爻辞外，卦辞和九二爻辞都值得参考，约可分为四点。

1. 妇德之贞：本爻爻辞"恒其德贞"，这个贞定，以本爻为阴来说，应是谦德。妇人之德为谦，以谦处事，则有吉。此处"夫子"无论指男士、丈夫或师长皆可，但"夫子，凶"，可以用"妇人，吉"为前提，即此夫子如没有妇人之谦德，则凶。所以此爻只是强调谦德，妇人和夫子只是比喻语。

2. 亨，利，贞：这是卦辞上的三德。即要有沟通的了解才能择善，要能追求和之利才是真善。这里的"贞"在卦辞中，是指的诚，因恒和诚是相通的。

3. 自强不息：卦辞的"利有攸往"，即健行不息。乾卦《象辞》

说：“天行健，君子以自强不息”，“行健”是恒，“不息”也是恒。这一爻的领导者，体承天道，应自强不息。

4. 问心无愧：这里的无愧来自于九二的“悔亡”。六五与九二相正应，所以把九二的“悔亡”当作求此心无悔。也就是，行事以“问心无愧”为标准。

䷠ 遁　三十三

遁。亨，小、利、贞。

初六：遁尾，厉。勿用有攸往。

六二：执之，用黄牛之革。莫之胜说。

九三：系遁，有疾，厉。畜臣妾，吉。

九四：好遁，君子，吉。小人，否。

九五：嘉遁，贞，吉。

上九：肥遁，无不利。

一、语译

遁。亨通，小事，有利，坚守贞定。

初六：遁在尾上，有危险，不能有所往。

六二：抓住遁，要用黄牛之革所做的皮条；不容易被脱逃。

九三：牵住遁，有毛病，有危险。畜养臣仆和婢妾，有吉。

九四：遁得好，君子，有吉。小人，则行不通。

九五：遁得嘉美，坚守贞定，有吉。

上九：圆满的遁，没有不利的。

二、解义

1.本卦名"遁",是指遁走、脱逃的意思。本卦由外乾内艮两卦重叠而成,其象有以下各义。

(1)乾在上,为天;艮在下,为山。由天看山势,逐渐由高而下,由近而远,有遁去之象。

(2)乾在外,为健;艮在内,为止。止外在之健,有牵制使之勿遁之象。

(3)全卦四阳在上,二阴在下。阴气渐长,有逼退阳气使阳气逐渐减少之势。

2.卦辞:首重一个"亨"字,无论要想遁去,或想使其不能遁走,都要有沟通和了解。遁毕竟是退的意思,所以只能行于小事,不宜正大光明,不值得歌颂。遁虽有负面之意,但必须有利,必须把握正道,否则便是逃走,而不是遁的真义。

3.初六:本爻位不当,与九四相应。本爻在遁之初,有尾留着,是有危险的,所以本爻虽有遁的念头,却暂时不可以有遁的行动,因为有遁之尾是逃不掉的。

4.六二:本爻位当,与九五相应。本爻位当,又相应,一切都不错,没有遁的理由,所以要"执之",即不要随便遁。"黄牛之革","黄"是地之色,"牛"是阴柔的德性。用黄牛之革束缚住,使他"莫之能说","说"是古"脱"字,即不使他遁脱。这黄牛之革来自本爻的位当,又在中正之位,明责任所在,不能遁去。

5.九三:本爻位当,与上九不应。"系"是系住的意思。本爻在艮止之上，本有止住的作用，再加上下面有二阴拖住了它，而有行不得之象。但上有三阳的乾健，乾是光明，乾是天行健，所以另一面又必须向上发展。"畜臣妾"的"臣妾"，仍然是比喻下面的二阴，因为对君主来说，臣妾都是附属，都是阴的代表。就"遁"的占卜意义来说，本爻是不易"遁"的，因为它被某些东西所系缚住了。如果下面的二阴是指"臣妾"的话，他就是被人情所缚，被爱情所束，所以"有疾"，即有麻烦。但如能"畜臣妾"，即清楚如何应付她们，则转厉为吉。

6. 九四：本爻位不当，与初六相应。"好遁"是"遁"得好，是善于"遁"，也指"遁"得合理、合时、合情。只有君子能有这种"遁"，当然是吉的。因为九四处于九三和九五两阳之间，不容易相处，所以必须能善"遁"。小人在这种情形便不知所措，一味逃避，自然有"否"，"否"就是逃避不了。

7. 九五：本爻位当，与六二相应。"嘉"是嘉美之意，是指"遁"得嘉美。九五是人君之位，他的"遁"，是有正面的意义，因为他是在遁卦的主导地位。他要把握"贞"道，因本爻为阳，就是诚之德，"诚者，天之道"。老子说："功遂身退天之道。"（九章）又说："悠兮其贵言，功成事遂，百姓皆谓我自然。"（十七章）这是天之道，是自然，本爻之遁，在君主之位，能有如此的境界，故不仅遁得好，而且还有遁之美。

8. 上九：本爻位不当，与九三不相应。"肥遁"之"肥"字，是肥胖。《大学》说："富润屋，德润身，心广体胖，故君子必诚其意。"所以这里的"胖"不是身体的"胖"，而是"心广"，是意的诚。因此"肥"可解作圆满的意思，即指最圆满的"遁"，本爻在天上，所以是指天的"遁"。"天"能遁吗？"天"能遁到哪里去？庄子说："夫藏舟于壑，藏山于泽，谓之固矣！然而夜半有力者负之而走，昧者不知也。藏大小有宜，犹有所遁。若夫藏天下于天下，而不得所遁，是恒物之大情也。"（《庄子·大宗师》）这是说我们在天下，根本无所遁。也就是说在这一爻上，最圆满的遁就是放之于天下，一任自然。

三、处变学

（一）自修

1. 初六："遁尾"有三义：一是"遁"仍然有尾被人抓住；二是"遁"时故意留下尾巴，表示自己有"遁"名；三是只讲身体的"遁"。这三者都不是真正的遁。就自修来说，本爻是阴爻，以德来说是"谦"。在"谦"卦中，山在地下，就是掩盖了自己的高明。这是老子的"和其光，同其尘"（五十六章），"不敢为天下先"（六十七章），这种谦让之德才是真正从心而发的遁。

2. 六二：本爻在内卦艮止之中，此处"止"有二义：一是"知止"，即不向外追求，也就是"遁"的意思；另一是对这个"遁"也有所止，就是止其遁。在自修德性来说，无论是"知止"还是"止遁"，都是强调在这一爻上，有它的节制的任务，不能遁。本爻和九五相应，它是指有贤德的人，他们对国家人民有责任，所以他们不能随便遁走。正如《论语》写孔子的"知其不可而为之"（《论语·宪问》），不能像许多隐士一样遁迹山林。

（二）应变

1.九三：本爻处于艮止之上，面临外卦乾阳之健。他的应变，是一方面止一方面往。一般来说"止"和"往"是两个相反的作用，如何能合在一起或同时进行？这就在于本爻要有转化的功夫。在这一爻上，一位高明的领导者，可以有以下两方面的应变：

（1）转化小人。在一个国家或公司中，不可能都是君子或都是人才，而且小人的比例比君子多，凡才的人数比人才众。但高明的领导者，不仅能培养人才，而且能懂得如何转化小人。这并不是说能把小人都转变为君子，因为在《易经》中许多小人都只是普通的人，也就如孔子所谓的"喻于利"而已。如果我们能使小人安于他们的位子，做他们该做的事，即使不是君子，不是人才，也能有他们的作用。爻辞上所谓"畜臣妾"，本爻不同于九五之君，在本爻上的"臣"并非朝廷的臣子，而是管家或仆人而已，"妾"当然是指女人，"臣妾"就是一般的凡人或普遍人。这个"畜"字就是善用他们，转化他们，使他们非但不是向下拉的拖累，而且成为辅助向上的力量。

（2）转变弱点。下面两阴爻，性质软弱，可以譬为我们的弱点。对于人的弱点，一位高明的领导者不应完全否定并加以挞伐。相反的，他知道每个人都有他们的优点和弱点。而且优点和弱点也没有一定不变的标准，所谓"尺有所短，寸有所长"。某一人的优点，往往是另一人的弱点，反之亦然；即使同一人而言，有时他的优点会变成弱点，反之亦然。因此即使领导者面对的是弱点，只要善加运用，也能转为优点。就爻象来说初六与六二是阴柔，比起上面四阳的光明来说，是虚弱幽暗的，然而运用它们的阴柔，却可以调和以上的四阳，使它们不至于阳刚太盛。这何尝不是转弱点为优点呢？

2. 九四：本爻到了外卦之始。就本卦以"遁"为主题来说，前三爻讲"遁"，却有尾被执，被革所缚，为阴所系，都表示不能遁，可是外卦三爻，讲好、讲嘉、讲肥，都是正面地赞美"遁"。但是这三爻的"遁"，都没有说出如何去遁，才好、才嘉、才肥。因此在应变上，我们似乎无法从爻辞上得到方法，而必须另找答案。

九四如果是大臣的话，他的阳刚和九五之君的阳刚，不易相和，因此九四必须能"和其光"，使他的光芒不致太露，有功高震主之患。幸亏本爻和初六之阴相应，得阴柔的调和，不致太过强阳，所以在这一爻上的"好遁"是指善于遁，也就是善于处理。本爻是阳爻，主德是诚，表现在外面的是以诚去明志，去召信于九五。另一方面得自初六阴爻的主德是谦，也就是内心能谦，以谦德去行事。本爻下面的内卦是止，也就是在"知止"，能止之后的遁，这个遁并不是遁逃与脱身，而是处事的一种方法。所以说"好遁"。

3. 上九：本爻在占卜上来说，位既不当，又不相应，所以是负面的。但这个负面是对"遁"来说的，也就是无法遁。这与内卦三爻的不能遁不同，内卦三爻由于艮止而不能遁，也就是说外在的条件使它们不能遁。可是本爻是在天位，没有任何阻拦，自由自在，因此它不是想遁而不能遁，而是不能遁，也不必遁。这有两种情形可以从"肥遁"的"肥"字上看出：

（1）肥在内：在解义上我们曾举"心广体胖"来释"肥"字，是指心的广。朱熹也注说："此肥者，宽裕自得之意"（《周易正义》），也即是内心的宽大，无入而不自得。因此，不会想到需要去遁。

（2）肥在外：在解义上我们也举庄子的"藏天下于天下"，无所可遁，也是指天地宽大任我翱翔，哪里还有藏身的需要？哪里还有遁迹的必要？

因此，在本爻上的应变，就是一任自然，不遁而遁。

（三）自处

九五是处变者自处之位。本爻爻辞上只强调一个"贞"字，而在卦辞上，也强调一个"亨"和一个"贞"字。所以"亨"和"贞"乃是这位领导者处理"遁"卦的两个枢要。

1. 亨："亨"是沟通和了解，就本卦之所以为"遁"的爻象来说，一般都指下面二阴逐渐发展，直逼上面四阳爻，使得四阳爻逐渐退离，而有远离之象。于是有"小人道长，君子道消"之说。这位领导者处此情境，如何应付？他首重一个"亨"字。这位领导者可以利用本爻与六二之正应，以及九四与初六之正应，君臣合作取得与下面二阴爻的和谐，以转化二阴爻的渐长，以消弭而融和阴爻之气，所以说九四遁得好，九五遁得嘉。即，如何转负面的遁逃与遁走的形象，就在这个"亨"的通气功能。

2. 贞：在卦辞上的"贞"，也正是九五爻辞的"贞"。这个"贞"，指贞定之性，也即诚明之德。本爻之诚，一方面和九三与九四相共，而以乾阳之诚，向上发展，不容间息。另一方面也以其诚，感化二阴，以化除二阴之力量，使他们在各自的位置上做他们应做之事。

本卦以"遁"为名，就处变学来说，就是如何处理"遁"。虽然孔子说"邦无道则可卷而怀之"（《论语·卫灵公》），老子讲"功遂身退"（九章），庄子讲"至人无己，圣人无名，神人无功"（《庄子·逍遥游》），但真正的意思不是鼓励去遁、去逃避，而是劝我们在完成事功之后，不要执着于这些事功，不要为名所累，为利所缚而已。

䷡ 大壮　三十四

扫一扫，
进入课程

大壮。利，贞。

初九：壮于趾，征，凶。有孚。

九二：贞，吉。

九三：小人用壮，君子用罔。贞，厉。羝羊触藩，羸其角。

九四：贞，吉。悔亡。藩决不羸，壮于大舆之輹。

六五：丧羊于易，无悔。

上六：羝羊触藩，不能退，不能遂。无攸利，艰，则吉。

一、语译

大壮。是有利的，须坚守贞定。

初九：壮强于脚趾上，出而征伐，有凶。必须有诚信。

九二：坚守贞定，有吉。

九三：小人会利用他们的壮强的一面，君子则运用他们的"无"的一面。坚守贞定，有危险。就像公羊用角抵触樊篱，折损了它的角。

九四：坚守贞定，有吉。后悔消失了。樊篱被触破而不伤它的角，就像壮强于车的轮辐。

六五：在和易中，羊不见了，不必后悔。

上六：公羊抵触樊篱，不能退，也不能进，一无所利，但知艰难，则有吉。

二、解义

1. 本卦名"大壮"，是指大者强壮，也即太过强壮。本卦由内乾外震两卦重叠而成，其象有以下各义：

（1）震在上，为雷；乾在下，为天。雷发于天上，声势强大，故有大壮之象。

（2）震在外，为动；乾在内，为健。内健而外动，故有刚强的大壮之象。

（3）下面四爻为阳，上面二爻为阴，阳势强大，有逼退二阴之象，故有阳大之大壮之象。

2. 卦辞："利，贞"二字分开而言，"利"是指本卦四阳团结，合而向上，是有利的。"贞"是指必须坚守贞定，即把握正道。"贞"也指诚之德，即以诚德感化二阴。

3. 初九：本爻位当，与九四不应。初九在足为趾，如果足趾过大，就不易行走，故劝以留在位置上，不可贸然出征。但当位，且为阳爻，故重诚信之德。

4. 九二：本爻位不当，与六五相应。由于相应，基本上是可往的。但在前往时，必须把握贞固的正道，因为是阳爻，故重诚德，连同初九的诚信一齐以诚信感人。

5. 九三：本爻位当，与上六相应，照理说位和应都恰当，为

"君子道长"之象。爻辞说"小人用壮",乃是警戒之语,明九三在内卦之极,有阳过盛之病。"君子用罔"之"罔",通"惘",即惘然无知,此处对"小人用壮"而言,即君子不用壮。"贞"即坚守贞定,以对付外面危殆的环境。"羝羊"指公羊,习性好斗,以喻小人的用壮,反而伤及自己。

6. 九四:本爻位不当,与初九不应。显然有阳刚过盛之病,故说有悔。但如能坚守贞定,以诚明志,也可免于悔事。因九四牵领下面三阳,其势不可挡,所以能突破樊篱,而不伤其角。这是因为它不用自己的角去触刺,而是接合三阳共同的力量,如大车。大车的强壮,是强在它的"三十辐共一毂"(《老子》十一章),即是指三阳共聚的力量。

7. 六五:本爻位不当,与九二相应。大壮到了六五,转为阴爻,因为无阳,而说"丧羊"。羊和阳同音而相喻。以六五之阴质对抗四阳共进,本有悔事,但如果用柔软的方法转化之,就是用和易的手段处理,所以才能免于有悔。

8. 上六:本爻位当,与九三相应,所以爻辞最后说"吉"。但本爻在大壮的最高处,以阴柔处此地位,实属不易,所以说"艰"。本爻辞前面三句是条件句,也为警戒语。如果至此地位,还是像公羊触藩,角陷了进去,不能进退,当然是一无所利。

三、处变学

(一)自修

1. 初九:庄子说"真人之息以踵"(《庄子·大宗师》),又说

"机发于踵"（《庄子·应帝王》），"息"和"机"都是指气，也就是阳气，由踵而向上提升。现在初九在乾阳之始，本该向上渐进，可是却向足趾中走，而壮在足趾上，使足趾偏大，如何能行？本爻在自修上，重一个"孚"字。"孚"就是诚信，宋明儒家在静坐时，当气上升时，即以诚敬存之。诚是"闲邪"，使邪气不入，气不乱走，所以这一爻的自修，就是用以诚来使气走入正路，而且循序渐进，不至于在初动时，便过壮而无法控制。

2. 九二：本爻在内乾的中间位置，所以它的"贞"就是坚守中正的贞定之道。这里的贞以九二爻的阳之德来说是诚，也就是以诚连合了内卦其他二阳爻的乾阳而共同升进。但本卦之大壮是阳刚太强，所以九二和六五的阴阳相和，也表明了它的诚是取中正之和的作用。这也就是本爻《象传》说的"九二贞吉，以中也。"这个"中"在复卦六四爻上已分析过，有三种意义，即中正、中和、中庸，这三种意义在本爻的自修上都很重要。

（1）中正：这里的"中正"是着重这个"正"字，即以正道而行。本爻在地上与六五相应，所以可行，但须顺乎正道。

（2）中和：这里的中是以和为主。因本爻与六五阴阳相应，所以着重"和"字，而且也表示了他们相应是可以行的。

（3）中庸："中庸"本是指不偏不倚，无过与不及，但这里的"庸"还是指日常生活的言行。由于本爻已在地上，所以讲庸言庸行的平实可行之道，才可避免以后的太过壮强。

（二）应变

1. 九三：本爻由内卦转向外卦，正是处变之时。九三在乾刚之上，而又面临震动之变，因此有两种情形，一是用自己之强，企图驾驭外卦震之动，可是震动的变化莫测，其上二阴爻代表暗不可知，所以有可能遇到危险，这就是本爻爻辞说的"厉"，说的"小人用壮"，说的"羝羊触藩"结果"羸其角"。另一种情形是"君子知几"，了解这一震动有其危险性，所以君子用"罔"，"罔"即上二阴爻的前途不明，但君子能用"罔"，即利用前途之"罔"来应变。这个"罔"本是负面的字，在《论语》中有三处说"罔"字："学而不思则罔"（《论语·为政》），"罔之生也幸而免"（《论语·雍也》），"君子可逝也，不可陷也；可欺也，不可罔也"（《论语·雍也》）。这三个"罔"都可通于"惘"，解作迷惘无知。这与本卦二阴爻的盖顶，看不出未来的发展正好相似。但本爻说"君子用罔"，这个"用"字是在知之后的运用，是功夫语。"罔"是迷惘、糊涂，能用"罔"的，如郑板桥的"难得糊涂"，"聪明难，糊涂难，由聪明而转入糊涂更难。放一着，退一步，当下心安，非图后来福报也。"也许我们认为这只是郑板桥一时的感慨之言而已，说不上君子的修养，可孔子也严肃地就"用罔"说了另一段话："宁武子，邦有道则知，邦无道则愚。其知可及也，其愚不可及也。"（《论语·公冶长》）这是用愚，即"用罔"。而再以用"无知"来探讨"用罔"时，这在哲学上可能是进入更高的层次了。孔子便说过："吾有知乎哉？无知也。有鄙夫问于我，空空如也，我叩其两端而竭焉。"（《论语·子罕》）老子则说："知，不知上。不知，知，病。"（七十一章）庄子也说："知，止其所不知，至矣！"（《庄子·齐物论》）禅宗的赵州禅师更说："老僧不在明白里。"（《碧岩录》第二则）在中国哲学里，类似这样的话太多了，他们不是真的无知，而是能用"无知"，即"用罔"的真精神。所以本爻的应变，就在"用罔"两字。

2. 九四：本爻在众阳之上，领导了众阳，本卦大壮是指众阳之过于大而壮，那么本爻就是大壮的主导。他合众阳之壮大势力，冲击着六五阴柔的君主，无论是他赢他输，都是有悔事产生的。而避悔之道，就在于"贞，吉"的一个"贞"字。"贞"是正道，也是诚德。就正道来说，他接合了内卦之乾阳，当然是乾天之正。所以用他的才力来辅助君王，完全出于正道，不容有一丝邪念。正由于没有邪念，所以"闲邪存其诚"。他表达的是至诚之心，来召信于六五，并和六五沟通，而和谐以处，转化四阳大壮之力，而助六五来治理国政。就应变来说，在这一爻上，领导者本身也受下面三阳的冲击，也就是说他带领着的是一批人才，凡是人才都有他们的野心，因此他必须用智慧去整合他们。如大畜卦六四之下的三阳爻，这三个阳爻像三匹野马，必须训练它们为共同拉车的良马。本爻的重大责任就是整合的工作。本爻说"壮于大舆之輹"的"輹"是车轮之辐，是支撑车轮转动的，即是指内卦的三阳，使他们能合力齐心，有转动之功效，而无排斥之阻力。在整合之后，车轮转动了，便要注意转动的方向，避免歧途，必须走上正路。这个正路，就是本爻和六五之君的相合，本爻把他所整合的力量不应当作自己所私有的，而应转交给六五，为六五所用。这样的话就会"藩决不羸"。"藩决"是藩篱的自动开放，而不是用角去触破的，因此不用角，而角也就不会折损了。此处"藩决"也比喻六五之君的心防，因九四的诚德，而开诚布公，因互相了解而信任。

3. 上六：上六处本卦之极，就卦名大壮来说，已发展得太过，当然不妙。尤其以上六阴柔之质，如果还不知自省，当然如"羝羊触藩"，进退两难。事实上，如发展到至高处，已无处可退，也无路可进，所以说个"艰"字。在爻辞上说了"艰"字后，却补了个"吉"字。可见"艰"是处境，并不是判断语，不是把它判死了，而是有活路的。在《易经》爻辞上，这个"艰"字出现了多次，一般来说都当作"知艰"来讲。事实上，只是知艰还不够，所以在这里我们把这个"艰"分成三点来说明。

（1）知艰：这是知环境的艰困，因自己质弱，且处于大壮之极。

（2）处艰：知艰之后，还要能在艰困中自处，不被艰困所左右，所击败。如孔子困于陈蔡，子路问："君子亦有穷乎？"孔子便说："君子固穷，小人穷斯滥矣！"（《论语·卫灵公》）这里的"固穷"，就是"处艰"。就本爻来说，应对它的处艰有四个做法：一是以柔和态度自处；二是以谦虚自守；三是和九三相应，接受内援；四是不要乱动，不自以为是。

（3）用艰：以上的"知艰""处艰"还只是消极的做法，我们的人生常遇到很多艰困的环境，我们不能一味消极自守，还必须利用艰困作垫脚石，把它转化出来，成为积极有为的动力。这就正好和九三的"君子用罔"相呼应。最好的例子，就是孟子告诉我们在极困苦的环境下，要有"天将降大任于斯人焉"的信念，用艰困的环境来自励，激发出努力奋斗的动能。

（三）自处

六五是处变者自处之位。这位领导者的自处，除了本爻的爻辞，也兼采一卦总纲的卦辞及和本爻相应的九二爻辞，很巧的，卦辞和九二爻辞都出现了唯一而又相同的"贞"字，所以他的自处，可以从两方面来论：

1. 贞：卦辞上的"贞"是相对于大壮来说的。大壮卦的主爻是九四，大壮的本质是四阳爻，所以这个"贞"是指四阳的贞固之性，当然也包括了九二之"贞"。这个"贞"是正道，也是诚德。但六五是阴柔，是谦德，和四阳的正道和诚德又有什么关系呢？探讨这个问题，使我们发现了一个很微妙又很简单的道理，就是六五对付下面冲击来的四阳，单以阴柔和谦让是不够的，因为大壮之势太强，不能全用阴柔、谦让来对付。所以六五要吸取和它对应九二的"贞"，即以正道和诚德来充实内在。这样外柔弱而内刚强，即一般所谓外柔内刚、外圆内方的性格，这也是一种方法，才能使四阳心悦诚服。所以本爻需同时兼有谦和诚两德。

2. 丧羊于易：这里说"丧羊"，是使羊消失，而不是打倒羊、杀掉羊。使羊丧失，乃是使羊丧失了用角冲击的力量和动作。"于易"就是指不用外力对抗，而以非常平和和轻易的方法，使冲击的力量化于无形，如太极拳一样用人之力，使人自倒。这使我们想起苏东坡描写赤壁之战中，那位"雄姿英发，羽扇纶巾"的周瑜，"谈笑间，樯橹灰飞烟灭"。"樯橹灰飞烟灭"是"丧羊"，"谈笑间"是"于易"。有这样的功夫，这位领导者才能转化四阳的力量为己所用，才能有"天行健，君子以自强不息"的精神，这才是真正的大壮。

晋。康侯用锡马蕃庶，昼日三接。

初六：晋如，摧如。贞，吉。罔，孚，裕。无咎。

六二：晋如，愁如。贞，吉。受兹介福于其王母。

六三：众允，悔亡。

九四：晋如鼫鼠，贞，厉。

六五：悔亡，失得勿恤，往，吉。无不利。

上九：晋其角，维用伐邑，厉，吉，无咎。贞，吝。

一、语译

晋。康侯以此获赐很多的马匹，一天之内三次得到君王的晋见。

初六：是晋升啊！是摧退啊！坚守贞固，则得吉。迷惘，诚信，宽裕，没有过患。

六二：是晋升啊！是忧愁啊！坚守贞固，则有吉。蒙受这种赐福来自王母。

六三：得到众人的信允，悔事便会消失。

九四：是晋升啊，有如鼯鼠！坚守贞固，有危险。

六五：悔事消失了。所有的得失不要计较，继续前往，则有吉。

上九：晋升入了牛角，只用于讨伐自己的城邑，有危险。有吉，没有过患，坚守贞固，会有羞吝之事。

二、解义

1. 本卦名"晋"，"晋"的字义是日出而上升，因此取意为晋升、晋见等意思。本卦由内坤外离两卦重叠而成，其象有以下各义：

（1）离在上，为日；坤在下，为地。象征日从地上出来，有晋升之象。

（2）离在外，为光明；坤在内，为安顺。安于内，而顺于外面的光明，也为上进的意思。

2. 卦辞："康侯"有两义：一是指康叔，为武王之弟，封于康地，故称康侯；一是泛指某一公侯，此处只是泛指一公侯，与实际历史上的人物并无关连。康侯之受赐马匹及一天三次接见，只是描写他的被重视，获得晋升。

3. 初六：本爻位不当，与九四相应。因相应，故可往，而受晋升。因位不当，又有撤退不前之象。如能坚守贞固的阴柔之性，则有吉。因有二阴挡路，晋升之路有迷惘不明之象。但与九四相应，故以诚信待之，把自己置于宽裕之地，可进可守，就不会有过患。

4.六二：本爻位当，与六五不相应。因位当，可晋升，但不应，故有忧虑。"贞"是坚守贞固，此处因为阴爻，故可释为谦德，"介"是小的意思，如老子"介然有知"（五十三章）。但也为个别，如"一介武夫"。本爻与六五不相应，所以受六五晋升之赐福，为小福，为个别特殊的福。"王母"本为王之母，但这里指六五为阴爻，故以"母"相称。

5.六三：本爻位不当，与上九相应，因相应，故可上升。但位不当，又在内卦众阴之上，阴气太盛。一人独往则不宜，需有其他二阴的共允相助。

6.九四：本爻位不当，与初六相应。本爻下有三阴需处理，上有六五阴爻之君需对待。他自己是阳刚，不能凭自己的阳刚来处理，爻辞"鼫鼠"就是描写他有才不能展的意思。据蔡邕《劝学》记说："鼫鼠五能，不成一伎。五伎者，能飞不能过屋，能缘不能穷木，能游不能泅谷，能走不能先人，能藏不能覆身是也。"其实不是九四没有才能，而困于环境，无法施展，也不宜施展。尽管如此，本爻还必须坚守贞定之性，以诚德对待上下。"厉"是指环境的不好，因陷于众阴之中，一有不当，便有危险。

7.六五：本爻位不当，与六二不应。位不当，又不应，本来有悔，何以悔亡？爻辞未言明，但据"失得勿恤"来看，因为阴爻，以谦德自守，不求成，不贪功，安分自守，故无成也就无悔了。"往"者，即以此心情而往，则有吉，自无不利了。

8.上九：本爻位不当，与六三相应。本爻到了本卦的顶峰，本爻在身体部位是头，离卦之一象是牝牛，故以角为喻。角有两义：一是指牛角之内，进入了牛角，是进入狭小的地方，出不来，正如今天我们说的"钻牛角尖"，因不能出来，于是爆发争端，而成内乱，故说"维用伐邑"；另一牛角可作号角，这一爻已在天位，所以发为号令，以"维用伐邑"平定争乱。非常奇怪的，在"维用伐邑"之后却连接说了"厉""吉""无咎""贞""吝"等五个似乎不相关而有相反意义的词。因为有伐邑之战，故有"厉"；能平定内乱，是"吉"；"邑"是自邑，也象征自心；能使自心安定，会"无咎"；战争不是杀伐，而是争正道，故"贞"。在用了征伐之后，应有羞之吝心，即老子所谓的"杀人之众，以悲哀泣之，战胜者，以丧礼处之"（三十章）。

三、处变学

（一）自修

1. 初六：本爻在自修上有三个字："贞""孚"和"裕"。"贞"在阴爻为谦德，"孚"为诚。在阴爻上为何强调"孚"之诚？因为谦过于让，而本卦为晋升，因此也需要诚来使它提升，这两德在前面我们都讨论过，在本爻上最特殊的是"裕"字，因为"晋"之升是向高处发展，当一件事物发展得越高，它的基础也越宽广。而且有升必有退，所以爻辞一开始就把升与退的关系提了出来。"裕"不仅使我们晋时能升得高，而且保证退时也有宽裕之地，使我们退得很安全。在自修上，这个"裕"字就是我们心的宽裕自如，不因晋喜，也不以退悲。

2. 六二：本爻的"愁"，是因六二为阴爻，故有这种感受，但

"愁"并非多愁善感,而是有正面的意义。因为晋升是大家所高兴的事,但高兴得太快,高兴得太过,便会得意忘形,所以这个"愁"是对"晋"的一种调节。这个"愁"与前一爻的"摧"不同,"摧"是受阻而退,回到原处去重置基础,而"愁"是伴随着"晋"的一种忧虑,非但不会阻止"晋",还会使"晋"升得更安全。因为这个"愁"是忧虑,有"忧"就有"虑";有"虑"就有"思虑",就能考虑周全。接着说"贞,吉",与前一爻的"贞,吉"相同。这个"贞"对阴爻来说,就是贞固和谦德,就初六的谦来说,是退的,因处在地之下,而本爻在地上,它的"谦"是进的。所以在本爻上的自修上有两个重点:一是转忧愁为忧患。忧愁是个人的,是小事,忧患是为人的,是大原则。诚如孟子所说:"君子有终身之忧,无一朝之患也。"(《孟子·离娄下》)"一朝之患",指每天个人的麻烦,而"终身之忧"乃忧虑广大人民的幸福安宁。第二是转退让的谦为进取的谦。谦《象辞》说:"地道卑而上行",又说"谦,尊而光"。本卦的外卦是离,是光明,所以本爻之谦能上行,进入离之光明。虽然六二与六五不相应,但仍然能共处光明,所以得六五的赐福,这个"福"是六二之谦上行到离的光明之中。

(二)应变

1. 六三:本爻爻辞只有两个字"众允",在应变上来说,本爻在内卦众阴之上,面临外卦离火之强烈,所以是置身于由暗至明、由弱至强的一个转变。显然这个转变是突发的、是强烈的,本爻以一阴质之身,不易应付这种转变,因此说一个"众允"的"众"

字。"众"指下面的两阴爻是同类，也指外卦的九四一阳是异类。本爻的应变，就是如何应付这两方面的势力。这个"允"字，第一个意义是允许，第二个意义是信任。就"允许"来说，下面两爻是同事，本爻的晋升，需得到同事的共同认可。否则同事们都持异议，你一人的晋升不能服众，下层的基础便不固。另外，六三的晋升要通过九四，如果没有得到九四的允许，六三要跳过九四得到晋升，当然是不可能的或危险的。再就"信任"来说，本爻需以谦德，消除它在内卦众阴之上的虚骄，一面得到下二阴的信任，同心协力，一面也得到九四的信任，能开诚布公，来接纳六三的升进。

2. 九四：在应变上，这一爻上注重一个"贞"字，本爻为阳，所以是诚德，也就是本爻以诚来感召下面三阴，使阴暗的力量由他的转化而成为光明的力量。另一面以诚来召信六五，使六五不至于怀疑与猜忌，能用九四转化内卦三阴的力量，而化为光明，这即是坤《象辞》所说的"含弘光大"。然而九四要如何运用他的诚？爻辞中的"鼫鼠"两字，并不只是一个比喻而已，却是自有深意。九四除了上九之外，在众阴之中是唯一的阳爻，而且作为大臣，是一个具有才能的干练之士，当然他具有"五能"，可是为什么"不成一伎"？对于"鼫鼠"是如此，但本爻爻辞的"晋如鼫鼠"的"如"字，说出了他只是"如是"，而不是"真是"，这个"如"就是他应变的方法。对于本爻，前贤注《易》，都作负面的看法，把这一爻说得畏首畏尾，全无伎俩。可是在应变上，我们却需把弱点转成优点，把负面转成正面。在本爻上，这位大臣面临的是一位较软弱的君主。九四不能太显耀自己的才能，老子一再地强调："和其光"（四章），"明道若昧"（四十一章），"大成若缺"（四十五章），都是要掩盖自己的光芒。庄子更借托颜回想去劝暴君的故事而说："未达人心，而强以仁义绳墨之言术暴人之前者，是以人恶有其美也。"（《庄子·人间世》）这也即是说不要以自己的优点，显示别人的缺点，也不要以别人的缺点，来显示自己的优点。同样，在这一爻上，九四是唯一干才，他如鼫鼠有五能，但他的"不成一伎"，并非真的不成，而是成了，不以为成。他把成就归功给君主，如坤卦六三的"或从王事，无成有终"。在表面上，好像他无所成就，但其实是他对六五的真诚的表现。

3. 上九：本爻到了"晋"卦的最高处，升入了角，前贤一般的解释，是进入了牛角，不能再进。于是用之以"伐邑"，"邑"指私邑，即用兵于内乱，结果好坏参半，有负面的"厉""吝"，有正面的"吉""无咎"。但在应变上，我们认为"角"可释为号角，即号令天下，平定纷争，这又是王者之用兵。总之，牛角是小，号角是大，这小大的对比，却给我们应变的契机。举例来说吧，我们做学问，一直往上提升，有的人学问越做越高，也越做越细，甚至钻入了牛角，烦琐而不及义。有的人当学问越做越高后，视界扩大，融会贯通，由知识转化为智慧。同样是高，可是一小一大，就在于应变，看能否由小变大，由牛角尖走出来而号令天下。

（三）自处

六五是处变者自处之位。本爻的自处，除本爻爻辞外，加上卦辞和六二爻辞，可分三点：

1. 不计得失。本爻在二阳之中，以阴柔之质自处，显然陷于困境之中，这好像领导者本身才能平庸，却要拔用能干的九四，不能不有所疑虑。但本爻爻辞的告诫，却是以原则为重，不以个人的得失为考虑，应继续照原则而"往"，则"吉"。

2. 拔用人才。卦辞只说"康侯"受赐，以及受君主召见的事实，并没有任何指导。但从这一事实，我们可以看出"康侯"是很好的公侯，"康"是指安康、善良之意。康侯之被君王召见，以"晋"卦来说，就是提拔人才的意思，对六五的领导者来说，就是认识人才而能积极地加以提拔。

3. 忧患意识。六二爻辞的这个"愁"字，在解义和自修上，我们已把它由个人的愁，转化为"忧患意识"。六五和六二相对，所以这位领导者，要有六二的德性，能时时以苍生为念，为了解决问题而求才若渴。

䷣ 明夷　三十六

扫一扫，
进入课程

明夷。利艰贞。

初九：明夷于飞，垂其翼，君子于行，三日不食。有攸往，主人有言。

六二：明夷，夷于左股，用拯马壮，吉。

九三：明夷于南狩，得其大首，不可疾，贞。

六四：入于左腹，获明夷之心，于出门庭。

六五：箕子之明夷，利，贞。

上六：不明晦，初登于天，后入于地。

一、语译

明夷。利于处艰困，而坚守正道。

初九：光明受伤，而速飞，垂翼而飞，君子远行，三天无食物可吃，有所往，主人有不满之言。

六二：光明受伤，伤在左腿股，需要靠健马来助行，有吉。

九三：光明受伤，在向南狩猎之时，擒获了大首领，不可操之过急，仍须坚贞自守。

六四：进入了左腹，获得明夷之主之心，准备能够走出门庭。

六五：贤人箕子的光明受伤，利于坚守贞固之道。

上六：不明而晦，开始时登上了天，后来又进入了地中。

二、解义

1. 本卦名"明夷"，"明"是指光明，"夷"指伤害和黑暗，所以有光明受伤和光明入于黑暗二义。本卦由内离外坤两卦重叠而成，其象有以下各义：

（1）坤在上，为地；离在下，为火。地为暗，火为光明，光明在地下，为黑暗所盖，故光明入于黑暗。

（2）坤在上，处君位；离在下，处臣位。君暗而臣明，故臣离君而远逸。

2. 卦辞：明夷是指光明为黑暗所遮，是指一个黑暗的时期。多半是指君王昏庸而臣子贤明，这时候对臣子来说是处于艰困之境，只有坚守贞固之正道。

3. 初九：本爻位当，与六四相应。因位当，指初九为贤臣。因相应，故可往。在明夷的时期，贤臣远遁。在初爻，本为足、为走，但要速遁，故说"飞"。因为初飞，翼未大展，所以"垂其翼"。因时间紧凑，未及准备周全，所以在路上三天没有进食，但仍然坚持离开。"主人"或指君主，"有言"，即有责备之言。

4. 六二：本爻位当，与六五不应。当位，故为贤臣，不应，即不易行，因为左股受伤。这时候，需借于外力的帮助，以马代步。本爻的"马"是指初九阳爻为马。以初九之阳刚来辅六二之阴柔。

5. 九三：本爻位当，与上六相应。位当，为贤臣，相应，故可往。在明夷的时期，本爻可往南行。南方是因为离卦为南，坤卦为西南。"南狩"之"狩"是打猎，乃是比喻。"得其大首"，虽然"首"是指首领，但也是借喻大有斩获，而"首"也可指上六为本卦之首。九三虽可与上六相应，但在本卦，上六是指昏君。故"得其大首"，也喻为革命，除掉昏君。"不可疾"，此革命之业，不可操之过急，需有周全的准备。"贞"，即以正道而行。

6. 六四：本爻位当，与初九相应。位当，为贤臣，相应，有内助。"入于左腹"，此处没有言明夷，所以不是指左腹受伤，而是指本爻为大臣，为君之心腹。"左腹"，即指心腹，所以接着说"获明夷之心"，即指获明夷之主的心。"于出门庭"，指留有后路，必要时可由后院之门庭遁走。

7. 六五：本爻位不当，与六二不相应。本为君位，可是却以贤臣箕子为喻。位不当，又不应，所以箕子了解自己的处境危险。商朝最后之君纣，暴虐无道。他的叔父比干为臣，却遭剖心，他的胞兄微子只有远遁。前朝重臣箕子却被囚为奴，幸亏箕子故意装疯，而免于一死。本爻指箕子的"贞"，乃是借疯而遁，他的意志不变。后来武王灭纣，请箕子助周，箕子仍然坚守他爱商朝之心，并没有事二主。为了报答武王之知遇，箕子写了一篇《洪范》给武王，自己带了亲信群众，远走今日的朝鲜。所以箕子的智慧和德性实超过一般君主，喻为圣明之领导者也无不过。

8. 上六：本爻位当，与九三相应。照理说，本爻在占卜的爻位关系上本不错。可是它在明夷的时期，处卦之最高处，又为坤三阴之顶，所以阴柔太过，黑暗至极，所以说"不明"，又说"晦"。"初登于天"是指升到最高处，无法常驻，接着，又进入地下，此正代表光明入于地下的明夷。

三、处变学

（一）自修

1. 初九：本爻的重点在一个"飞"字。在占卜上，"飞"表示远遁的快速，但在自修上，这个"飞"是表示精神德性的上扬。本爻与遁的初六不同，遁而有尾，所以遁得不彻底，而这里的"飞"，却是不留痕迹。庄子曾说："绝迹易，无行地难。为人使，易以伪。为天使，难以伪。闻以有翼飞者矣，未闻以无翼飞者也。闻以有知知者矣，未闻以无知知者也。"（《庄子·人间世》）"绝迹易"只是指身体之远离，"无行地"乃指精神的飞翔。"为人使"是指人为的努力，"为天使"乃纯然至诚。"有翼飞"是形体之飞，"无翼飞"乃精神之飞。"有知知"是知识之知，"无知知"乃智慧之知。用庄子的话来诠释本爻之飞，就自修来说，乃是修诚德、重精神、主智慧，这是在明夷的黑暗时期的三个原则，能不能离遁，乃是次要问题。

2. 六二：本爻的重点在一个"马"字。本爻在地上，以"马"为喻，乃是因为"马"之壮健，可以行地无疆。本爻虽位当，处中正之地，但阴柔质弱，所以他需要依靠有力的助手来帮助他。在明夷的黑暗时期，一个人的自修，需要朋友切磋，尤其是君子的互助。本爻之以初九为"马"，就是需要与初九的君子共行，至于"马"之德性，是忍耐、是负重、是积极、是健行。坤卦卦辞的"利牝马之贞"，即说明了"马"的贞固之道，这正是六二在自修上最需要培养的德行。

（二）应变

1.九三：本爻在离火之上，光明外现，可是面临外卦坤地之三阴盖住，使光明受阻。虽然明夷是一个黑暗时期，但不是一个绝望的时代，因为光明含蓄在内，终究要突破黑暗。本爻就是突破黑暗的主力。本爻之所以有这份力量，有两个原因：

（1）本爻位当，且是阳爻，有阳刚和精诚的力量，所谓精诚所至，金石为开，何况只是被黑暗的阴爻所包围而已。

（2）本爻与上六正应。爻辞是以狩猎为喻，指本爻的力量可以除去上六的昏君。但九三与上六是正应，可以从正面来看，由于两者阴阳的和谐，使九三能突破六四与六五两阴爻，把离火的光明带出黑暗，而到坤地之上。在应变上，爻辞的"不可疾"乃是重要的指导，也就是离火不能燃烧得太快或太烈，必须徐徐地发展。坤地的作用是一个"顺"字，九三走入坤地中，也需顺时而行。

2.六四：本爻已在外卦之初，为大臣之位。虽然本卦六五以箕子为喻，但照一般通例，六四大臣，所应付的君主仍然是六五。本爻的应变，一面要对付九三带领了离火的冲击，一面又要消除六五多疑之心。本爻为阴爻，是以谦德自处，对下与九三相和使光明上行，对上使六五信任能顺行无阻，所以说入腹而获心。爻辞最后补上一句"于出门庭"，显然这句话是应变的关键语。可惜前贤注《易》，对这话都一笔带过，未能阐释清楚，现就应变上，特予分析如下：

（1）是指获得心腹，能行之于外，得意于远去。（程颐、朱熹解）。

（2）预设后门，容易脱逃，如狡兔三窟。（近人注解）

（3）获得君主信任，被视为心腹。但在献上任何策略时，不要志得意满，要留有退路，这是指政策来说，所谓智者千虑必有一失。

（4）一位有智慧之士，进可以获君王的信任，但退也有退场的机制。这和第二条的脱逃不同，而是进退自如。

（5）在进时获君心，但同时须留有余地。这并不是指退路，而是指有距离的余地。

（6）"门庭"是由内向外开的，也就是由内走出来。单单获君心是不够的，还必须把光明弘扬出来，使六五再向上行。

（7）把以上的道理用在做学问上，每一学问都是复杂艰难的，必须花上十几年的工夫，才能有所收获，就像得其心腹一样，但进去之后，当能退得出来，否则被这一学术所限，又成为一曲之士，正如庄子所说"道隐于小成"。所以"于出门庭"，在做学问上，就是不执，就是超越。

（8）再就佛学来说，讲"取"和"舍"，获心腹是"取"，"出门庭"就是"舍"。

3. 上六：本爻爻辞"初登于天"，是指本爻在本卦最高处，即天位，光明四射，照耀天下。但本爻却是阴爻，又在坤地三阴之上，阴柔过甚，所以又接着说"入于地"，即光明入地，有所遮盖，这即是本卦明夷之义，所以占卜上，都以本爻为主爻。这种入地遮盖是一种应变的方法，宣扬这种方法最著名者，就是老子的思想，如"和其光，同其尘"（四章），"混兮其若浊"（十五章），"沌沌兮，俗人昭昭，我独昏昏"（二十章），"知其白，守其黑"（二十八章）等等，都是这种应变的哲学。在本爻上讲应变的关键字，乃是"不明晦"。按照"明夷"两字的语法，此处应是"明晦"，为何加一个"不"字？如果"不明"是暗的话，暗与晦同义，"不明晦"就是大黑暗的意思，只是描写语，而无应变的功夫。所以"不明"宜指不求明，不显示明，朱熹所谓"不明其德"，正是其意。"不明其德"是一种真明，是一种真德，"晦"只是应变的方法，一种功夫而已。"不明"不是蒙昧无知，而是有知却不显示知；有德却不"临人以德"（庄子语）。老子说："明道若昧"，"昧"就是晦，真正之明是若昧的，所以"不明晦"就是不显示明而居于晦。明是智慧，是德性，晦不是遮掩明，而是以晦来运用明，甚至使明不受挫伤，以发挥其应有的功能。

（三）自处

六五是处变者自处之位。六五虽然是君位，但以箕子为主角。箕子虽为商朝大臣，事实上，他后来也做了朝鲜王朝的君主。《尚书大传》说："武王胜殷……释箕子囚，箕子不忍周之释，走之朝鲜，武王闻之，因以朝鲜封之。"此事有朝鲜王朝光海君所编的《箕子志》。箕子为商朝之贤臣，是"明"，为了躲商纣之无道，而佯狂，是"夷"。武王灭纣后，他不愿叛商而事周，写了一篇《洪范》给武王作施政方针，这是他的"明"，他带领几千人远走到朝鲜，这是他的"夷"，所以本爻说"箕子之明夷"。"明夷"卦以他为领导者、为代表人物，是非常恰当的。本爻的自处之道，除了本爻的"利，贞"两字，卦辞也说"利艰贞"，同是一个"贞"字。"贞"是坚守贞固，即坚守正道，坚固其志。就本爻为阴爻来说，他不以强硬的手段，而是以谦德，以阴柔的方法来保身。本爻与六二相关，六二的"用拯马壮"就可看作他的应变方法。在解义上我们曾说过"马"是指初九之阳，也即是说箕子所处六五之阴，也有内部之阳支持，也就是他有光明含敛于内。"马"能远行，此后他的远走朝鲜，也是"马"的功劳。这说明了他的入夷，是走得彻底的，但他最后又为朝鲜开拓之君，也正说明了他的佯狂是暂时的，他的"晦"是表面的，他的智慧与德性使他呈显了不能掩盖的光明。

本卦明夷从内离外坤之象来看，是光明在地下，从离火自内卦进入外卦之坤来看，也是光明进入地中，但换一个角度来看，离火逐渐上升，逐渐地走出了地面。一般都把明夷看作贤人远离昏君或贤人受伤而远遁，这只是消极的看法。如果我们转过来，从积极方面来看，初九的"飞"是向天际，六二的"马壮"是奔向光明，九三的"南狩"是去打破昏暗，六四的"出门庭"是走向广大的空间，六五的"利贞"是以正道达到目的，上六的"不明晦"是以晦明志。总之，明夷的真义，是光明虽暂时被遮，但终不可掩，黑暗的尽头即是光明。

䷤ 家人　三十七

扫一扫，
进入课程

家人。利女贞。

初九：闲有家，悔亡。

六二：无攸遂，在中馈，贞，吉。

九三：家人嗃嗃，悔，厉，吉。妇子嘻嘻，终吝。

六四：富家，大，吉。

九五：王假有家，勿恤，吉。

上九：有孚，威如，终吉。

一、语译

家人。利于坚守女性的贞固之德。

初九：防闲才有家，悔事便消失。

六二：无事可成，只在家中备饮食。坚守贞固，则有吉。

九三：家中之人，有大声的严斥，有悔，有危，则有吉。妇人孩子，嘻笑不止，最终，有吝羞。

六四：使家富有，能大，则吉。

九五：君王施政在于齐家，不必忧虑，有吉。

上九：要有诚信，而且威严，最终，有吉。

二、解义

1.本卦名"家人"，是指家庭的成员，也即家庭的问题。本卦由内离外巽两卦重叠而成，其象有以下各义：

（1）巽在上，为风；离在下，为火。火起风生，风动火盛，两者相生相依，像家人的互相依存。

（2）巽在外，为顺；离在内，为明。家内如能明，在外做事必顺，此所谓家和万兴之象。

2.卦辞：在家庭来说，女主内。如果母亲和妻子能坚守她们的贞固之德，这一家庭必有利。

3.初九：本爻位当，与六四相应。一切都顺适，这说明家的重要性，一开始即重视防止邪妄之事的侵入，因位当，一切后悔之事，便不会产生。

4.六二：本爻位当，与九五相应。由这种爻位的关系，在家庭中，本爻代表在家庭中负重任的妇女，即妻子。由于在家中，所以对外面的事"无攸遂"，即未必能有成。"在中馈"的"中"即家中，"馈"即饮食，故指在家中准备饮食。六二之"贞"，指坚守妇女的贞固之德，也即做家中该做之事。

5.九三：本爻位当，与上九不应。因位当，本爻在离火之上，有声势。"嗃嗃"是严肃的意思，即指严父，他照顾全家，避免危险。"悔"是指能先知悔，有防范之心，所以有"吉"，这是由于位当。"妇子嘻嘻"，妇女孩子们如只图快乐，嘻嘻哈哈，而忘了家庭的责任，最后便会有羞吝之事发生。因不相应，而又为六四之阴柔所遮，故有羞吝之象。

6. 六四：本爻位当，与初九相应。本爻因位当，所以称职。六四为大臣之位，以家庭来说，是辅助家庭重职的妻子。"富家"是指富有其家。这个"富"不只是指财富，而是指家庭的发达。因六四之上为九五之君，所以本爻是一位使家庭发达的称职的妇女，俗语所谓有"帮夫运"的妇女。"大吉"的"大"，一般都作形容词用，指大的吉利。可是"元吉"一般也作大吉解。其实"元吉"和"大吉"，应有不同，所以我们都把"元吉"解作能够"元"则"吉"。此处"大吉"如作大吉利，则与"吉"也无甚不同，所以我们解作能大则吉。也就是，真正的"富家"必须能知道如何去"大"，识大体，把握大原则，则有吉。

7. 九五：本爻位当，与六二相应。本爻在九五中正的人君之位，在家庭的关系中，是指家庭的原则。所以本爻就治国来说，就是"齐家"。"王假有家"，"假"是假借，就是指君主的治国须以齐家为先。"勿恤"是指不必忧虑。这是指一位国君如真能知道齐家的重要，自然能家齐而国治，故有吉。

8. 上九：本爻位不当，与九三不应。虽位不当而不应，但在家人卦的最高处，本爻为阳爻而有诚。此爻象征父亲，在家庭中，有他的威严性。如果能有他的诚信，且能保持他的威严性，则此家庭最后必吉。注意这个"终"字，表示位不当及不应，有它的麻烦。因为一个家庭必有某些困难，但如能以诚信待之，有威严处之，最后才能转吉。

三、处变学

（一）自修

1. 初九：本爻最关键的是一个"闲"字。"闲"是外面一个"门"，里面一个木栓关住门，正是代表家庭的防御功能。我们制造住屋的家是防风雨的侵入，这是"闲"；我们建立家庭制度是内聚亲人，外御盗匪，这也是一个"闲"字。但在应变上，这个"闲"在本爻为阳，以诚德自修来说，正是"闲邪存其诚"的意思。在住屋和家庭制度来说，都是外在的，可是就自修来说，这个"家"代表我们的心，"闲邪"就是防邪。这个邪有两种，一在外一在内，因此"闲邪"有两层意思。

（1）外防物欲之侵入：这里物欲指外在物和事所产生的欲念，如食色、富贵、名利等。孟子说："耳目之官不思，而蔽于物；物交物，则引之而已矣。"（《孟子·告子上》）"引之而已"就是指外在的物质，引诱我们的心念往外追逐，这是物欲的入侵。

（2）内除欲念的迭起：佛家说我们的意识如瀑流，一个一个的欲念不断。这些欲念，就孟子来说，是外来的，可是在主张性恶的荀子看来，却是天生的。如他说："今人之性，生而有好利焉，顺是，故争夺生而辞让亡焉；生而有疾恶焉，顺是，故残贼生而忠信亡焉；生而有耳目之欲，有好声色焉，顺是，故淫乱生而礼义文理亡焉。"（《荀子·性恶篇》）即是说这些欲望是天生的、生于内的，因此我们必须先除掉它们，否则它们就会开门召寇。

2. 六二：本爻在家庭来说，是指妇女在家中主饮食，但就德性的自修来说，是指内心的修养。在爻辞上有三个重点：

（1）无求。"无攸遂"，表面上是指无所成就，在自修上就是不求有所成就。《中庸》也说："君子素其位而行，不愿乎其外"，也即是不求有功，但求问心无愧。

（2）存养。"在中馈"，即是说在心中存养心性。本爻在离火之中，光明自内而发。这就像心性的修养，充实而有光辉。

（3）贞固。本爻为阴，在德为谦。本爻夹于二阳，又与九五正应，因此在本爻上需以谦柔而与阳刚求和谐相处。这是以谦致和，就是从内心的和以达外在的和，从家内的和以达家外的和。这就是所谓家和万事兴的道理。

（二）应变

1. 九三：本爻在离火之上，又为阳刚之爻，易于光芒显露，因此在情绪上，表现严酷的态度，所以说"嗃嗃，悔，厉"。但本爻又面临由内卦转出而遇巽风。六四在巽风之始，为阴爻，有阴暗之气，在情绪上，又为嘻笑自乐，所以是"终吝"。从爻象上来看，呈现了两种不同的情绪，一严一逸，而在应变上，就是要看如何在这两种不同的情绪中拿捏准确。就爻辞上看，还是从严一点，有吉。我们常说"严以责己，宽以待人"。家庭如自己，对家人稍为严厉一点，如父之严，总是不易使子女放纵的。同样，对自己的要求较严一点，也使自己时时警惕。所以本爻之应变，先从严于责己做起。

2. 六四：本爻夹在双阳之中，处阴爻之位，又为外卦之始，在占卜上，注重一个"大"字，因大则有吉。在应变上，就是如何能做到这个"大"字。就爻位的关系来看，可有以下各义：

（1）能谦。本爻为阴，在德为谦。在本爻上，以谦虚之心来接纳九三带来离火的冲击，另一方面又以谦让的态度赢得九五阳刚的信任。

（2）有容。本爻为大臣之位，有如宰相。我们常说"宰相肚里好撑船"，这是指心量的广大，不计较小得失与小批评。本爻为阴、为虚，所以有能容之心。

（3）得主。这两个字来自坤卦卦辞，"先迷后得主。利"。这本是指坤之能随乾，也就是本爻之阴能随九五之阳。"得主"之"主"并非只指主人，而是"利见大人"，即找到大原则、大方向。

（4）易简。本爻对付两阳，不能用力拼，而是用阴的柔性来化解，所以处理的方法要懂得"易简"。《系辞传》说："易简而天下之理得矣，天下之理得，而成位乎其中矣。"（《系辞上传》一章）宋儒陆象山有诗说："易简事业终久大。"所以真正能懂易简、用易简，才能成其大。

3. 上九：这一爻在家庭，是父亲的权威。但本爻在天位，所以又代表天的权威。在应变上，本爻在"孚"之后接着说"威"字，这个"威"是描写这个"孚"字。"孚"是诚信。"诚信"的"信"是来自内心的真诚，但有时较软弱，欠缺强制性，所以接着要说个"威"字，指威信。而这一爻又在天上，是指的"天威"。"天威"有以下三个特点：

（1）不可测性。天是超越的，不是人知可以了解、可以控制的，所以对于这个"天"，我们只有顺应。

（2）客观性。由于天的超越，所以它是客观的，而它的客观是有自己的轨道的，是不因人为而改变的。如荀子所说："天行有常，不为尧存，不为桀亡。应之以治则吉，应之以乱则凶。"（《荀子·天论》）可见人世的吉凶，是人们自为的结果，并非天有意于司赏罚。

（3）无遗漏性。"天威"就像天的律法。人世的法律虽然严密，可是却有遗漏，使有的人钻法律漏洞，有的人知法玩法；可是天的律法，虽然看不见，却无人能逃避。如老子所说："天之道，不争而善胜，不言而善应，不召而自来，繟然而善谋。天网恢恢，疏而不失。"（七十三章）

"天威"虽然有以上三个特点，但落到我们的应变上，却是一个"信"字，"诚信""威信"的"信"。如果只有威，而没有信，就如暴君的滥用"权威"。老子说："民不畏威，则大威至。"（七十二章）即是说国君的滥用权威，使得人民求生无路，再也不怕国君的威权，则天威必降临于国君。所以天威之施，在于上位者是否能慎用他们的权威。因为这个权威必须根据于"孚"的诚信，使得"威"而有信，这样才能使民信服。这就是在本爻上特别强调的"有孚，威如"了。

（三）自处

九五是处变者自处之位，他的自处之道，除本爻爻辞外，卦辞及相应的六二爻辞，都在强调女性的贞固之道，也就是以阴柔的方法来处理问题。家庭是一个温馨、柔软的所在，因此需以阴柔的谦德来自处。在本爻爻辞上的"王假有家"，就是治国如治家。关于治国必先齐家的道理，《大学》中说得很明白，此处我们分析这位领导者如何运用齐家的道理。有以下四点：

（1）个人的齐家之德。这是说领导者个人必须先治好自己的家，家和才能万事兴。如《大学》篇说："所谓治国必先齐其家者，其家不可教，而能教人者，无之。"

（2）人民的齐家之道。古代国家的基本单位就是家，如果每个人的家庭都能和乐，也就是整个国家的和乐。如《大学》篇说："一家仁，一国兴仁；一家让，一国兴让。"

（3）根本问题的重视。今天的社会，虽然个人主义盛行，但很多人仍以家庭为主。譬如一个公司，多半的职员背负着的必然是一个家庭的责任，所以领导者对员工的薪金和福利不应只限于员工一人，而应顾及员工的家庭。任何问题的产生，家庭才是根本的解决之道。

（4）柔性方法的运用。治国之道，偏于阳性，有时我们虽说用铁腕的治术，但那只是暂时性，就如用猛药以治病。齐家之道，偏于阴性，所以真正治国希望能长治久安，却必须运用齐家的柔性方式，求社会之和谐，才不会有偏锋的发展。

䷥ 睽 三十八

扫一扫，
进入课程

睽。小事，吉。

初九：悔亡，丧马勿逐，自复。见恶人，无咎。

九二：遇主于巷，无咎。

六三：见舆曳，其牛掣。其人天，且劓。无初有终。

九四：睽孤，遇元夫，交孚，厉，无咎。

六五：悔亡。厥宗噬肤。往，何咎？

上九：睽孤，见豕负涂，载鬼一车，先张之弧，后说之弧。匪寇婚媾，往遇雨则吉。

一、语译

睽。处理小事情，则有吉。

初九：后悔消失了，失去了马匹，不必追寻，它自己会回来。遇见不喜欢的人，没有过患。

九二：在巷子中，遇到了主人，没有过患。

六三：看到车子被后拉，牛被掣住不前，有人额头被刺字，鼻子被割掉。没有开始，但有好结果。

九四：乖违时，孤单。遇到开始时的男子，与他相交以诚。虽然环境有危机，但没有过患。

六五：后悔消失了。与宗主之交如咬肤之深切，以此而往，还有何过患？

上九：乖违时，孤单。看见有猪滚在泥中，以及载了一车的鬼，先张了弓要射它们，后来放下了弓。原来不是匪寇，而是婚配的对象。前往遇到了雨，则有吉。

二、解义

1.本卦名"睽"，是指反目不视，即意见乖离相违背。本卦由内兑外离两卦重叠而成，其象有以下各义：

（1）离在上，为火；兑在下，为泽。离火向上，泽水下润。两体相背，故为乖离相违之象。

（2）离在外，为光明；兑在内，为喜悦。前者多外向，爱显耀；后者多内向，孤芳自赏。两者志趣相异，故有乖离不同之象。

2.卦辞：宇宙人生中常有乖离之事，如分离、意见相左等，此在小事情上，也有相互磨擦的功能，因磨擦反而能知己知彼，故有吉。

3.初九：本爻位当，与九四不相应。因位当，故悔亡；因不应，故有丧失之象，初九为阳，如马匹。马匹不见了，这也是常有之事，不必苦苦追寻，也许马匹自会回来。本爻在最初之时，偶有意见相左之事，"恶人"并非罪人，而是因意见不合不喜欢此人，这种意见相左，也许可以提供另一思考方向，所以没有过患。

4. 九二：本爻位不当，与六五相应。因相应，故能遇主人，但位不当，故不在大路，而在小巷相遇。既然能相遇，表示意见可以沟通，所以无咎。

5. 六三：本爻位不当，与上九相应。因位不当，故无初；因相应，故有终。至于"舆曳""牛掣""天且劓"都是描写在睽离的时候，一切受阻，不能前行。

6. 九四：本爻位不当，与初九不应。因不应，故有睽离而显得孤单。虽然不应，但九四与初九同为阳爻，如能相交以诚，即使本爻夹于两阴之间，有麻烦却无过咎。

7. 六五：本爻位不当，与九二相应。因不当，有悔；因相应，故悔亡。"厥宗"指它的同宗，因与九二相应，而为阳爻，此"宗"指九二。"噬肤"即咬肤肉，肤柔软，所以指他们能相知深切，所以本爻之"往"，指不耻下问，求知于九二。"何咎"是问话及感叹语，即哪里还有咎患可言。

8. 上九：本爻位不当，与六三相应。因位不当，而爬至最高处，故有孤单之象。我们通常骂意见相左的人，"笨得像猪""不好似鬼"，现在猪本脏，还在泥巴中滚，鬼已不好，却有一车子的鬼。上九先见六三，误解六三为猪、为鬼，张弓想射，定睛一看，原来不是匪寇，而是婚配的对象，所以又放下弓而言欢。前往遇雨，因上九太干，六三是阴，为雨，所以是有吉的。

三、处变学

（一）自修

1. 初九：本卦是谈睽离，即与自己意见相违的现象，这在我们一生中是常遇到的事情。这时候，我们可能有各种不同的反应，如不悦、气愤、沮丧等。很多人好像丧了马匹，即失去支持自己意见的同志，于是拼命向外追求，希望别人和自己意见相同。基于这种情形，在本爻上的修德，乃是一个"诚"字。只要能修诚，在任何一种睽离的情况，都能自得。即使遇到我不喜欢的人，或不喜欢我的人，都能超然，不受影响。孔子"六十而耳顺"，即听到任何批评的话，都能处之泰然。

2. 九二：本爻为阳，就德来说，还是一个"诚"字。本爻在地上，所以这个"诚"和初九所修的诚，略有不同。初九之诚，重在内心的修养，而本爻的诚，却是着重在行为上。就《中庸》的"诚"字来说，有"至诚""致曲"。"至诚"是天之道，是初九的内在之诚，而"致曲"却是在实践上绕一个弯子而达到诚。《中庸》说："其次致曲，曲能有诚。""曲"是小、是偏、是曲折，也就是说有时不能完全用至诚来表达真情，而需就许多小事间接地来达到诚的目的。能间接，甚至委曲求全，才是真正的精诚所在。就本爻来说，这个"巷"字就是小、是偏和曲折。因为走大路，是至诚。没有大路，甚至去找小巷，目的还是一样，但这种寻求小巷求通的心，也是"曲能有诚"。"遇主"的"主"就是目的、原则。睽是意见的不同，尽管有很多不同，但目的和原则是相同的，所以睽的真正意义又在"一致而百虑，殊途而同归"。在本爻上所修的就是由"曲能有诚"去完成真正的目的。

（二）应变

1.六三：本爻爻辞都是对睽离的描写，在应变上，最关键的还是在"无初有终"一语。与这句话相似的，是曾出现在坤六三的"无成有终"。一般都当作描写语，即开始时无成或没有好的开始，但却有好的结果，而在应变上来说，就是要如何从"无初"而达到"有终"。因为"有终"不是从天上掉下来的，而是经过努力、下功夫，才能达成的。关于"无初"两字有三种情形：

（1）没有"初"，这是事实。就占卜来说，在睽离的时候，一切受阻，不能前行，自然是"无初"。

（2）不在乎"初"，这是修养。既然是事实，就必须面对它，面对它之后，就要接受它。接受它之时，就要不受它影响，甚至超越它。"无成有终"的"无成"，就是不求有成。同样"无初有终"的"无初"，也即是不计较"初"，这是一种修养。

（3）转化"初"，是应变。初的不善，是事实，如听任其发展，无初也许会无终。要想使"无初"转变成"有终"，就必须在"无初"上有所转化。"舆曳""牛掣"是象征睽离所产生的阻力，"天且劓"，是象征因睽离而产生外界的打击与侮辱等。在应变上，都可把它们加以转变，由阻力转化为发愤图强的助力，由侮辱转化为最宝贵的经验与教训。

本爻以一阴爻处在两阳爻之间，它的应变，就是用它的阴柔转化九四的强阳。以它在兑泽上的安静、平和，转变离火的强焰而化为离的光明，使光明映照于泽水中。如朱熹诗："半亩方塘一鉴开，天光云影共徘徊；问渠那得清如许，为有源头活水来。"这个"源头活水"，就是六三带领了初九与九二的诚德，改变了前途的阻难，使光明照耀大千世界。

2. 九四：本爻在应变上，有两个重点，一是"元"，一是"交孚"。

（1）元："元"是"元亨利贞"的四德之一。前面已谈过很多。但在睽离的情形中，如何用这个"元"字。就"元"的基本两义始和大来说，在睽离时，也即意见相左时，先要原其始，找出所以发生的原因，以及了解对方的动机，也许就可消弭不必要的纷争。接着要把握这个"大"字，就是大原则，不要在文字语言上计较，不要在小事小观念上执着，要能"大"，"大"就会把所有的异议与争论化解掉。

（2）交孚：爻辞中常出现一个"孚"字，是指单方面的诚去召信于对方。而这种用"交孚"两字，是指九四和初九各以诚相感。因为在睽离的情况中，如果双方意见不合，也许不是单方面的，而是双方面的，所以这里用"交孚"，是表示两方面都要释出诚信，互相感动而求和谐。

3. 上九：本爻张弧与脱弧之说，只是描写当意见相左的双方发生冲突时，先彼此怀疑，后来因释疑而和合。至于为何有此转变，关键就在"往遇雨"三字。因为上九在离卦之上，火势太烈，光明太强。幸亏它与六三的阴爻有正应。这里的"往"不再向上走，因为上九已最高，无路可往，所以这里的"往"乃是返回到内卦的六三，去吸取阴柔来冲淡阳刚的太盛。在应变上，"往，遇雨"有以下两种意义：

（1）湖泽的安宁。上九与六三相应，以六三的阴柔来调和上九的火气。六三在兑泽之上，兑代表喜悦与安宁，所以上九的遇雨，就是使内心归于喜悦与安宁。在睽离的时候，观念的相对，容易剑拔弩张，此时最需要内心的平静，使思虑周密，以解决问题。这也是平静的湖泽的兑卦在离火之下的另一卦象。

（2）雨水的润泽。火的燃烧，正面的象征，是光明朗照；负面的说法，是欲望的旺盛。在睽离的现象中，当然是负面的意思。雨水的润泽，往往代表德性的涵养。如需卦的"需"是以雨水润下，以"需"为字旁的"濡"与"儒"都是以水润德，即浴身以德的意思。所以在本爻上的应变，就是以德来解决睽离的现象。

（三）自处

六五是处变者自处之位。他的自处，就本爻辞、卦辞和六五相应的九二爻辞有以下三方面：

1. 处理小事。卦辞所谓"小事，吉"，是指本卦的睽离只限于小事，在大事上要求同。本卦的睽离只是一种现象，本卦的真意是要解决这种睽离的事实。一位领导者对于睽离的问题，是把它当作小事来处理，这并不是说轻视、忽略它，相反的，却更加重视，如老子说"见小曰明"（五十二章），以及"图难于其易，为大于其细，天下难事必作于易，天下大事必作于细，是以圣人终不为大，故能成其大"（六十三章）。这是说领导者对于睽离，是把它当作小事，而解决睽离，须求同归，才是大事。因此处理小事，才能成大事。如果只限于小事，没有办法脱颖而出，就成不了大事。小事是"初"，要慎于"初"，解决了"初"，才能有终，才能有大。

2.注意原则。在睽离中，由于是小，所以常会被小知、小见所限，容易错判与迷失。在九二上有个"遇主"的"主"，在六五爻上有个"厥宗"的"宗"，虽然"主"和"宗"都是两爻的互指，但"宗"和"主"可释为宗旨、主旨，就是指的大原则。也即是说在睽离的情形中，始终要把握这个大原则。

3.谦柔处下。本爻是阴爻，这位领导者是以阴柔处事。老子说"柔弱胜刚强"（三十六章），一般都解作柔弱与刚强相斗，柔弱能胜过刚强似的。其实更好的解释是以柔弱与刚强处事，柔弱的方法胜过刚强。《尚书·洪范》中，便有"刚克""柔克"二德，即以刚处事、以柔处事。为什么柔弱处事比刚强为胜呢？很简单，用刚强处事，刚强中没有柔弱；但以柔弱处事，柔弱中却可以寓有刚强，所谓软中带强。因为本爻是阴爻，是谦柔，但本爻和九二阳刚的正应，得九二阳刚的支持，所以柔弱中有刚强，这即是这位领导者在本爻上处事的高明方法。

䷦ 蹇　三十九

扫一扫，
进入课程

蹇。利西南，不利东北。利见大人，贞，吉。

初六：往蹇。来誉。

六二：王臣蹇蹇，匪躬之故。

九三：往蹇，来反。

六四：往蹇，来连。

九五：大蹇，朋来。

上六：往蹇，来硕，吉。利见大人。

一、语译

蹇。利于前往西南，不利于前往东北。利于遇见大人，坚持贞固，则有吉。

初六：前往会遇到蹇难，回来则有赞誉。

六二：身为大臣，遇到蹇难，这不是因自身之故。

九三：前往则有蹇难，须回返于本位。

六四：前往则有蹇难，回来与人相连。

九五：在大蹇难时，有朋来助。

上六：前往则有蹇难，回来寄托硕果，有吉。见大人则有利。

二、解义

1. 本卦名"蹇"，"蹇"是指前面有阻难，不能前进。本卦由内艮外坎两卦重叠而成，其象有以下各义：

（1）坎在上，为险；艮在下，为止。即止其险难，这是蹇的大义。

（2）坎在外，为险；艮在内，为止。即在心中知止，而不至于到处去涉险，此即蹇为不入险的另一义。

2. 卦辞：如果《易经》的卦爻辞为文王所写的话，西南是文王所居的领域，东北则为商纣之国，所以文王的立场，是利于去西南，而不利于去东北。本卦九五是主爻，"利见大人"的"大人"是指九五，他是止难的主导。"贞"是针对九五之阳爻，是以诚为正道。

3. 初六：本爻位不当，与六四不应。位不当，故有蹇难；不应，故不能往。在占卜上，"往"是前往于外卦，"来"是来归于内卦。因外卦是坎险，所以不能往，回到内卦，是艮上，所以受赞美。

4. 六二：本爻位当，与九五相应。本爻位当，应无险难，险难只是在外。非王臣本身有何不当，言外之意，本爻之王臣只需尽责辅助九五之君，而不受蹇难之阻力。

5. 九三：本爻位当，与上六相应。因当位，所以"来反"，即返回本位。虽有应，但外卦为险，上六为险之最上，所以前往则有蹇难。

6. 六四：本爻位当，与初六不应，因不应，且在坎险，故"往蹇"。因位当，故来归其位。"连"是指与内卦三爻相连，接合艮止之力量以渡险难。

7. 九五：本爻位当，与六二相应。本爻位当，九五中正，故说"大"。因在坎险之中，所以说"蹇"。本爻与六二正应，又有六四以阴相辅，所以说"朋来"。

8. 上六：本爻位当，与九三相应。虽位当，但在坎险之上，已无路可往，自然"往蹇"。"来"是回返。"硕"是指阳的硕果，是指九三之应，也指下附九五。"大人"也即指九五的中正之道。

三、处变学

（一）自修

1. 初六：本爻在艮止之初，不宜动，何况外卦为坎险。停在本爻上，何来有誉？因本爻是阴爻，其德为谦，所以自修为谦德。谦德的有誉，并非美德外显召来声誉，而是由于它的谦下不争。《尚书》说："满招损，谦受益，时乃天道。"（《尚书·大禹谟》）谦之受益，乃是它的不自招其损。老子说："夫唯不争，故天下莫能与之争。"（二十二章）这种不争之德才是此处"誉"的真正主旨。

2. 六二：照一般来说，六四是大臣之位，本爻却标以"王臣"，乃是借"王臣"以说明本爻的自修，如"王臣"的肩挑大任。在本卦爻辞中除了九五的"大蹇"和本爻的"蹇蹇"外，都说"往蹇"。本爻不说预设性的"往蹇"，而直说"蹇蹇"，即是表示本爻已在"蹇蹇"中。可是就卦象来说，外卦之坎险才是"蹇"，为何本爻却说"蹇蹇"？这是说"王臣"的负责，不是因前面有蹇难，而是他所处的地位就是要战战兢兢、如履薄冰的"蹇蹇"，他不必前往，此刻就在蹇难中，而且他自愿面对此蹇难。老子说："圣人犹难之，故终无难矣"（六十三章），即是正视难以解难的意思。本爻所指就是这种态度，这种自修之德。"匪躬之故"，说明了两点：

（1）指这种"蹇蹇"不是因自己的错误而造成的，也不是因为自己的不警觉而走进去的，相反的，却是他以此自励、自修。

（2）这说明他之所以"蹇蹇"是为了别人、为了国家，虽有蹇难，却从容以处。

（二）应变

1.九三：本爻面临外卦的坎险，而又居艮止之上，所以一个"止"字，乃是它应变的法门。接着说"来反"，这个"反"字也是它应变的契机。现在就从这两字看看它的应变。

（1）知止：本爻之"止"，一方面要止住下面二阴的冒进，一方面又要克制自己因阳刚在艮山之上的跃进。老子说："知足不辱，知止不殆，可以长久。"（四十四章）这是《老子》最重要的两个德性。"知足"是内心的修养，"知止"是外在的应变。老子的"知止"正可作为九三应变的指导。"知止"，不是截然停住，像急刹车似的，相反的，乃是知道什么时候该用刹车，预先慢慢地刹住。甚至是知道前有蹇难，一边把脚轻轻放在刹车上缓慢而行。

（2）能反：本爻"来反"的"反"有两层意义：一是返归于本位，前贤解《易》，都就此义来说，即是回到九三之位，与二阴相处（朱熹注）；二是反回自己，有反躬自省的意思。也就是说回到了自我之后，并非放弃一切，而是在此位上，思虑如何应付面临的蹇难。"往蹇"只是说明知道前往有蹇难，但九三不是封闭在内卦之中，而是要走出去的。"来反"，只是暂时地回到本位，思考在本位上应该做些什么。九三与上六有正应，因此还须找出如何克服蹇难，这才是蹇卦的正面意义。

2. 六四：本爻在外卦坎险之始，是进入了险，所以也说"往蹇"。"蹇"虽然是蹇难，外卦三爻虽是在蹇难之中，可是本爻在外卦的开始，正面的意思是济难，即如何渡过、克服或化解这个蹇难。六四是大臣，负有济难的责任。它的"来"不是来回到本位而已，它是"来连"，是串连、连接，也就是聚合人才一起来济难，它所连的就是内卦的三爻。内卦的艮止，在内卦中，也许是止住的意思，可是与六四相连，到了外卦，便有止难，即济难的性能。所以本爻的应变就是聚合人才共赴国难。

3. 上六：本爻已到"蹇"的极处，而说"往蹇"，即指不能再往了。这是说在济难之后，已没有难了，这时候，不必再动刀动斧了，而要休养生息，如汉初的黄老之治。这时候，需要的是稳定。"硕"是大石块，象征平稳、坚固。就本爻来说，九三和九五是阳刚充实，可作上六的支柱。"利见大人"的"大人"，就爻象上来说，可喻为九五，但就应变来说是大原则。一位高明的领导者，在一个休养生息的时期，不是什么都不做的"无为"，而是"为之于未有，治之于未乱"（《老子》四十六章）的"无为"。所以这个大原则是"无为"。

（三）自处

九五为处变者自处之位。本爻在坎险之中，有大蹇难，等同国难，这位领导者的任务，就是如何平定这个大蹇难。从易象来看，有以下诸义：

1. 贞诚之正道。本爻阳刚中正，卦辞中也强调贞固，所以要济难，必须先以诚正自处。正如《中庸》所说："唯天下之至诚，为能经纶天下之大经，立天下之大本。"所以至诚才是济蹇难以立国的大经和大本。

2. 聚合不同的人才。"朋来"的"朋"不限于一二人，而是不同的人才。九五一人不能济大难，他要展现诚信，使不同的人才自愿地投效以济难。

3. 需要能转化的助手。九五的得力助手是六四，六四不只是简单地辅助九五而已，而是"来连"，它能转化内卦艮止的力量而成为辅助九五济难的力量。

䷧ 解　四十

解。利西南，无所往，其来复吉。有攸往，夙，吉。

初六：无咎。

九二：田获三狐，得黄矢，贞，吉。

六三：负且乘，致寇至，贞，吝。

九四：解而拇，朋至斯孚。

六五：君子维有解，吉，有孚于小人。

上六：公用射隼于高墉之上，获之，无不利。

一、语译

解。利于往西南。如无所往，则回来，复得吉。如有所往，快点去，则有吉。

初六：没有过患。

九二：在田地中，捕获三只狐狸，得到黄色的箭，坚守贞固，有吉。

六三：肩负重物而且乘着坐骑，这无异引来强寇，以此为贞固，会有羞吝。

九四：解开脚拇趾，朋友来了，待他们以诚信。

六三：君子实有解，得吉，对小人也有诚信。

上六：公侯用此以射飞隼于高墙之上，获得了它，无有不利。

二、解义

1.本卦名"解"，是解除困难的意思。本卦由内坎外震两卦重叠而成，其象有以下各义：

（1）震在上，为动；坎在下，为险。动出于危险，有解难之象。

（2）震为雷，坎为雨。雷雨交作，是春雷春雨，大地回春，一切解冻之意。

2.卦辞：文王居西南，为对抗商纣，解救民难的主导，所以利于居西南。如无所往，无难可解，回到本位，则有吉。如有所往，有难需解，即刻前往，则有吉。

3.初六：本爻位不当，与九四相应。因不当位，故有咎，因相应，故无咎。

4.九二：本爻位不当，与六五相应。九二在地上，故说"田"。九二与六五相应，是解六五之难。因此本爻除六五爻外，其他三阴爻，即初六、六三、上六为三狐之象。也即九二对付此三狐。"得黄矢"，"黄"是地之色，"矢"是九二之阳刚，即正直。"贞"即以九二之阳为贞定。

5.六三：本爻位不当，与上六不应。本爻夹于两阳，上负九四，下乘九二，又为六三不当位之阴爻。因为位不正，而又在内卦之上，有虚骄之病，所以引寇而至。如以此虚骄为贞固，则有羞吝之事。

6. 九四：本爻位不当，与初六相应。位不当，故有难。本爻在震之初，为足，故有"拇"之象。"朋"是指相应之初六及共为阳爻之九二。朋来与九四之诚相共，能合力而解难。

7. 六五：本爻位不当，与九二相应。因位不当，故在君位，而说君子。因相应，故有解。本爻之说君子，是指能用君子去切实的解难，这个君子是指九四。对于小人仍然以诚信感化他们，小人是指其他三阴爻。

8. 上六：本爻位当，与六三不应。上六与六三不相应，六三在内卦之顶，如高墙之上。本爻所谓"射隼"，即除掉"负且乘"的六三的骄狂，这样才能解心中之难。

三、处变学

（一）自修

1. 初六：本爻只说"无咎"两字。一般爻辞都是先说如何做，然后再说"无咎"。可是此处只有"无咎"两字，在自修上，却有特殊的意义，因"无咎"就是一种德。孔子说："五十以学易，可以无大过矣！"（《论语·述而》）"无大过"就是无咎，要做到"无大过"，就是修德。再说此处的"无咎"，与坤六四的"无咎，无誉"的"无咎"是同样的意思，即不求有功但求无过，也即做到问心无愧的地步。前哲如程颐、朱熹都当作难已解，故无咎。但本爻在解卦之始，岂能说难已解？其实本爻在解卦之初，说明先要使自己做到问心无愧，然后才能向外去解难。本爻在一卦之始，先要做到心地无咎的境界，这是本爻自修的基础。

2. 九二：本爻的"三狐"虽然在占卜上是指三阴，但在自修上来说，即指无明的欲望。本爻以九二之阳刚，即至诚之光照破这种黑暗，自修之道在"黄、矢、贞"三字。"黄"是地之色，在各种颜色中是中色，所以自处于中下之地。"矢"是直之象，即直道而行。"贞"是贞固，以德来说是诚，即修诚信，与六五相应。

（二）应变

1. 六三：本爻在坎险之上，代表处危险之地，是难的主因，要应变就须找出这个原因，在爻辞上就是"负且乘"。这句话可有两解：一是程颐所说，"负"是小人负荷之事，"乘"是君子所用车骑，故小人乘君子之器，是处位的不合身份；另一是背负了财物，还要乘车骑以招摇，这是骄慢之病。慢藏诲盗，冶容诲淫，这是自招寇盗之来侵。所以应变之道，乃是在本身做起，六三是阴柔，应该以谦下的态度，对付九二之坐乘及九四之负荷。虽然"吝"是羞吝的负面意义，但也可转化为正面，如老子所谓"处众人之所恶"（八章），"知其荣，守其辱"（二十八章），"大白若辱，广德若不足，建德若偷"（四十一章），都是以蒙羞来除"负且乘"的毛病。

2. 九四：本爻就卦象来说，在身体部位是属于心，但爻辞却说"解而拇"。虽然外卦之震是动、是解，震之始的九四为足、为拇，但以心来说，"解而拇"即解开心结，就像脚拇趾因感应而动。接着才说"朋来斯孚"之"孚"，而开诚接纳朋友。在这里我们讨论解卦的"解"字，都指解难。前卦蹇的坎险在外卦，也即在外面，而本卦的坎险是在内卦，再加上本卦出现的两个"解"字，一在九四一在六五，都在心胸的位置上，所以我们说解卦的难在心中也不为过。"解"的解难，就是解心中的结。"拇"是代表心念之动，即欲望之生。"解而拇"，就是解除心中的欲念之动。

3. 上六：本爻在"解"卦之最上爻，虽位当，但以一阴居上位，已无发展的空间，只有回首而反省。它与六三不应，六三正是在坎险之上，代表心中欲望之旺盛，是骄傲自大、不知检点。"致寇至"的"寇"，其实就是心中之寇。本爻的"射隼"，就是反回自己，以除心中之寇。本爻之言"公"字，程颐已看出来了，"上六尊高之地，而非君位，故曰公"（《易传》），但无申论。此处我们试图给予一种说法，"公"即公侯，为大臣之位，应在九四。九四之"朋来"除初六外，也可以暗指上六，所以上六和九四肩负大臣之责。上六和六三同为阴爻，上六之力道不够，所以可借助九四阳刚之力，九四在六三之上，近邻六三，正可以以阳刚之诚，化除六三之阴险。所以本爻之应变，除自身之力，还须借阳刚之诚。

（三）自处

六五为处变者自处之位。本卦的解难，如果是解心中的欲结的话，那么这位领导者，在卦辞、九二之应和本爻的爻辞上，都可以看出他是如何处理内心问题的。

1. 卦辞说"西南"，因为西南是文王心腹之地。"无所往"是指心念不动时，"其来复吉"，就是回返自心以修德。"有攸往"，即心念动时，"夙"即立刻要化解欲念，如宋明儒家教人打坐，当心念一起，即以诚敬存之。

2. 九二爻辞的"三狐"，即心中欲念的相接而起。解除之法在"黄""矢""贞"。"黄"是中色，也即中德与中理。坤《文言》释"黄裳"而说："君子黄中通理，正位居体，美在其中，而畅于四支，发于事业，美之至也"，也即发显内心之德或理来消解欲念。"直"是正直，禅宗也讲"直心为道场"（《维摩诘经》，为六祖慧能所引证）。"贞"即九二之阳刚为诚德，即以诚敬存之。这些都是治心的重要功夫。六五吸取九二的阳刚，即是以诚正存心。

3. 本爻爻辞，不讲君王之道，而以君子为喻，就在君子的修心以德。"维有解"，正同坎卦《象辞》的"维心亨"，也即在心中有解，解开了心结。

从以上各爻辞可以看出，这位领导者最重要的是先解开自己心中的心结，因解卦之险难不是外来，而是自召的。如庄子所谓："山木自寇也，膏火自煎也。"（《庄子·人间世》）所以要解的就是这个心结。

損 四十一

扫一扫，
进入课程

损。有孚，元，吉。无咎，可贞。利有攸往，曷之用？二簋可用享。

初九：已事遄往，无咎。酌损之。

九二：利，贞。征凶。弗损益之。

六三：三人行，则损一人。一人行，则得其友。

六四：损其疾，使遄有喜。无咎。

六五：或益之十朋之龟，弗克违，元，吉。

上九：弗损益之，无咎，贞，吉。利有攸往。得臣无家。

一、语译

损。要有诚信，能推原其始，则有吉。没有过患。可为贞定之道。有所往则有利。如何来用？只要用二竹篮的食物就可以作祭祀之献礼。

初九：完成自己之事后，即刻前往，没有过患。斟酌地加以消损之。

九二：利于贞正之道。出外征讨，则有凶。不必加以损或益之。

六三：三人一起行，则会损及一人。一人独自行，则会得到朋友。

六四：损除自己的毛病。要能迅速，则有喜事，没有过患。

六五：或能用十串之多的神龟来增益自己，不能违抗，把握元之善，则有吉。

上九：不要损或益之，没有过患。把握贞定，则有吉。利于有所往。得到臣子不以他私人之家为念。

二、解义

1. 本卦名"损"，是指消损、减损的意思。本卦由内兑外艮两卦重叠而成，其象有以下各义：

（1）艮在上，为止；兑在下，为悦。即制止，使有悦，故有消损而得悦之意。

（2）艮在上，为山；兑在下，为泽。掘地以为泽，所堆积之土以为山，故一边损，一边益，损而有益，此损的另一真义。

2. 卦辞：本卦讲消损，目的是如何处理消损，先要有诚信，以充实自己。其次再求消损的原因，故讲"元"其始。本卦各爻都相应，故无大过患。在消损中，诚谦并用，故"可贞"。损卦是要损中求益，不可停在损中，所以必须继续前进。在祭礼时，不在食物的珍贵，即使非常简单的物品，也能表达真意。

3. 初九：本爻位当，与六四相应。因位当，能完成自己分内之事，因相应，故"遄往"，即迅速前往，必能无咎。本爻在损之初，不能大动作，所以要逐步而且小心地减损之。

4. 九二：本爻位不当，与六五相应。因位不当，虽与六五相应，但六五为艮止的主导，所以不能贸然前往，需在位上坚守贞定。这时，因九二为内卦之中，因此把握本色自然，不求损益。

5. 六三：本爻位不当，与上九相应。因位不当，如果六三与初九、九二相连而行的话，因六三的乘下面二阳，又前有二阴挡路，必有所损。如一人独行的话，与上九相应，故可得上九的提牵。

6. 六四：本爻位当，与初九相应。就爻象来说并不错，但本爻在外卦艮止之初，有止的任务，所以先要减损自己的毛病。接着快速地与相应的初九合作，吸取初九的阳刚之气，才能在两阴之中不受阴暗所袭，而有初九带来的兑卦之喜悦。

7. 六五：本爻位不当，与九二相应。因位不当，又为人君之位，不能一味地求损，要于损中有所增益，所以爻辞说"益"。"龟"在占卜中是象征神灵之体，是代表智慧，"十朋"即是指神龟之多。"弗克违"指顺于神龟之知而不违理，能做任何事，都原其始善，则有吉。因六五得九二阳刚和诚德的相合，所以有吉。

8. 上九：本爻位不当，与六三相应。因位不当，而已达本卦的最高处，所以无可损也无所益。说"弗损益之"，即不求损益，以平常心处之，只求无咎。把握上九阳刚之诚德，因与六三相应，所以可以前往求阴柔，而致和谐。因六三不受初九与九二的牵绊，如臣之不以家为私而以国为念，所以才能共同在消损中求增益。

三、处变学

（一）自修

1.初九：本爻在自修上，有两个重点。

（1）已事："已"是已经，即完成，也就是说完成了自己应该做的事，在修养上，也就是儒家的"敬其事"。如孔子说的"事思敬"（《论语·季氏》），即以恭敬之心完成该做的事。老子虽讲无为，但也不忽略该做的事，如"功遂，身退，天之道"（九章），"功遂"就是事成，就是"已事"。

（2）酌损：本卦在占卜上讲损，都是就消损与减损的负面意义来说，可是在自修上讲损，乃是损其欲，这正是老子讲损的真义。如他说："为学日益，为道日损，损之又损，以至于无为"（四十六章），这里的"损"，不是损其所学，而是损其所欲。但这个"损"不是突然的、急速的，而是徐徐的。正如恒卦初六的恒，不能一开始就求深，太急速了就不能持久。同样损在初九，必须斟酌而行，不能太快，一快了就会损及精神，而不能在损中求益。

2.九二：本爻在地上，如果"利，贞"的"贞"，是修诚德的话，则所修的是人之道。如《中庸》说："诚之者，人之道也"，接着解释说："诚之者，择善而固执之者也"。也就是说在本爻上，要择一切善德而固执之，即在本位上努力。"征凶"的"征"是向外显耀、向外争胜，这不是"诚之道"。"损"是有所为，"益"是有所求。在这一爻上，根本连损益的心念都没有，唯善是修，不在乎修德之后对自己的损益，这才是真正的修诚。

（二）应变

1. 六三：本爻以一阴而乘下面的两阳，有阴柔却具虚骄之病，因在内卦之最上一爻常会有过骄之病。所以在这一爻上，须损掉它的过骄，而以阴爻的谦下自处。本爻由内卦转向外卦，外卦艮止却阻挡他，尤其上面六四与六五两阴爻又挡了路，幸好六三和上九正应，也就是说本爻需要外援，以上九之阳刚来补六三阴柔之不足。所以本爻的应变，需谦诚兼用、刚柔相济，以谦处下、以诚向上，以谦损其欲，以诚益其德。

2. 六四：本爻在应变上，就是"损其疾"的"疾"。本爻为阴柔，"疾"是毛病，即弱点，这里的"损其疾"，就是损除它的弱点。一般来看，阴柔的弱不外乎多欲、软弱、消极、犹豫、退缩和好疑等，如果六四能损掉这些弱点，它就能够显露了阴柔的优良的一面，如谦逊、柔和、不争之德，能以它的谦与六五相处，又与初九相应，吸取初九的阳刚之气，由损中求益而有喜。

3. 上九：本爻处本卦之极，自然无损、无益，而且又在天位，是阳爻为至诚之道。《中庸》说："诚者，天之道也；诚之者，人之道也。诚者，不勉而中，不思而得，从容中道，圣人也"。本爻在天位，即天之道，"不勉""不思""从容中道"，自然是不求也不想到"损益之"，一切顺乎至诚，自然无为。"贞"即自然的至诚。"利有攸往"，即《中庸》里的"至诚不息"，如天之行健。本爻在应变上，就是在损欲之后，达到无为自然的境界。已不把欲当作欲来损，也不把德当作德来修，这时候欲德共泯，所以不再有损益的观念了。

（三）自处

六五是处变者自处之位。他的自处之道，在卦辞中有三个重点字，即"孚""元"和"贞"。在九二爻辞中有"贞"字，在本爻辞中有"益"和"元"字，统合起来，可分为四点。

1. 孚："孚"是诚信。本卦在自修上，吸取初九与九二两爻的修诚，为损卦的基础。

2. 元：元是善之始，也就是说在损欲的过程中，始终保持此善而不变。此善之长，即德之长，也即是益之长也。所以在六五爻上，有个"益"字，又接着强调一个"元"字。

3. 贞：本爻之"贞"除卦辞外，出现在九二与上九之二阳爻，除坚守其阳刚之气，就是同为阳爻的诚德。

4. 益：本卦讲损。"损"字出现五次，"益"字也出现三次。两次的"益"都与"损"连言，即"弗损益之"，只有在六五爻上的"益"是单独的。也就是说在六五爻上，没有损只有益，是完全的益，是正面的益。这个"益"在全卦讲损之中，有以下三方面的意义：

（1）损中求益。损是损人欲，益是益知、益德。这两者并不冲突，而且是并行的，就是一边损人欲一边增益知和德。

（2）损即是益。"损"不是消极的被损，而是积极地、主动地去损人欲。这种"损"就相当佛家四无量心"慈悲喜舍"的"舍"，是一种德行，损的舍也即是此种德行。所以损即是益德。

（3）化损为益。损是损人欲，益是存天理。天理和人欲不是截然二分的，因此我们把人欲不要看得太负面。人欲是人的需求，是人在求生中要保卫生命和存续生命所不可或缺的，因此正视人欲，使它不致伤害别人，人欲就能转化为天理，天理就是每个人都能得其应有的人欲，此时天理人欲合而为一。能至此境界，就在于领导者是否能有高明的转化功夫。

䷩ 益 四十二

扫一扫，
进入课程

益。利有攸往，利涉大川。

初九：利用为大作，元，吉。无咎。

六二：或益之十朋之龟，弗克违。永贞，吉。王用享于帝，吉。

六三：益之用凶事。无咎。有孚中行。告公用圭。

六四：中行，告公从，利用为依迁国。

九五：有孚，惠心，勿问，元，吉，有孚，惠我德。

上九：莫益之，或击之，立心勿恒，凶。

一、语译

益。利于有所往，利于渡涉大川。

初九：利于用此卦之益，去大有为，能原其始，有吉。没有过患。

六二：也许能用十串之多的神龟，去增益智慧，不要违反这种智慧。永远的坚守贞固之道，有吉。君王以此来献给上帝，则有吉。

六三：益智也可用之于凶事。没有过患。要有诚信，要能行于中正之道。告诉公侯要用纯净的玉去朝见君王。

六四：要能中正之行。告诉公侯都能顺从，有利于用此为依据来迁徙国都。

九五：要有诚信，要有仁惠之心。不须问卜，能原其始善，即有吉。要有诚信，以我德加惠于人。

上九：不能再增益了，或许会受到打击。如果立心不能守恒，就会有凶险。

二、解义

1. 本卦名"益"，是指利益、增益，此二者益的都是知识、智慧和德行。本卦由内震外巽两卦重叠而成，其象有以下各义：

（1）巽在上，为风；震在下，为雷。雷动风生，雷雨满盈，一切万物都得其益，而能生生不已地发展。

（2）巽在外，为顺；震在内，为动。动于内而顺于外，有利有益之象也。

2. 卦辞：震在下，为动。一阳在下，上有三阴，所以一阳宜向上挺进。益是必须日新日增的，所以"利有攸往"。"大川"是代表危险，但如果有知识、有智慧、有德行，则可以涉险而达到增益的目标。

3. 初九：本爻位当，与六四相应。本爻位当，故无咎，因相应，故吉。就知和德的增益来说，本爻是可以有为的。"大作"的"大"，重在目标的大。"元"也是指始善和大，这是益的基础。

4. 六二：本爻位当，与九五相应。因位当而相应，故有益。"十朋之龟"只是比喻知之多，德之日进。"弗克违"，即指在本爻上，不能违反增益之道。"贞"在本爻为阴，是以谦为德。所以谦让之心，把增益之功献于上帝。

5.六三：本爻位不当，与上九相应。因位不当，又夹于众阴之中，故以凶事为喻。但知德之益，即使凶事，也能吸取教训有所增益，因相应，故无咎。因相应之对象为上九之阳，为诚，所以用"孚"之诚信相交。六三位内卦之上，戒之以中正之行。六三在臣位，故为"公"。公侯朝见君主时所用的玉笏，是表示纯洁如玉而无私心。

6.六四：本爻位当，与初九相应。因当位，但在外卦之初，故说须要中正之行。六四与九五，一阴一阳是最好的搭档，必须赢得九五信任，即使建议迁徙国都等大事，也能受信任。

7.九五：本爻位当，与六二相应。九五位当，阳刚、中正、诚信，所以能加惠于民，这是他的"益"在施惠的意思。"元"是指他的心中有善念。"增益"是指善念的增长。"惠我德"，是指以我德加惠于民。

8.上九：本爻位不当，与六三相应。因位不当，又至全卦之极，所以没有空间可以增益了。如果增益不能加惠于人，不能下施于民，只是个人之独善，即使有德，往往变成以德临人，所以反受人忌、受人攻击，这样的话，知变成空知，德变成虚德。心中有空、有虚，便不能守恒，所以反而有凶。

三、处变学

（一）自修

1.初九：在自修上，本爻的两个重点是"元"和"大"。

（1）元："元"是善之始，也是大之始。本卦讲益，就像建高楼，一层层向上增加，最重要的是地基，"元"就是地基。地基牢固，就是元之善。在运用上，我们也释"元"为动机，动机纯正，发展才正确。"益"不是突然从天而降，是由小至大，一步步增加的。所以在本爻上先要能反省是否"择善而固执之"。"元"的另一义是大，是由小而大，即积小善为大善，这就是增益。

（2）大：这个"大"，是"大作"，是大格局、大目标。在求学上，是大学问。《大学篇》朱熹的解释是大人之学，即治国平天下之学。在求知上，是大智慧。《庄子·逍遥游》说："小知不及大知"，"大知"就是真知，而不是个人争斗之知。在德性上，是大德。《论语》说："子夏曰：'大德不踰闲，小德出入可也。'"（《论语·子张》）小德可以譬作日常生活上的一些然诺态度，"出入"并非否定，而是可以斟酌、可以从权，如孟子说的嫂溺，小叔可以援之以手。大德的"不踰闲"的"闲"，是指原则、天理等。如孔子说："七十从心所欲，不踰矩"，"闲"就是"矩"，就是原则。本爻在开始便要以大学问、大智慧、大德性为主，这样才能向上提升。

2. 六二：本爻的自修在一个"益"字和"贞"字。

（1）贞：本爻是阴爻，这个"贞"字之德就是谦。本爻之谦所以受益，是因为它乘初九之阳，它能谦则能开放，让初九能向上增益。"谦"本身是一德，这种德对自己来说，是给予自己以空间，使自己的其他善心与善念能够滋长。"谦"对别人也是给予空间，使别人的善心与善念得以发展。所以在内卦之中的六二又与九五相应，它的"谦"正是与九五相和的一种提升的力量。

（2）益：本爻在地上，地能产生万物，有益于自然生态，所以本爻首说一个"益"字。为什么要益之以"十朋之龟"？龟是代表有灵性、有智慧，这是表示此处的"益"，不是讲财富、讲地位之益，而是讲知和德。如老子说的"为学日益"（四十八章），孔子说的"益者三友，损者三友。友直，有谅，友多闻，益矣。友便辟，友善柔，友便佞，损矣"（《论语·季氏》）。本爻之益，乃与初九之友相交，初九阳刚，故正直；至诚，故能谅，阳而上，故多闻。然后再向上和九五相应。"十朋"是指其多，是指并不限于一方面，而是多方面的。"朋"是否还含有朋友或相偶之意？也值得我们留意。

（二）应变

1.六三：六三之位在占卜上本有凶象，因由内向外而又位不当，且居于震动之上，故以"凶事"来比喻。但在应变上，有三点值得强调。

（1）用凶事：凶事是环境，本爻处理凶事不是逃避而是面对，不仅面对，还吸取更多的有益的教训。丧葬是凶事，孔子却能以它来讲"慎终追远，民德归厚"（《论语·学而》）。战争是凶事，老子却能用慈于战争而说："慈以战则胜，以守则固。"（六十七章）这是把益用之于凶事，转化了凶事而得益。

（2）有孚中行：本爻为阴，为谦，故爻辞特别强调"有孚"，"孚"是诚信，即谦中有诚，损中有益。六三与上九之阳刚相应，上九在天位，即吸取天道的至诚，来处理夹在二阴之间的窘境。

（3）用圭："圭"是大臣们朝见时所携的用白玉所做的板，有时怕忘事，所以在玉板上写了要报告的事情。用白玉板向君王敬拜，一方面代表此心的纯洁，另一方面也代表所呈的事实。所以"益"在六三的应变来说，就是心的纯洁及所依据的是事实。因为"益"必须有实，才能增益。

2. 六四：本爻在众阴之上，有阴太盛之象。虽然与九五相比，能辅助君上，使君主得到助益。但由于下卦震动之摇撼，加上自处在巽风之下，也容易摇动，所以必须要能行中正之道。本爻和六三都出现"中行"两字，这个"中"字我们在前面已做解释，为中正、中和及中庸。此处"中行"在本卦与"益"有关。要注意以下三点：

（1）中行则道直。中行则不走两边。很多人喜欢走边路小道，以为是捷径，结果反而欲速则不达。

（2）中行则行正。此"中"不是折中，而是正确。能中行，行为就能正直，也即中正不阿。

（3）中行则有信。六三与六四说"中行"接着就以"告公从"等召信为喻，所以中行才能得到别人的信任。

道直、行正和有信才能益知与益德，才能益己与益人，两者兼顾就是中道之行。所以本爻在应变上，不要为变求变，要以中为变，实际就是守原则而不变。

3. 上九：本爻在应变上，只有一个"恒"字。"恒"是一种德，我们在"恒"卦中已分析过领导者如何处恒与用恒。此处在上九爻上，为何又特别提出这个"恒"字？本爻是从反面说"勿恒"的，我们来看爻象：

（1）上九位不当，而阳至最高处，有刚极之象，此时不能益人，即"莫益之"。如果还要一再求益，即益己无度，自然会受到打击。

（2）上九在巽风之上，本来风化及物，故有益于物，但本爻太高，如高风之飘荡无定，不能下降于物。所以"莫益之"，即不能有益于物。

（3）风之所以能化物，必须能持续，即有恒，否则偶然飘荡，仍然不能增益。

基于以上之象，本爻的应变，就是先要有恒心，能持续。"天行健，君子以自强不息"（乾卦象），自强要能不息，不息才能有益。如《中庸》说："故至诚无息，不息则久。久则征，征则悠远，悠远则博厚，博厚则高明。博厚所以载物也，高明所以覆物也。悠久所以成物也。"这段话正说明了本爻之立心以恒，以求增益不息，而能有利物成物之功。

（三）自处

九五爻是处变者自处之位。在本爻上，出现了两处"有孚"与两处"惠"，再加上"元吉"和"我德"，可说是在同一爻上出现有关德行之字最多的一爻，它们提供了领导者的自处之道。

1. 有孚："孚"是诚信，第一个"有孚"是指领导者自处的诚信，即以诚信修心。第二个"有孚"，是指对人民的诚信，是以诚信及物。

2. 惠："惠"是仁爱之意，第一个"惠心"，是指仁爱之心，这是指领导者的仁心而言。第二个"惠我德"之"惠"是施惠，是以仁心爱物，即以我德施惠于人。

3. 元："元"是善之始，也是善之长。此处的"元"与初九的"元"正好对照，初九是善之始，此处即继此善，而使善增益成长。

4. 我德：这里标明"我德"，即前文的"惠心"。心是内在的，德却是外被的。标出一个"我"，即与人相待，也就是我德之惠人。《论语》说："子路问君子，子曰：'修己以敬。'曰：'如斯而已乎？'曰：'修己以安人。'曰：'如斯而已乎？'曰：'修己以安百姓。'"（《论语·宪问》）"修己以敬"就是"惠心"，"修己以安百姓"就是"惠我德"。

本爻说明领导者之求益，并非个人之益，而是造福人群之益。卦辞说"利有攸往"就是博施济民，"利涉大川"就是解救民难，这也是初九之要"大作"，即大有为；六二之"王用享于帝"，即上通神明，祈求国泰民安。

䷪ 夬　四十三

扫一扫，
进入课程

夬。扬于王庭，孚号。有厉，告自邑。不利即戎，利有攸往。

初九：壮于前趾，往不胜，为咎。

九二：惕号，莫夜有戎，勿恤。

九三：壮于頄，有凶。君子夬夬，独行遇雨。若濡有愠。无咎。

九四：臀无肤，其行次且。牵羊，悔亡。闻言不信。

九五：苋陆，夬夬，中行，无咎。

上六：无号，终有凶。

一、语译

夬。扬命令于朝廷，是有诚信的号令。有危险，来告于自己的城邑。不利于兴戎战争，利于有所往。

初九：强壮在前脚趾上，前往则不能胜任，是有过患的。

九二：有警惕的号令，夜晚会有战斗，不必忧虑。

九三：强壮在頄骨上，有凶险。君子过于刚决，单独而行遇到了雨。如被沾湿令人不悦，但没有过患。

九四：臀部没有肤肉，他的行进受阻不前。牵住了羊，就会没有悔事。听到闲话，不要相信。

九五：像苋陆这种草，刚强果决，能中正之行，没有过患。

上六：没有号令，最后有凶险。

二、解义

1. 本卦名"夬"，是指刚强果决，也指分裂、决裂的意思。本卦由内乾外兑两卦重叠而成，其象有以下各义：

（1）兑在上，为悦；乾在下，为健。健往而有悦，故刚强可往而有悦之象。

（2）兑在上，为泽；乾在下，为天。泽本应在天之下，现在却居天上，故有溃决之象。

（3）五阳在下，一阴在上，五阳共往，而决裂一阴，有君子合力除去小人之象。

2. 卦辞：本卦九五是主爻，本卦卦辞，都以九五取象。"扬于王庭"，指号令发于君王。本爻为阳，故有诚信的号召。"厉"是危险，指上面一阴盖顶，为黑暗所遮。"告自邑"，即指九五以下之四阳，通告它们，合力以除上面一阴，但"不利即戎"，就是五阳够强，不必动刀动斧，从事战争。"利有攸往"，即乘势前往，自能转黑暗为光明。

3. 初九：本爻位当，与九四不应。位当而为阳爻，初爻象征足部，所以说强壮在足趾上。与九四不应，因在足趾上强大，而不是整个足和腿，所以不便于行。即使贸然前往，也没有好结果，反而得到冲动的咎患。

4.九二：本爻位不当，与九五不应，这是因为与九五皆阳刚的缘故。因不应，所以"有戎"，而有警惕的号令。"莫"即"暮"字，为什么出现"暮夜"两字，乃是因本爻在众阳之中，缺少阴柔，故以"暮夜"为喻。虽可能有戎，但因警惕，由于阴柔可以冲淡阳刚之气，所以不必忧虑。

5.九三：本爻位当，与上六相应。虽位当，可是在内乾的三阳之上，阳刚太盛，故强壮出现在颊骨上，所以有凶象。九三在人位，且为阳爻，故以君子为喻。"夬夬"是指君子的刚强果决。"独"是单独，因为在五阳中，唯有本爻与上六阴阳相应，所以说"遇雨"，即遇上六的阴柔，九三阳太盛，而过干，因遇雨沾湿，虽有不适，却是没有过患的。

6.九四：本爻位不当，与初九不应。因位不当，所以臀股没有肤，即没有肉，且阳刚太过，也即是只有骨，所以坐不下来。由于不应，因此前行受阻。"次且"，是指前往受阻而不能进。"牵羊"是指牵拉群羊，群羊即指下面的三阳，一齐前进。"悔亡"是指不会有后悔之事。因九四是大臣，能合下面人才之力，以辅助九五之君。"闻言不信"的"言"是指闲言，即妒忌、诽谤之言，也许出自上六，但"不信"，即一心一意为国为君，故不受闲言的影响。

7.九五：本爻位当，与九二不应。"苋陆"的"苋"是一种感阴最多而蔓生的草，因本爻上面即上六的阴爻，所以用"苋"草为喻；"陆"是陆地，喻九五的阳实。因九五阳刚，故对付上六，须有"夬夬"的刚毅果决之心。"中行"因本爻处外卦之中，故象征中正之行。

8. 上六：本爻位当，与九三相应。以位和应来说，本爻并无不当。可是处五阳之上，以一阴之软弱对付五阳之刚决，自然难以应付。"无号"如对应于前面之"孚号""惕号"，可指在本爻上如不能诚信、不知警惕，最后必有凶险，必然被五阳所淘汰。

三、处变学

（一）自修

1. 初九：本爻爻辞是就负面的意思来劝止。重点是这个"壮"字，本卦出现两次，一次是本爻，另一次在九三，都是不好的意思。孔子说"血气方刚，戒之在斗"（《论语·季氏》），"刚"即是壮。《老子》全书在戒壮，如"强梁者不得其死"（四十二章），"物壮则老，谓之不道"（五十五章）。"壮于趾"就是勇于冒进。在本爻上的自修，因为是阳爻，以德来说是诚。"诚"和"壮"不同，"壮"是强，是以胜人为志，而"诚"却是无邪之气，能感人化物，而不以强力加诸于人。

2. 九二：本爻在自修上有两个重点，一是"惕号"，一是"勿恤"。"惕"是警惕之心，"惕号"是把警惕之心变成一种号令，使人知所适从，简言之，就是一种德行。这种"惕号"之德，有三点可资自修之用。

（1）见微知著：警惕之心，都是在洞烛微小的事情上，能知所警惕。老子说"见小曰明"（五十二章）"为大于其细"（六十三章），因著是从微而来，能见微也就能知著。我们常说洞烛先机，就是能知微而有警惕之心。

（2）知己知彼：《孙子兵法》说"知己知彼，百战不殆"，这是兵法的运用。在德性修养上，"知己"就是反省自己，反省之后，知道自己的弱点而补救之，知道自己的错误而不再犯，这就是警惕之心；是知己之后才能知彼，同时也是在知彼之时，更须反省而知己。

（3）知足知止：这是《老子》一书中的两个重要德性。知足需要有警惕心，知道自己已够好、够多了，应该满足。知止是知道什么时候该停止，否则超越界限，便有危险。

"勿恤"是告诫语，但在自修上，尤其在心理上，也有三层意思。

（1）不忧虑：此处"忧虑"是指不必要的忧虑，这种忧虑多半来自患得患失的心态。惩治之道，在减欲。

（2）不惧怕：这是指忧虑过甚，而成为惧怕的心理，由惧怕而畏缩、逃避。惩治之道，在修养心胸、坦然无愧，所谓"临事不惧"。

（3）不慌乱：这是由于前两者的处理不当，而造成行为上的错乱。惩治之道，在于反省自己，安心于无为无欲。

（二）应变

1.九三：本爻在众阳之中，带领下面二阳，直逼外卦的二阳。所以它的环境有危险。在应变上，有两个句子，即：

（1）独行遇雨。"独行"的"独"有二解：一是承接前面"君子夬夬"而来，"夬夬"是刚决，故有独行独断之意。有时候，这种"独"也含负面的意思。另一是"单独"和"独立"之意。这个"独"用在中国哲学上，更有其深意，如《大学》的"慎独"，老子的"独立而不改"，庄子的"见独"。这里的"独"，虽无哲学上"真我"的意思，但却是九三从初九、九二中独立出来，单独与上六相应，吸取上六阴柔之质，来补正九三阳刚过旺之缺点。

（2）若濡有愠。就字面的解释，被雨沾湿，当然心中有愠，"愠"是不平而微怒之意。但就德行来说，"濡"是以德润身，指修德之意，何以却有愠呢？孔子说："人不知而不愠，不亦君子乎？"（《论语·学而》）可见人不知，本来会使人有愠的，只是孔子重君子的修养，做到不愠而已。事实上，很多时候，个人修养德行，非但人不知，而且还受误解，甚至牺牲了自己，还被人讥笑，岂能不愠？举一个现实的例子。二〇〇〇年间，我过上海，与一些年轻的公司负责人谈《易经》的诚信思想。这时候国内的商业界欺诈之风盛行，政府贴了很多重视诚信的标语在街头巷角。会中有人问："我们也知道诚信的重要，可是我们如果讲诚信，而对手却不讲诚信，我们不是先要吃亏啊？"这就是"愠"，也就是抱怨自己讲诚信，却得不到好的结果。其实在现代的社会中，很多不讲诚信的人反而得利，但这只是表面的、暂时的。真正一个人的人格，一个公司的声誉，一个国家的基础，仍然以诚信为主，否则"不诚无物"（《中庸》），还有什么存在的意义与价值？本爻所谓"若濡有愠"，就是说即使有愠，还是要做，还是要濡其德，才能无咎，才能问心无愧。

2.九四：本爻已到外卦之始，上临九五之阳，下又有三阳之冲进。处此情况，该如何应变？就爻象的爻辞来说，坐不稳（坐下三阳），行也不得（上一阳挡路），他的应变，就在下面的两句话：

（1）牵羊悔亡。这句话的重点是一个"牵"字。本爻不是听信，或纵容，甚至结合下面三阳来冲进。他身为九四之大臣，对于下面的人才，要能"牵"，即牵制、牵动的意思，就像小畜和大畜两卦都是对内卦三阳的畜，而且都是以一阴和二阴畜三阳。可是本爻是阳，如何能畜三阳呢？如果我们反观九三的"遇雨""若濡"，就可以看出九四之能牵，是因为九三已因他的相应上六而吸取上六之阴柔，使初九、九二之阳刚得到中和，因此使九四易于牵动，不致阳刚太强而冲击九五。相反的，还能助九五之功。

（2）闻言不信。九四和九五同属阳刚，所以九四容易被九五猜疑，尤其他牵了那么多的阳刚共进。本句"闻言不信"，由于本爻象辞的"闻言不信，聪不明也"，都被解作负面的意思，指不听劝言。但就爻辞本身来说，是在"悔亡"之后，且没有吉凶的任何判断，因此也可解作正面的意思，即不信闲言，因《易经》爻辞上常出现的"小有言"都是指批评之言。这个闲言从何而发？当然不是内卦之乾阳。外卦之兑，是象征口，言出之于口，可见上六即发言者。上六以阴乘坐于五阳，而本卦之夬，一般解释都当作五阳决除上面一阴，有君子之道消除小人之道之象。那么上六为了自保，而出此谗言，以防九四的挺进，也是合理的解释。九四即牵了众阳，便应一心一意辅助九五，任何闲言都动摇不了他，这是他以九四之诚，而召九五之信，所以说他"闻言不信"。

在本爻上的应变，就是他一面培训了下面的人才，集合他们的才智贡献于上，一面又以他专诚不二，赢得在上者的信任，不受任何闲言谗语的影响。

3. 上六：本爻在本卦之终，就占卜卦象来说，都当作被决裂、灭除的对象，甚至以小人相待，连号哭都来不及了。可是当我们处在此爻时，是否把自己当作小人而束手待毙？如果真以决裂来说，五阳决掉了上六，那么岂非本卦将变为六阳的乾卦？纯阳而无阴，即使天道，犹有所憾。所以本卦五阳而决一阴，只是一个决裂的观念，并非真的事实。事实是假定我们占卜，卜到在这一卦上，难道就真的掉入凶险而无救药吗？当然不是这样，爻辞虽是负面的说法，我们却可以改为正面的做法，非但避过凶险，而且还可以和五阳共处，保持住这一阴的尊严。如何做？就在"无号"的这个"号"字，解义上曾说过是"惕号"和"孚号"。

（1）"惕号"的应变：在本爻上，如能警惕，知道自己地位的凶险，就应发挥本爻的特质，即阴柔和谦德来化解五阳的敌意，转干戈为玉帛。

（2）"孚号"的应变：本爻和九三相应，正可吸取九三的阳刚和诚德，来补足自己谦柔的不足。九三在内卦，从上六来说九三是它的内应、内助。得到九三的支助，上六便能减弱了五阳的力势，而保住了它自己的地位，甚至还成为众阳所欲求和谐的主体。

（三）自处

九五是处变者自处之位。这位领导者的自处，除了本爻的"中行"外，还有卦辞的"孚号"，以及相应之爻九二的"惕号"。

（1）中行：“中行”是中正之行，这当然符合了九五的当位而处外卦之中。关于这个“中”字前面我们都有解析，但在本卦中另有一新义，就是“中央”，如中央集权。因卦辞上说“扬于王庭”，特别指出发号施令者必须是王庭的领导者，因为本卦前四爻皆阳，都为刚决之士，所以这位领导者，必须能把握发号施令的主导权，如韩非所说的“事在四方，要在中央”(《韩非子·扬权》)。

（2）孚号：“孚”是诚信，但此处加一个“号”字，即把这个“诚信”借号令而发布出去，这是比较主动的开诚布公。

（3）惕号：“惕”是警惕，指警惕之心，这里加一个“号”字，也是借号令或政令把警惕性的法令宣布出去，使群臣和人民都能戒慎恐惧、知所警惕。

䷫ 姤 四十四

姤。女壮，勿用取女。

初六：系于金柅，贞，吉，有攸往，见凶。嬴豕，孚，蹢躅。

九二：包有鱼，无咎，不利宾。

九三：臀无肤，其行次且，厉，无大咎。

九四：包无鱼，起凶。

九五：以杞包瓜，含章，有陨自天。

上九：姤其角，吝，无咎。

一、语译

姤。此女甚壮，不能娶此女。

初六：把它系在金属包的木棒上，坚守贞固，有吉。有所往时，会遇见凶险。如瘦猪，虽有心向上，但只是跳跃不已。

九二：包裹中有鱼，没有过患，不利于为宾客。

九三：臀股没有肤肉，前行受阻难进，有危险，没有大的过患。

九四：包裹中没有鱼，产生了凶险。

九五：以大的杞叶包住了瓜，含藏光芒，如来自天降。

上九：垢的相遇进入了牛角，有羞吝，没有过患。

二、解义

1. 本卦名"姤"，"姤"是遇的意思，通"遘"。本卦由内巽外乾两卦重叠而成，其象有以下各义：

（1）乾在上，为天；巽在下，为风。风行天下而遇物，故有遇之象，此正面的意义。

（2）一阴在下，与上面五阳相遇。此遇不合常理，此负面的意思。

（3）在人间，有各种不同的遇合，是正是负，如何取舍，是本卦的用意。

2. 卦辞："女"指一阴在下，向上发展，要与五阳相处，野心太大，故说"壮"。"勿用取女"有二义：一是表面的意思，指这样的女性不能娶，"取"即"娶"；二是这样以一阴敌五阳的野心不能有。

3. 初六：本爻位不当，与九四相应，位不当而野心太大，所以把它绑在金属包的木棒上，"柅"是插在地中包铁的木橛，系牲畜用。"贞"是坚守贞固，指木橛的固定牢靠。本爻虽与九四应，但上面阳太多，也不宜速往，否则有凶险。如瘦弱的母猪，虽与九四有应，故说有孚，但只是跳跃，仍然不能前进。

4. 九二：本爻位不当，与九五不应。本爻虽位和应都不好，但它首当其冲的与初六一阴相遇，它如能包着初六，使它不能窜动，则也可以无过患。但它必须保持主动，以制止初六，如果被动，反而变成受制的入幕之宾，如俗语所谓拜倒石榴裙下。

5. 九三：本爻位当，与上九不应。位虽当，但乘九二之阳，所以仍不能坐，故有臀股没有肤肉之象。因不应，所以前行受阻。"次且"，意思是不能进。在内卦之上，面临外卦的众阳，所以有危险。"无大咎"的说法，本是有咎，但不至于有大患，因本爻与初六之间隔了九二，尚有祸不及身之幸。

6. 九四：本爻位不当，与初六相应。因位不当，处众阳之中，而其势又进逼九五之君，故有凶象。本爻与初六相应，本可吸取初六之阴柔，但初六已为九二所包，因此本爻便无鱼可包。相应而不能应，也是产生凶象的原因。

7. 九五：本爻位当，与九二不应。本爻九五中正，为阳爻，所以有光辉文采之"章"。"杞"是叶大之树木，其叶可以包物。瓜是阴属之物，在本卦是指初六的唯一阴爻。九五本与九二为对，但不应。可是九二却包了初六，所以九五也因九二之"包鱼"，也兼而包之。也就是说万一初六进至九五之位，九五也能包之，使它产生不了影响。九五之"含章"，因阳太盛，所以含藏之，而不过于显耀。九五即不显自己之美，可是美却由天而降，是自然而得，不假人为。

8. 上九：本爻位不当，与九三不应。"姤其角"的"角"不仅狭小而且封闭，不能出来，即不能有遇，所以有羞愧之色。可是何以又说"无咎"？因为既然不遇，没有好机遇，也没有坏机缘，所以也是没有任何过患可言的。

三、处变学

（一）自修

1.初六：本爻在占卜的卦象来说，常看作麻烦的制造者，可是当我们占得此爻，却不能把自己当作麻烦的制造者，相反的，我们更应除此麻烦，而着重自修。在自修上，本爻有两个重点字，一是"贞"，一是"孚"。"贞"字很清楚，由于本爻是阴爻，以谦德为主。至于"孚"字，因在负面的"羸豕"之后，前贤们对此字都略而不释。但"羸豕"只是初六之阴爻的比喻，"蹢躅"也是阴爻性不稳的描写，而"孚"字乃指初六与九四的相应。也就是说初六虽与九四相应，有孚，但仍动摇不稳，这是负面的说法。在自修上，针对此病，要借九四之诚来充实本爻之虚。所以本爻在修养上，也兼顾"谦""诚"两德。

2.九二：本爻在众阳之始，又贴近初六之阴。"包有鱼"的"鱼"是代表阴，可譬作私心、私欲。也就是说本爻的自修，先要克制自己的私心、私欲，如孔子"毋臆，毋固，毋必，毋我"（《论语·子罕》）的"毋我"。"不利宾"就是不要做私心、私欲的奴隶，不要被它们牵着鼻子走。西方心理学创造了一个"自我"（ego）的术语，这个"自我"是虚设的，但却是私欲的代表，"自我中心"，就是以这个私欲的"自我"去遇合外在的物、事和人。本爻的"鱼"就是私欲，就是"自我"，以这个"自我"为中心而拜倒在这个"自我"之下，"真我"反而失去了主导的地位，成了"宾"。所以本爻的自修，就是克制这个私欲，要使自己做自己的主人。

（二）应变

1. 九三：本爻的爻辞都只是现象的描写，而且是负面的。至于要如何求正面的应变，可能要逆向思维，把负面的爻辞，转入正面来进行。"臀无肤"，是指它的乘位不好，因内卦为巽风，易于动摇，故不能坐，必须行。"其行次且"，是指行有阻。但外卦三乾阳，又代表光明，仍然是可以向往的。如果九三能自修初六的谦与九二的诚，再于九三的阳爻上以诚德开放自己，向九四迈进。所以爻辞上，仍说"无大咎"，即鼓励九三虽"次且"犹疑不前，但仍然要鼓起勇气往前。本卦"姤"是说遭遇，外卦乾阳，毕竟是光明可遇。所以应变之道，是在培养了在下面的基础（初六、九二）上，加上自己的警惕和输诚，一步步地往上、往前迈进。

2. 九四：本爻爻辞也是负面的话，本爻的重点在"包无鱼"一语。占卜上因为初六为九二所包，使九四无法和初六相应，故起凶。那么反过来，九四和初六相应则没有凶了。九四和初六相应代表了什么？这代表九四阳刚，能吸取初六的阴柔，才能以它的大臣之位，辅助九五的君主。本爻夹在四阳之间，又面临外卦乾阳之始，因此在它阳刚之中能掺有阴柔，也是非常合理的。另外如果把"鱼"当作私欲来看的话，"包无鱼"也即是指包不住私欲，也即是克制不了私欲，所以就产生了凶。同样一条鱼，有正负两面的看法，这是因为同样一个阴爻也有正负不同的解读。在初六爻辞上我们也说过，就整个卦象来看，是麻烦制造者，但对阴阳相应与和谐来说，它又帮助阳爻减少了阳刚太盛的毛病。

3. 上九：本爻在本卦之极，因不遇，故"姤其角"，而有"吝"。

可是在应变上，却提示了我们不要"姤其角"，在私欲上求遇，在小问题上求合。也就是说要走出这个"角"，与人相遇于宽大平坦之途。本爻在天位上，所以象征自由自在、不需要斤斤计较遇合。"遇"，也是人生的际遇，我们常抱怨遭时不遇。孔子说："君子哉，蘧伯玉！邦有道则仕，邦无道则可卷而怀之。"（《论语·卫灵公》）即使遭时不遇，如许多隐士，他们也能追求自己的兴趣，所以本爻在不遇上也说"无咎"。在本爻的应变上，就是能遇则遇于宽大平坦处，如不遇则置身于局外，不落于争端，明哲以保身。

（三）自处

九五是处变者自处之位。我们把本爻辞、卦辞和相应的九二爻合起来，可得以下各种在遇合时的自处之道。

1. 谦柔：卦辞说"女壮"不好，因此反过来，我们应利用阴爻的特质，就是谦柔，因为遇合时，应以谦柔之德来与人遇合。

2. 无欲：九二"包有鱼"，是克制私欲之意，在与人遇合时不要先有私欲，就是交友不要以朋友为工具。

3. 自主：九二"不利宾"，就是在遇合时，不要屈服于对方的财势，应保持自主的尊严。

4. 宽大：本爻"以杞包瓜"即象征自己宽大的胸襟，能容纳别人，所谓"责己以严""待人以宽"，才是真正待人之道。

5. 含弘：即本爻"含章"之意，老子说"和其光"，不要自己光芒太过，使别人产生自卑。

6. 天命：本爻"有陨自天"，可解为天命之降，就是对遇与不遇不强求、不怨尤，一切听任天命的安排。

萃 四十五

扫一扫，
进入课程

萃。亨，王假有庙。利见大人，亨，利贞，用大牲，吉。利有攸往。

初六：有孚，不终。乃乱，乃萃。若号，一握为笑。勿恤，往，无咎。

六二：引，吉。无咎。孚，乃利用禴。

六三：萃如，嗟如。无攸利。往，无咎。小吝。

九四：大，吉。无咎。

九五：萃有位，无咎。匪孚，元永贞，悔亡。

上六：赍咨，涕洟。无咎。

一、语译

萃。需要沟通，君王治国须重视宗庙祭祀，能遇到大人则有利，仍需沟通，坚守贞固之道，用牛羊猪的大牲祭祀，则有吉。利于前往。

初六：有诚信不能坚持到底，因而有乱事产生，所以需要聚集人民，要有正确的号令，能和人握手言欢。不要忧虑，继续前往，则没有过患。

六二：受到引进，则有吉。没有过患。表现诚信，用于薄礼的祭礼也有利。

六三：聚集啊！有所嗟叹。这样是无所利的。继续前往，是没有过患的，但有小的羞吝。

九四：能大，则有吉。没有过患。

九五：要有正位去聚集人们，没有过患。不易征信，则原其始，永远的坚守贞固之道，悔事便会消失。

上六：叹息，流泪，没有过患。

二、解义

1.本卦名"萃"，"萃"是聚集的意思，是指国家有乱时，人才散失，然后再聚集，使他们回来。本卦由内坤外兑两卦重叠而成，其象有以下各义：

（1）兑在上，为泽；坤在下，为地。水到了地上，能聚集在一起，则为湖泽，故有聚之象。

（2）兑在上，为悦；坤在下，为顺。顺着而动，使人喜悦，所以易于聚集人才。

2.卦辞：聚集人才，首重沟通，故首说"亨"字。"王假有庙"，是借宗庙祭礼，表达诚信，使人回归宗祖。卦辞之"大人"指九五的君位，中正诚信，所以有利。第一个"亨"字，因"假有庙"是向上沟通；第二个"亨"指与人民沟通，故有利于坚守诚信的贞固之道。"用大牲"者，指重视这种沟通。"利有攸往"，指聚集人才，必须礼贤下士，故需前往求贤。

3. 初六：本爻位不当，与九四相应。因位不当，所以有诚信却不能持之以恒，这也是人才散失的原因。如今要聚集他们回来，必须有号令。这里的"号"是指的"孚号"，即诚信的召唤；这里的"号"也可解为哭号，即用哭泣以表明诚心。因初六与九四相应，所以"握"指握手相和。这时候不再有忧，只要继续往前，必能成事。

4. 六二：本爻位当，与九五相应。因位当而应，所以说有吉又无咎。"引"是牵引，是指九五之君聚集人才而召唤了六二前往。六二上交，必以诚信，如祭礼以诚，但真正之诚，不在礼物之多，即使薄物而祭也能表达真诚。

5. 六三：本爻位不当，与上六不应。因位不当，所以以聚集时，名位不正，因而有嗟叹之声，指聚集不佳。"无攸利"，为什么又要"往，无咎"？"无攸利"只是指目前的不利，但因为聚集之举，不能一蹴可就，需要时间和耐心，所以必须继续不断，即使有小小的蒙羞，也不必计较。

6. 九四：本爻位不当，与初六相应。因位不当，故需小心。本为有咎，但因与初六相应，吸取初六之谦柔，所以又能"无咎"。这个"大"是指九四为九五之君聚集人才时，不是为了自己，不是为了结党，而是为了君主，为了国家，有大目标才能有吉。

7. 九五：本爻位当，与六二相应。因位当，所以说聚集人才是名位正的。但九五由于九四在众阴之上，九四先替九五聚集了人才，可能自己的诚信因九四之隔，不易通于下面，故有"匪孚"之象，"匪"为"不是"之意。因此九五需加以努力，先要原其始，和六二相遇，能保持它的诚正之道，才有可能不让后悔之事发生，即九四不会功高震主。

8. 上六：本爻位当，与六三不应。虽位当，但为阴爻，在极高之位，所以有嗟叹哭泣之象。"赍咨"是嗟叹之声，"涕"是眼泪，"洟"是鼻涕。这本来是有咎的，为什么又说"无咎"？因为本爻乘于二阳之上，如果能以泪水化解二阳的刚强，也许可以和阳相合而和谐相处。

三、处变学

（一）自修

1. 初六：本爻在自修上，有两个重点：一是"有孚"，一是"若号"。就"有孚"来说，是诚信。本爻阴柔，位不当，所以缺乏阳刚和诚德，针对这个缺点，正是自修的着力处。"若号"有两层意义：一是号令，即表达于外，因为聚集人才需要号令使他们来归；一是内心情感的激动，如号哭等，这也是内心诚意的表现。所以本爻的自修，也在一个"诚"字，是诚于中而形于外。

2. 六二：本爻在自修上，重在一个"孚"字，这也是本爻为阴爻所缺乏的。但在本爻上讲"孚"，有两个字值得细究，一是"引"字，一是"禴"字。"引"是把它引出来，即指九五、六二之相应，使六二被九五阳刚之诚引出。"禴"是薄礼的祭祀，《论语》说："祭如在，祭神如神在。子曰：'吾不与祭，如不祭。'"（《论语·八佾》）这是表示祭礼必须亲自参加的诚意，而祭礼乃是对上天之诚。所以本爻上讲的"孚"之诚，乃是由上面所牵引，或向上沟通之诚。这与初六之"孚"的诚不同。初六之"孚"的诚是属于情感的，如"号""笑""恤"等字，所以初六的修诚是情感的，而六二的修诚是理智的。如果站在"萃"的聚集人才来说，一位领导者对初六是以感性的诚来感动他们，六二乃是以理智的诚来提升他们。

（二）应变

1. 六三：本爻在内卦三阴之上，有阴过盛之病。所以爻辞中出现"嗟如"，指聚集人才有了问题。就"萃"的卦象来说，下面三阴代表人才的散失。真正聚集人才的"萃"乃是在于九四和九五两爻。六三失位，他不是聚集人才的主导。如果只是六三来聚集初六、六二，就等于聚结成党，这在古代是朋党。所以在这一爻上的应变，乃是向上比于九四、九五，所以是"往，无咎"。他的向下聚集人才是"小"，因为阴是小，如果他以六三自骄也是小，所以有吝。

2. 九四：本爻已到了外卦之始，身为大臣之位，下面有三阴随从，上面有九五之君须待候。就爻位来说，本爻带领下面三阴，是聚集人才的主导，很容易被解读为他是下面三阴的领袖，或为大权在握的重臣。但九四是阳爻，阳刚过强，有功高震主之嫌，所以本爻在应变上，强调一个"大"字。前哲解《易》，"大吉"都当作大的吉利，把"大"当作"吉"的形容词，为什么"大吉，无咎"，如何才能"大吉"，却没有深究。此处我们把"大"字单独来用，指能"大"则有吉。如何是能"大"？就本爻来说，有四点意义。

（1）阳大：以占卜的名词来说，"大"是指阳爻，"小"是指阴爻。能"大"，就是不被下面三阴爻所束缚，而能发挥阳之大。

（2）包容：所谓能容则大，在本爻上发挥它的包容性，使三阴爻来归。

（3）大我：本爻是大臣，不能以自我为中心，他应以国家为前提，舍小我而发挥大我的精神。

（4）转化：在他聚集了下面的三阴之后，并不是以三阴的势力为他所用，而是让三阴通过他的聚集，转化到九五之君那里，而为九五所用，达到真正"王假有庙"，为君王或领导者聚集人才的目的。

3. 上六：在本卦上，出现了一些情绪化的字，如初六的"号"（即号泣）"笑"，六三的"嗟如"，以及本爻的"赍咨，涕洟"。这都说明了是以感性的方法来聚集人才。尤其六三的"嗟如"和本爻的"赍咨，涕洟"，都是同一种性质。就应变来说，本爻是阴，坐于二阳之上，所以他的位置动摇不安，因此有"赍咨，涕洟"之象，这本是负面的，但应变上却可以转成正面的意义。"赍咨"是"嗟叹"，是了解自己的软弱、低微，"涕洟"是内心伤感的表现，是真情的表露，所以这样才能"无咎"。把这种嗟叹与哭泣用得最好的是《三国演义》中的刘备，每当他的结义兄弟关羽与张飞等出征时，他都嗟叹流泪，表示自己不会武术，只好让兄弟们为他卖命。俗语说女人的眼泪是她们的武器，但男人的眼泪有时比武器还厉害。当然了，这种以眼泪为武器只是一种权术，《易经》是不讲权术的，所以本爻的"赍咨，涕洟"乃是真情的表露，是谦的自卑、诚的感人。

（三）自处

本卦九五是处变者的自处之位。我们统合本爻爻辞、卦辞和相应的六二爻辞，其自处之道有四点。

1. 亨：在卦辞上，出现了两次"亨"字，"亨"是沟通，可见一位领导者在聚集人才时，沟通的重要。对下，他需通过九四与下面三阴沟通；对上他虽在君位，却必须对天沟通。他先使自己能法天、能顺天道，才能以"神道设教"，借精神的提升，使人民的精神生活也得以提升。这也即张载的"为生民立命"，即建立精神的生命。

2. 孚：六二与九五爻都有"孚"字，"孚"是诚信。六二的"孚"是向上，九五的"孚"是使民信服。虽然九五爻辞上出现"匪孚"两字，本是负面的，指人民之乱乃因国君或领导者的征信不够，因此正面的努力，就是要在诚信上下功夫，使人民了解领导者的诚信。

3. 位：九五爻辞上特别出现了这个"位"字。九五的阳刚中正，即是说领导者必须自立于中正之位，才能发号施令，聚集人才。孔子说："名不正，则言不顺，言不顺，则事不成。"（《论语·子路》）"名"即名位，因位不正则名就不正了。孔子要正名，本爻此处却是要正位。

4. 元："元"是"元"其始之善，也是从始而有大的发展。本爻就自己来说，必须把握住动机之善、动机之大，聚集人才是使他们能从善，是使他们能以大我为目标，有了这两点，聚集的才是真正的人才。

䷭ 升　四十六

升。元，亨，用见大人，勿恤。南征，吉。

初六：允升，大，吉。

九二：孚乃利用禴，无咎。

九三：升虚邑。

六四：王用亨于岐山，吉，无咎。

六五：贞，吉，升阶。

上六：冥升，利于不息之贞。

一、语译

升。要原其始善，要能沟通，用此以见大人，不必忧虑。向南征讨，则有吉。

初六：共允而升，能大，则吉。

九二：要有诚信，可用薄礼之祭而有利。没有过患。

九三：升入于空虚的城邑中。

六四：君王用此以献祭于岐山之上，有吉，没有过患。

六五：坚守贞固，则有吉，上升必须有阶梯。

上六：黑暗的升，如能有不息的贞定则有利。

二、解义

1.本卦名"升"，"升"是指向上提升，向上发展。本卦由内巽外坤两卦重叠而成，其象有以下各义：

（1）坤在上，为地；巽在下，为木。木生地中，愈长愈高，是升之象。

（2）坤在上，有三阴之虚；巽在下，有二阳之风，二阳上行，三阴之虚顺而动，故易于升进。

2.卦辞：升必自最低处，所以要原其始生之善。升进需要沟通，所以首重"元，亨"。升进上行，才能见大人。本卦主爻为六五，六五与九二相应，故九二之升，会遇六五之大人。在升进时，一心向上，不必顾虑太多，不必畏首畏尾，所以要"勿恤"。为何"南征，吉"？程颐、朱熹只说"前进"，未有指"南"之意。在占卜的方位上来说，巽属东南，坤属西南，离属南（《说卦传》）。本卦之巽和坤都共有个"南"字，而南方之离又为光明之地，所以升是走向光明，也是合理的解释。"征"虽多与征战、征讨连言，但"征"未必一定是指战争，因为征服困难也是一种"征"。此处解作，升进时必须通过许多阻碍与困难。

3.初六：本爻位不当，与六四不应。照位和应来说并不好。所以有两个条件用语，即"允"和"大"。就是说必得到大家允诺，而且要有大目标，才能升，才有吉，否则便不能升。

4.九二：本爻位不当，与六五相应。位虽不当，但九二为阳爻，所以重"孚"的诚德。因与六五相应，所以"用禴"的祭礼以向上表诚，也就是说向上升进，诚是最大的动力。

5. 九三：本爻位当，与上六相应。位当而应，所以有升的条件，正好上面外卦之三爻为阴，坤阴内虚，以"虚邑"为喻，升入"虚邑"，升的阻力减少，即容易升进。

6. 六四：本爻位当，与初六不应。因位当，故有吉。因不应，本有咎，所以无咎的原因，乃是能"亨于岐山"，即以六四之谦虚，把成就献于在上的六五之君。"岐山"是文王常祭礼上苍之地。

7. 六五：本爻位不当，与九二相应。位虽不当，但六五为阴柔，以谦虚为德，所以能以谦虚为贞道则有吉。在本卦为升的卦旨下，本爻的虚却提供下层人士能够向上升进的空间，也就是给予他们升进的阶梯。

8. 上六：本爻位当，与九三相应。本爻已达本卦之极，已升入最高处，且逢上六阴爻，有暗之象，故以"冥"为喻。但因位当而应，且在天位，所以又有正面的看法。"天行健，君子以自强不息"，因上六为阴爻，所以此"不息之贞"的"贞"是谦德，也就是以谦德不断地升进，不留于"冥"而走入光明之地。

三、处变学

（一）自修

1. 初六：本爻在自修上，仍然只有两个字，即"允"和"大"。本爻上有二阳阻路，所以它必须能与二阳和谐才能升进。在爻象上，这个"允"是指上面二阳，但在现实人生中，这个"允"也是指同事或同伴，也就是本爻上的自修。重视人际关系和周围环境，能得到各方面的支持，才能顺利上升。至于这个"大"字，是指以大理想、大目标把我们提升上去。

2. 九二：本爻的重点只有一个"孚"字，即诚德。诚是上升最主要的动力。初六的谦德总嫌被动，所以他要"允"才能升。而本爻与六五相应，所以他的诚德一面能感化六五，使六五能与他和谐得以升进；另一方面得到六五的提升，使他能以诚的力量，往上发展。

（二）应变

1. 九三：本爻在内卦巽木之上，它是带头要向上升进的，它的有利条件是它的阳刚，即它的诚德。它面临的外卦坤的三阴正象征了"虚"。所以本爻的"虚邑"，就占卜来说，乃是指坤的三阴。可是这个"虚邑"不出现在六四中，而出现在九三上，这就值得我们深思了。在九三的应变上，这个"虚"究竟代表了什么意义？大约有以下各点。

（1）虚心：老子说"虚其心"（三章），这里的"心"是指心中的欲念，本爻为阳，代表无欲。

（2）虚我：本爻在内卦之上，阳气过盛而有骄态，以自我为中心，则不能入"虚邑"，所以要除我慢，如孔子所说的"毋我"。

（3）无住：本爻不能停留在内卦，而必须由内到外地升进。"无住"虽为佛学用语，但升卦的历程中，必须升进不息，不能住于"虚邑"。

（4）有诚：本爻阳刚，又是位当，故修之以诚德，有诚才能入虚。当诚入虚之后，虚便不是真的空虚无物了。

2. 六四：本爻当位，为阴，就德来说乃是谦。他一面以谦来缓和二阳的冲进，使二阳之升为渐升；另一面以大臣之位，对付六五阴柔之君，也以谦德来冲淡六五对自己的疑虑，因此它才能很顺利地升进。本爻并非六五之君位，何以出现一个"王"字？这个"王"字仍然指六五，是指六五之君可用六四之谦虚，使内卦之巽木得以升进，也就是说六五之君能用六四之成就来到歧山上，献于神明。所以六四之应变，不在自己居功，因为他在外坤之始，能以他的虚，使下面的人才得以升进，为君王所用。

3. 上六：就占卜来说，本爻在升卦之终，已无可升之地，又在外卦三阴之上，阴暗太浓，而有"冥"之象。这个"冥"本是负面意义，但在应变上，可转成正面的做法，使这个"冥"有较深的意义。所以说"冥升"而不说"升冥"，因为"冥升"是以"冥"来升，"升冥"则为升入了冥。这个"冥"是黑暗、是遮蔽。老子说："知其白，守其黑"（二十八章）"夫唯不盈，故能蔽不新成"（十五章）。也就是说升进到最高处时，对自己来说，容易骄傲，因本爻在坤的三阴之上，有虚骄之病；对别人来说，光芒太露，容易遭忌，所以用"冥"字来遮住升进之过高。本爻另一应变之法在"不息之贞"，"贞"是阴爻的谦德，因过高，所以守谦。但此处的谦不是退让，而是继续升进。此时，已在天位，如何再升进？其实，此时不是位阶的升级，而重在"不息"，即周流不息、运行不息。本爻的"升"到了不息的境界才是本卦真正升的大义，即从外在的职位或官位的升进，到了内在德性、精神的提升，再从向上的提升进入无穷的"不息"的境界。

（三）自处

六五是处变者自处之位。就卦辞、本爻辞、九二爻辞中很多重要的字，如"元""亨""大人"（卦辞）"贞""阶"（六五爻辞）及"孚""用禴"（九二爻辞）等，综合起来，可有以下各项提示：

1. 元亨：在向上升进时，需要把握原始之善，使这个善随着升进，逐渐由小而大而亨，与万化沟通而共臻于至善。

2. 大人：卦辞中的"大人"是指六五，就德性来说是谦。也就是说在升进时，必须把握大原则，以谦德来助长升进。

3. 孚：九二爻上的"孚"乃诚信，就是说要升进时，必须以诚为动力。

4. 用禴：这是"诚"的沟通天道，使人往上提升，"禴"是宗教祭礼，这也代表一种信仰。

5. 贞：六五爻上的"贞"是谦德，由九二之诚，与六五之谦相应，这正代表领导者以谦虚的态度接纳下面人才的诚意相进。

6. 升阶：这是六五的爻辞，也是六五在本卦升进中最重要的做法，即是指这位领导者必须铺一个阶梯，使下面人才能循梯而上，而且这阶梯也向上铺，使自己能向上而升。这个"阶"对内心来说，就是开放的心灵，向下向上同时开放；对外来说，就是制度，也即是说要设立健全的制度，使上下能沟通与升进。

䷮ 困 四十七

扫一扫，
进入课程

困。亨，贞。大人，吉。无咎。有言不信。

初六：臀困于株木，入于幽谷，三岁不觌。

九二：困于酒食，朱绂方来，利用享祀，征凶。无咎。

六三：困于石，据于蒺藜，入于其宫，不见其妻，凶。

九四：来徐徐，困于金车，吝，有终。

九五：劓刖，困于赤绂，乃徐有说。利用祭祀。

上六：困于葛藟，于臲卼，曰动悔。有悔，征，吉。

一、语译

困。要能沟通，要坚守贞固。是大人，则有吉。没有过患，虽有谤言，却不置信。

初六：臀股坐困于株木中，进入了幽深的山谷。三年不能出来。

九二：困于缺乏酒食。朱红色的官服刚来，用此以献于祭祀，向外征伐，则有凶险，没有过患。

六三：困于石块，依于有刺的蒺藜。进入房屋，看不到妻子，有凶险。

九四：来得徐徐，困于缺乏金属的车子，有吝羞，但有好结果。

九五：鼻子被割掉，脚被砍掉。困于缺乏赤色的官服，然后徐徐能脱困，用于祭祀有利。

上六：困于在瓜藤之中，困于在动摇不安中，是说动而有悔。如能知悔，向外征讨，则有吉。

二、解义

1.本卦名"困"，是指在困穷之境。本卦由内坎外兑两卦重叠而成，其象有以下各义：

（1）兑在上，为泽；坎在下，为水。水在泽下，泽水流失掉，因无水而困穷。

（2）兑在外，为口；坎在内，为险。祸从口出，而且有言不能召信，这是言语的困穷。

2.卦辞："困"是困穷，这是本卦的卦象，但本卦正面的意义是如何解困，所以首重一个"亨"的沟通，一个"贞"的正道。卦辞如以九五为主爻，则"大人"指阳刚中正之君，能解困，则有吉。困本有咎，能解困则无咎，兑为口，所以说"有言"。在困时，别人有谤言，必须不在意、不相信；在困时，所说的话，也不易为人所信。

3.初六：本爻位不当，与九四相应。因位不当，所以困坐于株木之中，因为是阴爻，以株木为象，以幽暗的山谷为喻。本卦有三根阴爻，在占卜上，以三岁为喻。三岁不能出来，指受困之久。但与九四有应，则始终有解困的时机。

4.九二：本爻位不当，与九五不相应。因位不当，故受困，因为阳爻而无阴，所以缺少酒食。"朱绂"是指三公九卿的官服，因与九五不应，所以有待官服之来赐。"利用享祀"是与上沟通，因与九五不应，所以不宜主动往求，只有在自己的位置上等待，才能免于过患。

5.六三：本爻位不当，与上六不应。因位不当，夹于双阳之间，所以有大石块挡于前，如九四；又有荆棘阻于后，如九二。六三在坎险之上，又不应上六，所以回到家，妻子也离家出走，当然是凶象。

6.九四：本爻位不当，与初六相应。因有应于初六，所以初六能来支援，可惜因困境环绕，所以来得很慢。"金车"是载嫁妆的车子，因受阻来得迟，虽有羞吝，但毕竟有应，最后还是来了，所以仍然有好结局。

7.九五：本爻位当，与九二不应。本爻虽位当，但在困卦中，却是主要的被困者。"劓刖"是割鼻砍脚的重刑，这里指颜面无光、又行不得的困境。"赤绂"是诸侯的朝服，代表诸侯。这时候，因受困，诸侯也不能立刻前来救援。但本爻以它的阳刚、处中正之位，如九五之君能以诚德感人，慢慢地，终能有解困之道。"说"就是"脱"字，而解困之道就在以诚祭告上苍，使人民了解你的真诚，为民求福。

8.上六：本爻位当，与六三不应。本爻已至本卦之极，是困的最高处。虽位当，无奈以一阴，乘于二阳之上，有动摇之患。所以说"困于葛藟"，"葛藟"为瓜藤之属，性阴而不坚固；又在

"臲卼"之中，即在动摇不安中。在这时候，最重要的是安定与安静，一动就有后悔之事，因此要能"有悔"。"有悔"，是知悔，是悔之于前，也就是知道自己的困境，能警惕、能小心以处。为什么又"征，吉"呢？这个"征"是指解困之道，能勇于前往，像"征讨"一样去克服困难，则会有吉。

三、应变学

（一）自修

1. 初六：本爻爻辞都是负面的描写，指本爻入险，即走入困境。但如何自修？本爻为阴爻，以德来说是谦。就困境来说，先要知道所处的环境，它的上面是阳爻，它须与九二相和。在它与九四相应的关系来看，可以得到外面来的援助。所以在这一爻上的自修，乃是安于他的位置、静处不动。"三岁"即指等待时间之久。他所做的只是修谦、处静，以求解困。

2. 九二：本爻在内卦坎险之中，当然是处于困境。爻辞上的提示，一是祭祀，一是征凶。祭祀是教我们在这一爻上，以九二之阳，即诚德向上沟通以明志。"征凶"是坚守在这个位置上，保持自己的精力，不要乱动。因为在受困的环境中，最好的办法是保持实力，以等待时机再求突围。

（二）应变

1. 六三：本爻夹于两阳之间，又居内卦之上，所以有困之象，

"石"和"蒺藜"都是困境的描写，是指乘九二之阳，又面临九四之阳，这都是负面的现象。但应变之道，却正是把负面转为正面。在困境中，就要面对困境而谋解困之道。"入于其宫"，就爻象来说，六三由内向外转入巽卦，"宫"应指外卦。"不见其妻"，是指与上六不应，所以没有内助。在这样的情况中，六三只有以它的谦柔和九二相合，得九二阳刚之力，再上与九四求和，所以本爻尽量利用他的谦逊与柔和来处于两强之间。

2. 九四：本爻在外卦之始，以阳刚之大臣辅助九五刚强之君，必然会有所不合，因此本爻的应变在一个"徐"字。老子说："混兮其若浊，孰能浊以静之徐清？孰能安以久动之徐生？"（十五章）困境就像"混兮其若浊"，混沌一片，使我们看不到出路，所以无论是静是动，只有把握一个"徐"字。这个"徐"的应变有以下三义：

（1）事缓则圆。这是一句非常通俗的话，却是不知由多少中国人的经验总结而成。因为事情本身的发展，会自然走出好的结果，可是速度一快，便截断了通路，达不到最后事圆的结果。所以这个"徐"，就是慢慢等待事情的发展。

（2）态度不激烈。态度激烈，容易冲动，冲动就会造成了不必要的争斗，反而坏事。一个"徐"字，就会使自己心平气和，也使对方不致感觉威胁。

（3）三思而行。处事能徐，在徐徐的发展中，就有时间，可以多思，可以反省。因此一面发展，一面也在不断地修正。所以一个"徐"字，就代表了思考与反省的作用。

3. 上六：本爻的应变重在两个字，一是"悔"，一是"征"。

"悔"是后悔，是对某些错误之事的事后之悔，而后悔有三个作用。

（1）承认错误：这是能反省，而且心胸坦然地接受自己犯错的事实。

（2）了解错误：知道自己的错误，必须了解造成错误的原因，以及错误造成的后果。

（3）不再犯错：后悔如果只是事后的认错，作用不大，因为以后还可能再犯。真正悔的作用是警戒以后，不再犯同样的错误。禅宗慧能解释得好："悔者，悔其后过，从今以后，所有恶业，愚迷骄诳嫉妒等罪，今已觉悟，悉皆永断，更不复作，是名为悔。"（《坛经·忏悔品》）本爻上的"有悔"，就是对困境的了解，"悔"出解困之道。接着"征，吉"，不是征讨别人，而是克服造成困境的原因，用个"征"字是表示这种克服是需要用心力、用耐力的。

（三）自处

九五是处变者的自处之位。综合本爻爻辞、卦辞和九二爻辞，这位处变者的解困之道，约有三方面。

1. 诚的贞德：卦辞上说"贞"，本爻虽讲困，但九二和九五都是阳爻，是以诚德为主。这是说无论处于何种艰困的环境中，绝不能放弃这个"诚"字，因为它才是最后解困的唯一动力。

2. 向上沟通的亨道：本卦九二和九五都讲祭祀。中国古代的祭祀主要有二种：一种是祭祖，是人人可以祭祀的；一种是祭天，是君王才可以主持的。祭祖代表不忘本，也即坚守原则；祭天代表向天告白自己的真诚，以表达敬畏天命的意思。《诗经·周颂》都是对天的祭礼歌词，如"维天之命，于穆不已。于乎不显，文王之德之纯。"这是说天命之行是不息的，天命之降是在于文王的纯德，"纯德"即诚德，以诚可通天命。在本爻上的祭祀说明了，在困境中，精神必须敬信天命。《中庸》说"天命之谓性"，也就是说我们的性是天所赋予的，因此我们尽自己的责任，就是顺承天命。所以在困的环境中，我们应敬信天命，再尽人事以脱困。

3."徐"的心境和方法：本卦中九四和九五都有一个"徐"字，可见"徐"在解困上的重要性。"徐"一方面是心境，也就是说在困境中，不要性急，不要慌乱，而应平心静气的处理之。在方法上，处在困中会有很多困难，应该如老子所谓"治大国如烹小鲜"似的，要小心地、温和地、有条不紊地一一消除，最后必能解困。

井 四十八

井。改邑不改井，无丧无得，往来井井，汔至，亦未繘井，羸其瓶，凶。

初六：井泥，不食。旧井，无禽。

九二：井谷，射鲋。瓮敝漏。

九三：井渫，不食。为我心恻。可用汲。王明，并受其福。

六四：井甃，无咎。

九五：井洌，寒泉食。

上六：井收，勿幕。有孚，元，吉。

一、语译

井。改变城邑，但不改动井。没有丧失，也没有获得，来来往往到井边用井。在正要汲水时，汲水的绳索不能达于井底，汲水的桶子也破了，有凶险。

初六：井底生了泥，井水不能饮用。这个废弃的旧井，连飞禽也不会来饮。

九二：井壁滴水，滴射在井底的小鱼身上。井底有破漏的桶子。

九三：井壁又整理清洁了，井水仍然没有人饮用。这使我心中难过。现在可以汲用了。如果君王圣明，会使彼此都受到福利。

六四：井甃已修好了，没有过患。

九五：井水甘甜，像寒泉之水，可供饮用。

上六：井道已成，井口不要覆盖。要有诚信，把握元始之善，有吉象。

二、解义

1. 本卦名"井"，是以现实生活的水井为卦名，借井水以象征君子之德。本卦由内巽外坎两卦重叠而成，其象有以下各义：

（1）坎在上，为水；巽在下，为木。木象木桶，向上提取，象木桶提水的井之象。

（2）井水不求人汲，可是却永远开放，供人饮用，此象君子之德。

2. 卦辞：本卦说井，是以井和井水的特性，来喻君子之德。"改邑不改井"，本指整个城市搬迁了，井还是在原地不动，这是喻指外在环境改变，君子的德性却不变。"无丧无得"，本指井水的不增不减，以喻君子之德不在乎个人的得失。"往来井井"，本指井水的供人饮用，以喻君子之德的服务人群。"未�‪繘‬"和"羸其瓶"，本指绳断桶漏不能汲水，以喻君子之德虽利人，但能够利人却必须有知识、有方法。

3. 初六：本爻位不当，与六四不相应。因位不当而不应，所以井被废置不用。因为是阴爻，故有泥；因为无应，所以禽鸟不来。

4.九二：本爻位不当，与九五不应。因位不当而不应，所以井被废弃，水中生了小鱼。伴着破漏的桶子，是代表不应，而没有人来提取井水。

5.九三：本爻位当，与上六相应。位当而应，本为可用。"渫"是洗净，井净洗后，本可用。不过九三仍然在内卦中，尚未能被用，所以心中不免有伤感，但井喻君子，仍然耐心的等待明君之用。

6.六四：本爻位当，与初六不相应。虽与初六不应，尚未大用，但位当，故须修养自己。"甃"是整理井壁，以待用。六四为大臣，以阴柔上比九五之人君，所以仍然着重自己之修养，而求无过。

7.九五：本爻位当，与九二不相应。因位当，所以本爻喻井水被整治得清净甘甜，可供饮用。因不应，所以没提到是否有人来饮用，只强调本身的纯净，也即德性的完善。

8.上六：本爻位当，与九三相应。位和应都好，且在本卦之极，指井道已成。所以井口永远开放，以真诚之心服务人群。"孚"是诚意，"元"是指原之始善，也即指本心之善、动机之善。

三、处变学

（一）自修

1.初六：本爻自修的重点，在一个"泥"字。"泥"字是指井水很久不用，污泥淤积，必须疏通。这个"泥"字在我们的德知上，就是所谓的"泥古不化"，古代的很多读书人就犯了这个毛病。《大学》中便说："汤之盘铭曰：'苟日新，日日新，又日新'。康诰曰：'作新民'。诗曰：'周虽旧邦，其命维新'。是故君子无所不用其极"。这段话里有三句话，第一句是修养个人的德行和知识，不仅日新，还要日日新，不断地新；第二句话是人民生活的日新；第三句话是指政治制度改善的新。可见在本爻上君子自修，不仅是个人的德知，还要应用于人民和社会。

2.九二：本爻爻辞的井壁滴水射到小鱼身上，只是一种场景的描写。"瓮敝漏"，除了是描写外，还可以给予我们深思，使我们反省瓮的敝漏，其实也是比喻方法的破旧，不能再汲水了。在本爻的自修上，这是提示我们作为一位君子除了自己德性和知识的日新，如初爻所强调外，还更应注重方法的更新。绳子断了就需换新的绳索，瓮破漏了就要换新的瓮。在卦辞上已指出了这个毛病，因此在本爻上，不能任其敝漏，不能以敝漏自居，要有新的方法，把君子的德和知用出去。

（二）应变

1.九三：本爻在内卦之极，却面临转入外卦，但外卦是坎险，不能轻易入险，因此最好是在原有的位置上修养自己，如井之"渫"，而不求饮用。一切都准备妥当了，井水可以饮用，只求明君之赏识。本爻要遇九五之君，须通过六四之引进，如六四并非适当的大臣，九三也不愿求进，如孔子游卫，因权臣挡道，而未能进见。《论语》记载说："王孙贾问曰：'与其媚于奥，宁媚于灶，何谓也'？子曰：'不然，获罪于天，无所祷也。'"（《论语·八佾》）王孙贾是权臣，希望孔子巴结他，可是孔子却拒绝了。这就是本爻的可用，但不求通过不正常方式之用。

2. 六四：本爻在占象上来说，是以谦柔之德，可以下化九三，上比九五，应该是他的应变之道。但本卦取象于井，井水宜静。君子之德不限于自修个人的德和知，必须能用，但不贸然求用。如《礼记》说："儒有席上之珍以待聘，夙夜强学以待问，怀忠信以待举，力行以待取，其自立有如此者。"（《礼记·儒行》）正如本爻只有"井甃，无咎"四字，只是把自己准备好，以待用。

3. 上六：本卦是讲井的修治，从废弃的旧井修治成可用的新井，到了本爻已达卦之极，是指井的修治已成，只待人来汲用，所以井口永远开放。可是就君子之德和知的修养来说，永远也没有修好的一天，虽然待用，也是一边修一边用。所以就君子之德来说，本爻不是极境。需重视两个字，一是"孚"，一是"元"。"孚"是诚德，即以诚自修，以诚服务人群。至于这个"元"字通常出现在初爻，为什么此卦却出现在最后一爻上？这是说明君子之德，要在原其始上把握这个"善"字，由初而终，始终如一。至于本爻在应变上，已不求应变，而是以修德和知的不变去应万变。

（三）自处

九五是处变者的自处之位。本卦既讲君子之修德，那么本爻是主爻，自然以君子修德为中心思想，所以卦辞和九二爻辞都是主要的内容，现分析如下。

1. 对外：君子修德对外在的影响有三点。

（1）不随俗而变："改邑不改井"，即君子把握原则，不因外在的变化而有所更改。

（2）不动心志："无丧无得"，即不以外在的得失而左右自己的心志。如孔子说："人不知而不愠，不亦君子乎？"（《论语·学而》）

（3）用之者有道：虽然君子修德智以待用，但人主必须重贤下士，待之以道。如《礼记》所谓："（儒）非时不见，不亦难得乎？非义不合，不亦难畜乎？"（《礼记·儒行》）

2. 对内：这是内在所修养的德和智：

（1）甘洁可口：本爻"井洌"的"洌"，程颐注为"甘洁"。也就是说他所修的德知，如甘洁的水，大家乐于饮用，不是一般人讲道德，过于严峻，使人不易亲近。

（2）纯净无渣：寒泉是指水的纯净，也象征无私欲之意。君子之修德知，是以德为目的，并非以德自夸；以知利人，并非以知自显，所以像寒泉一样无渣。

（3）可用：本爻之"食"就是指可饮用。这是指修德知并非独善其身，而是兼善天下。井水之可供饮用，完全没有分别心，任何人都能饮用、都能得益。

革　四十九

扫一扫，
进入课程

革。已日乃孚。元、亨、利、贞。悔亡。

初九：巩用黄牛之革。

六二：已日乃革之，征，吉。无咎。

九三：征，凶。贞，厉。革言三就，有孚。

九四：悔亡，有孚。改命，吉。

九五：大人虎变，未占有孚。

上六：君子豹变，小人革面。征，凶。居，贞，吉。

一、语译

革。时间到了之后，能召诚信。原其始善，能够沟通，利于坚守贞固。悔事即会消失。

初九：巩固要用黄牛的皮革。

六二：时间已到，能够改革。可征讨，有吉象。没有过患。

九三：征讨，有凶。坚守贞定。有危厉。改革之言要注意三思。要有诚信。

九四：悔事消失了，要有诚信。改革命运，有吉。

九五：大人像老虎似的变改，尚未占卜，就有诚信。

上六：君子像豹子似的变改，小人改面革新。征讨，有凶，居而坚守贞固，则有吉。

二、解义

1.本卦名"革"，"革"是改革、革新和革命。本卦由内离外兑两卦重叠而成，其象有以下各义：

（1）兑在上，为泽；离在下，为火。泽水下降，而熄火，火势上行，而焚水，所以有互相革除之象。

（2）兑在上，为悦；离在下，为文明。文明而悦，此改革后之升平现象。

2.卦辞：革命须等待时间成熟，要有诚信。本卦的主爻是九五，阳刚中正，而有"元、亨、利、贞"四德。革命本是一件冒险之事，如有四德，则可以免于后悔。

3.初九：本爻位当，与九四不相应。因位当，所以要在自己的位置上。因不应，所以要巩固自己的位置。黄牛之革是指它的坚固。

4.六二：本爻位当，与九五相应。因位当，而又到了地上，所以时间已到，可以谈改革。因与九五相应，所以可行。用"征"字，是因为革命须用武力。本来革命是有咎的，但如能合天时，则可以免于咎患。

5.九三：本爻位当，与上六相应。但在内卦之上，离火过盛，又面临外卦之二阳，所以不宜即刻从事征讨，需坚守诚德。谈革命必须"三就"，"三就"可以解作三思，或准备周全，而且要有诚信。

6. 九四：本爻位不当，与初九不应。本该有悔，但此处言"悔亡"，是因为在兑悦之始，且把握诚信。本爻爻辞说"改命"，即改变自己的命运，则有吉。

7. 九五：本爻位当，与六二相应。本爻阳刚中正，是本卦之主爻。就一般革命来说，都起自平民，也就是在六二之位上，所以该爻说："已日乃革之"，到了九五，应指革命已完成，即革命后之新君登基，所以说"虎变"，"虎"是君王之象征。"未占"是指革命要配合天时、地利、人和，不是只靠占卜可知。接着又说"有孚"，这是指九五之诚德。

8. 上六：本爻位当，与九三相应。九五既已革命完成，本爻即指革命完成之后的变革情形。"君子豹变"的"君子"，即指辅助人君从事革命的臣子，"豹"是大臣之象。臣子们也随君主而改变。"小人革面"的"小人"指一般人民，人民都能革面，以面对新的君主新的政制。这时候，应休养生息，安定人心，不能再从事征战。要能安居，坚守贞固之道，则革命会有吉。

三、处变学

（一）自修

1. 初九：本爻的自修在一个"巩"字，即在开始时要巩固基础。"革"字有三层含义：一是个人的革新，二是人事或政制上的改革，三是国家的革命。就个人来说是修养，所谓"日新其德"。在人事或政制上的改革，可能有逐渐的或大幅度的，可是对国家来说，就是要大动干戈的改朝换代了。在《易经》之前，就有汤武的革命。无论是哪种"革"，在开始的基础上，都要求巩固。本爻是阳爻，所以在自修上，就是要讲一个"诚"字。

2. 六二：爻辞上说"已日乃革"，所谓"已日"即时日到了，时机成熟了。可是什么又是时日或时机呢？革卦《彖辞》说："天地革而四时成，汤武革命，顺乎天而应乎人，革之时大矣哉！"我们通常说天时、地利、人和，这里已说"顺乎天""应乎人"，未说"地利"。但本爻在地上，应该重视"地利"，就是当地的环境。庄子的《逍遥游》中便有这样的故事："宋人资章甫而适诸越，越人断发文身，无所用之。""资"是卖，"章甫"是殷朝的帽子。南越地方的人，连衣服都不穿，还买帽子做什么？这就是环境的不适合。商业如此，政治也是如此。所以讲改革或革命，地理环境也是重要的一环。本爻属地，自修的重点就是对环境的认识。

（二）应变

1. 九三，本爻在内卦之上，离火强烈，跃跃欲试。可是上面是泽水，有冷水浇头之象，而且上有二阳挡路，不易于行，所以说"革言三就"。因本爻爻辞一开始就说"征，凶"，已告诫不能征讨去从事革命。"三就"的"三"是指数目的三、爻数的三，或指多而言。"就"是指动而有所依据。如果以天时、地利、人和来说，六二在九三之下，为九三所乘，六二是地，可指地利。

九三向外卦前进，首遇九四。九三和九四属人位，所以要得九四之和，而牵引以进。九三与上六相应，上六在天上，所以是指天时。这也代表了在本爻应变上当注重这三方面的相合。

2. 九四：本爻首说"悔亡"，前面并无任何提示。所以"悔亡"不是判断语，而是积极要做到"悔亡"，即事前准备周全，不使它有任何悔事发生。可见"悔亡"也是一种应变的功夫。接着"有孚"，是因为本爻为阳爻，处两阳之间，应以他的诚信，下使九三输诚，上向九五召信，合起来三阳共进。至于"改命"，乃是本爻应变上的重点，就是要革别人的命先要革自己的命，也就是先要使自己不屈服于命运。这个"命"字，除了"命令""生命"外，与此处最有关的是"命运"和"天命"。"改命"是转化这个"命"，由命运而天命。因为革命是革掉人为所造的许多人的不合理的命运，而完成天所赐给每个人的正命。

3. 上六：本爻爻辞"豹变"与"革面"都是对改革或革命后的描写。"豹"以快速闻名，指改变之速，"革面"是指生活方向的转变。在应变上都是"征，凶"与"居，贞"两语。因为这时，改革已成，革命已就，不能再动干戈，再事杀伐，甚至秋后算账也应尽量避免，这时候以安定为首务。"贞"以本爻为阴取象，宜用阴柔和谦德处理事后的一切。

（三）自处

九五是处变者的自处之位。综合本爻爻辞、卦辞和六二爻辞，约有以下三点：

1. 已日乃革。本卦两处谈到"已日"，是指时间已到，或时机已成。这不是说坐在那里等待时间或时机。因为一等待时间，时机就立刻消失，或根本没有发生。《易经》的"时"，是位的移动，是由位走出来的。也就是说《易经》的道理是要我们创造时势，而不是等待时机。

2. 未占有孚。这个"孚"字在本卦中出现了四次，可见在个人革新、政制改革和对暴政的革命中，诚信是最重要的动力。"未占"两字好像是一般的描写，其实在《论语》中，孔子引证了恒卦九三的"不恒其德，或承之羞"后，接着说了"不占而已矣！"恒和诚相通，这岂不就是说"不占有孚"吗？所以这"不占"两字，实是加强了诚和孚的重要。

3. 元亨利贞。"元亨利贞"四字在前面各卦中出现了很多次。而在本卦辞中，又特别重视这四德，可见革新、改革和革命不是对过去的否定、舍弃和摧毁，而是着重新生、新发展和新的生命。在革之时，一位领导者必须能"元"，即注重始之善，要有大的目标；必须能"亨"，即沟通天道和人民；必须能"利"，即利益群生；必须能"贞"，即把握原则和正道。

䷱ 鼎　五十

扫一扫，
进入课程

鼎。元，吉。亨。

初六：鼎颠趾，利出否。得妾以其子，无咎。

九二：鼎有实，我仇有疾，不我能即，吉。

九三：鼎耳革，其行塞，雉膏不食，方雨亏悔，终吉。

九四：鼎折足，覆公𫗦，其形渥，凶。

六五：鼎黄耳，金铉，利贞。

上九：鼎玉铉，大，吉。无不利。

一、语译

鼎。原其始善，有吉。要能沟通。

初六：鼎的脚颠斜了，利于把陈旧的东西倒出来。娶了妾能生子，没有过患。

九二：鼎内有实物，我的仇人有病，不能来犯我，有吉。

九三：鼎之耳断了，它的行为被阻塞了，野鸡的油膏不能食用，一等到下雨就不会有悔，最后有吉。

九四：鼎的脚折断了，把公侯的食物倒出来，使公侯弄得一身脏，有凶象。

六五：鼎有黄色的耳，金属的铉，利于坚守贞道。

上九：鼎有玉制的铉，能大，则吉。无有不利。

二、解义

1. 本卦名"鼎"，是取象于实际的鼎。鼎三足，有大小的不同。小的鼎用以煮食，也是富贵之家才能用到的，如所谓"鼎食之家"。大的鼎置于宗庙，代表国家，如夏禹收九牧之金，铸九鼎，以为王位传承的宝器。《左传》记载：楚子问鼎之大小轻重，王孙满回答说，"在德不在鼎'"，所以夏禹有德，远方图物贡金以铸鼎。夏桀昏庸，鼎迁于商。商纣暴虐，鼎迁于周。（《左传·宣公三年》）本卦由内巽外离两卦重叠而成，其象有以下各义：

（1）离在上，为火；巽在下，为木。由木生火，而有煮物烹饪之象，故以鼎为喻。

（2）离在上，为光明；巽在下，为木。木能生长，木燃烧能生光明，这是鼎在革之后，为文明制度的建立。

2. 卦辞：因鼎为新制的创立，所以重原之始善以及政府与人民的沟通。

3. 初六：本爻位不当，与九四相应。因位不当，站不稳，所以"颠趾"。因有应，所以"颠趾"转成正面之用，把鼎内积存的旧有食物倒了出来。因位不当，所以是"妾"，但有应，得九四之合，所以生了儿子，妾变成正位，当然没有过患。

4. 九二：本爻位不当，与六五相应。虽位不当，但九二为阳刚，故说"有实"。九二与六五相应，可是为九三、九四所挡，所以指九三、九四为"我仇"。因九三与九四皆有阳过盛之病，有他们自己的麻烦，无暇来犯九二，所以反而使九二与六五有相应之吉。

5. 九三：本爻位当，与上九不应。虽位当，但阳在内卦之上太盛，使鼎破了不能用，无法用棒穿耳而抬起鼎，所以鼎的作用被阻塞了，虽鼎内有食物也无法食用。与上九皆阳，而不应，所以如果遇雨，得阴柔的相和，则无悔而有吉。这是条件语句，希望能化阳刚为阴柔。

6. 九四：本爻位不当，与初六相应。因位不当，而折断了足。九四在三阳之首，直逼六五阴柔之君，所以使鼎翻倒了，弄得一身脏。九四是大臣之位，"公"是大臣自称，也就是把自己弄得很难堪，这是自找的。

7. 六五：本爻位不当，与九二相应。位虽不当，但六五之君，以阴柔为用。"黄耳"，指黄金之耳环，"黄"也为地色，如坤六五之"黄裳"。"金铉"指金做的举鼎之棒。两者虽坚，却有柔韧之性，所以说利于以谦柔为贞道，才能把鼎举起来。

8. 上九：本爻位不当，与九三不应。虽位与应都不好，但本爻爻辞却以正面为喻，"玉铉"就是以玉为棒抬起两边的把手，手握玉把手，不至于烫手。本爻在鼎卦之上，以整个鼎来说，是创立新制，"玉铉"就是指制度的温和，不伤人。至于能"大"，就是要有大理想、大原则、大格局才有吉，才能无不利。本爻在鼎之口，可以出物，又在天位上，可以承天命。这是以鼎象征国家的新建。

三、处变学

（一）自修

1. 初六：本卦承接前卦之革而来。如果"革"是改革或革命的话，即颠覆了旧制度、旧思维，把过去"否"的一切不好的事物都改正过来，"得妾以其子"，就是有了新的生命。如果用在自修上，"颠趾"就是反省自己，把自己以前的"否"的错误加以修正，而有新的生活、新的希望。所以本爻上的自修，就是反省和改过。

2. 九二：本爻的自修，就是"有实"两字，前爻的自修是改过，是去掉以前的错误，本爻却是充实自己。孔子说："苗而不秀者，有矣夫！秀而不实者，有矣夫！"（《论语·子罕》）初六是"苗"，九二就是"实"。鼎出了"否"之后，就应充实新的食物。九二是阳爻，是诚，"实"就代表诚。"我仇有疾，不我能即"只是一个描写，只要自己真正充实有诚，就不在乎别人如何待我了。因为一个新制度的创立，可能会遭受某些人的误解或阻拦，但只要有实，必能克服这些阻碍。

（二）应变

1. 九三：本爻在巽木之上，面临外卦的离火。木燃出火，如有鼎加于上，便能煮物为食了。如果没有鼎，则木生火而扩散，便有火灾之险。所以这一爻阳刚过盛而冲击到九四，因此有"耳革""行塞""不食"之象。应变之道在"方雨"，即及时之雨，也就是需要以阴柔来调和。本爻与上九不应，离本卦之两阴爻初六和六五又隔了两阳爻，所以有"方雨亏悔"，需要阴柔才能无悔之象，以及坚持到最"终"才能有"吉"的条件句。因为就鼎是新制的创立来说，由内卦到外卦，表示付之于实行，因此建议在推行时，不能因制度不好，便强势逼人服从，而应注意配套措施，缓和地宣导。不要"鼎耳革"，而要耳朵竖起来，多听各方的回响。所以这一爻的应变，要柔软、要缓和、要虚心。

2. 九四：本爻全是负面的描写，问题出在"折足"上。鼎只有三足，折了一足，如何不覆？本爻之所以"折足"，就是因为在三阳之上端，阳过盛，位不当，因而有骄傲之病。九四本为辅弼的大臣，是君王的手足，他的"折足"，就是他自损了应负的责任和功能。应变之道，就是他暂时不应结合九二与九三阳刚之势，而须和他相应的初六相合，吸取初六的谦柔自反的德性，来冲淡自己的阳刚。但他本身是阳爻，诚信仍然是他的主德。因此他的应变，乃是用谦以表诚。就鼎的创造新制来说，这三只足非常重要，就是要平衡与稳定，不能有偏颇，不能走偏锋。

3. 上九：本爻爻辞上有两个重点：一是"玉"，一是"大"。本爻在离火之上，火势过热，所以用"玉"来温和之。鼎之出口必须温和，也就是说无论鼎新的制度如何完美，但必须温和才能被人民所接受，才能易于推行。"玉"本身不可食，它的作用是媒介，也就是火势虽热，但不直接烫手，因此在制度的推行上，需要中间推行的人。《系辞传》说："既有典常，苟非其人，道不虚行。"（下传第八章）"典常"就是完美的鼎制，必须靠人才能执行。所以在本爻的应变上，身为领导者要先找出适当推行的人，他是"玉",个性必须温和而不伤人。第二个应变的字,就是"大",这个"大"不是大小对称的"大",而是无限发展的"大"。本卦卦辞上最先便标出一个"元"字,"元"是始善,是能大。此处的"大"就是把始善发展出来,"大"是动词,它使这个始善走向无限的至善。至善并没有一个标准或一个止境,而是一直地向前、向上开放。鼎之有口,如井之有口,是无限开放的。鼎的制度之"大"和"无限开放",就是如老子所说的"大成若缺,其用不弊"(四十六章),即制度本身可以不断地修正,"出否"而"有实",这才是真正的大制。

(三)自处

六五是处变者的自处之位。他的自处,如果把本爻爻辞、卦辞和九二爻辞合起来,约有以下三点:

1. 元亨:本卦的鼎是指新制度的建立,是代表国家的定位,当然也和革卦卦辞有"元亨利贞"四德有关联。只是本卦卦辞说"元亨",而在六五爻辞上分说"利贞"。"元"是在制度创建上把握"善之始",而能向大目标发展,"亨"是政府和人民必须能沟通、能了解,适合民情。

2. 利贞:"利贞"两字放在六五爻辞上,是因为六五是主爻、是领导者、是鼎制的创建者。这里的"利",是指利于人民,至于"贞"却有特殊性,因六五是阴爻,"贞"是温和与谦柔之德。这在制度的推行上是非常重要的一环,所以本爻的自处特别讲"利贞"。

3. 有实:九二中的"有实",就鼎来说,指其中必须有实,才能供人食用；就制度来说，必须有实质，实事求是，才能推行，造福人群。六五君位，虽以谦虚为用，但他需要有实质和可实行的制度，以及像九二一样有实际才能之士的协助，才能使制度完善地推行出来。

䷲ 震　五十一

扫一扫，
进入课程

震。亨，震来虩虩，笑言哑哑。震惊百里，不丧匕鬯。

初九：震来虩虩，后笑言哑哑，吉。

六二：震来厉，亿，丧贝，跻于九陵。勿逐，七日得。

六三：震苏苏，震行，无眚。

九四：震遂泥。

六五：震往来，厉，亿，无丧，有事。

上六：震索索，视矍矍。征凶。震不于其躬，于其邻，无咎。婚媾有言。

一、语译

震。需要沟通。震动来时，使人有虩虩的恐惧感，接着哑然而笑。震动惊惧百里之遥。不要丧失祭礼用的器皿。

初九：震动来时，令人虩虩恐惧，后来又哑然而笑。有吉。

六二：震动来时，有危险。啊！失去了财物，登于九重高山，不要去追逐，七日后失去复得。

六三：震时，令人失去知觉，震动之用，令人内心无病。

九四：震动令人陷于泥沼。

六五：震动往来不止，有危险。啊！并没有丧失，却有事要做。

上六：震动时，呼气缓慢。两眼张皇惊惧。征讨，有凶。震动尚未触及自身，已触到了近邻，没有过患。举行婚事是有批评的。

二、解义

1. 本卦名"震"，是指外在震动的来临，包括地震及任何外来的大灾难等。本卦由内震外震两个相同的卦重叠而成，其象有以下各义：

（1）上下皆震，震是雷，双雷并至，令人惊惧不安，故有震惊之象。

（2）震是动，动之又动，动得太多，故有动荡不安的震动之象。

2. 卦辞：首先揭出一个"亨"字，指明震动来时，先要沟通了解。"震"是一种急遽的动，来得突然，而且快速无比。"虩虩"是恐惧貌，因突然而来，不及准备，所以恐惧。"哑哑"是笑声，笑得说不出话，只有笑声，所以说"笑言哑哑"。为什么惊惧之后又能笑言？这是因为一个"亨"字，了解这个"震"只是暂时的，过了之后又会安全。"震惊百里"是形容震动之大，震声传播之远。"不丧匕鬯"，"匕"是叉子，用于在鼎中取物，"鬯"是宗庙祭礼用的灌酒之器，这两者都是在祭礼中用的器物，代表向天沟通的器皿，也可象征诚心与原则。

3. 初九：本爻位当，与九四不应。本爻爻辞与卦辞重复，可见本爻为震的主爻，因不应，故有震惊之来，因位当，故又转为了解后的笑言。本爻在震之始，主动，可以前往，有吉。

4. 六二：本爻位当，与六五不应。因不应，而有震惊之来。"厉"指危险，此处也可指它来得很凶猛。"亿"作"臆"，有臆度解（程颐），又作"噫"，乃语助词，朱熹注为"未详"。当作语助词解，作为对震惊来时的一种惊叹辞，因本卦爻辞都有心理的反应现象，所以"亿"作"啊"的语助词也可通。"贝"在古代是钱币，"丧贝"即是丧失钱财。"九陵"之"九"是指多重，即重重山陵。古代的震，除地震外，也指雷动。因雷雨太多，而有水患，所以有登山避难之说。失去钱财，不必急着冒生命去追回，应任其自然。"七日得"之"七日"指一段时间，如以占卜来说，七日之变，从本爻到下一卦的第二爻正是七数，而且下一卦是艮山，这与"九陵"之山也有相应。

5. 六三：本爻位不当，与上六不应，因不应，震动将来。"苏苏"即形容感觉因惊惧而麻木。因本爻在两个震动之间，前震未过，后震又来，所以惊惧过度，这是负面的意思。震也有正面的作用。因为面临惊惧，如果定得下来，就会知所惊惧，而有内省的作用。"眚"是眼疾，此处指用眼视物所产生见解的毛病，即今所谓戴着有色眼镜看物。"无眚"就是指内心没有偏差。

6. 九四：本爻位不当，与初九不相应。因位不当，而又在外卦震动之始。本身为阳刚，六五的君主却柔弱，所以有陷入泥沼而动弹不得之象。"泥"也是因为本爻为四阴所包，光明透不出来。

7. 六五：本爻位不当，与六二不相应。本爻在外卦震之中，与六二不应，六二在内卦之中，所以有震动往来之象，六二有厉，本爻也有厉，两厉相连而来。但六五居人君之位，有九四大臣的相辅。所以震来，并没有使他有损失，但却"有事"，即处理因震带来的许多事务，如灾后之重建，安定人心等等。

8. 上六：本爻位当，与六三不应。本爻在卦之终，已到震之极，因位在阴爻，有轻浮之感，而不应六三，所以震动因轻浮而频率加多。"索索"指气的急迫，为喘不过气之喻。"视矍矍"指两眼张开直视，有惊惶失措之感。这时，应赶快静下来，如贸然而动，必有凶象。虽然此时在天位，震还没有触及自己，可是已达到近邻了，这时能知所警惕，看到了震动的现象，心中早有准备，便不致有大患。但在这时候，首要工作是救灾，因已达近邻，所以应帮助别人解难；如果只想到自己，还在热热闹闹办婚礼等个人的喜事，便会被人批评。

三、处变学

（一）自修

1. 初九：本爻爻辞中有一个转变，先是恐惧，后是笑言，能够在这个转变中，扮演主角的当然是卦辞中的一个"亨"字，即沟通了解。但在本爻爻辞上，却没有这个"亨"字。本爻是阳爻，又当其位，因此在自修上，就是把握一个"诚"之德。《中庸》说"诚之者，择善而固执之"，能有这种精神，当震动的灾变来时，虽有恐惧，但此心却不动如山，所以接着才能转恐惧为笑言。

2.六二：本爻出现了两个相对的字，即"丧"和"得"。"丧"是"丧贝"，即丧失财物，"得"没有说得个什么，不一定是指失去的财物又得回来了，事实上，乃是另有所得。孔子说："君子谋道不谋食。耕也，馁在其中矣。学也，禄在其中矣。君子忧道不忧贫。"（《论语·卫灵公》）"不谋食"就是不以经济利益为先，在某种情形下，即使损失了经济利益，也不必过于计较，甚至更不必因财而失身。"跻于九陵"是避难，固然是明哲保身，但保护身体还只是一个层次，另外较高层次的，是为了原则、理想或道。"七日自得"的"得"，也可解作精神的自得或谋道的自得。所以本爻的自修，就是守谦德的不急不求，不以物质利益为主，而以心性自得为高。

（二）应变

1.六三：本爻在内卦震动之上，又面临外卦的震动，所以本身是站在动摇不安的位置上，他的应变，就是先要安定内心。"震苏苏"是负面的，而"震行"乃是以"震"来用于行，即是以"震"来转化它的意义，用之于行。本爻的应变，在于"无眚"两字，即向内心去求得应付外震的三个特点。

（1）要能戒慎恐惧。对外面的恐惧是因震动之突来，无法应付。而内心的戒慎恐惧，却正是借外在的恐惧而内省，而转化为一种谦虚的德性，使我们可以渡过，或抚平外在的恐惧。

（2）不以自我为中心。第三爻因为在内卦之首，常会犯的毛病是自骄与自是，因此第三爻常代表自我。老子曾说："吾所以有大患者，为吾有身，及吾无身，吾有何患。"（十三章）所以为了要超脱外在震动的恐惧，最好的做法就是超越，不以自我为中心。

（3）不可患得患失。本卦有三次提到"丧"字，都是劝人不要太过于担心"丧"，即有所"失"，也不要太过在意于"得"，即求有所得。这就是说，不要太过执着于得失，而要顺其自然。

2. 九四：本爻爻辞只有三个字"震遂泥"。"泥"是因为本爻陷于四阴之中，那么本爻的应变就是如何脱出这陷于"泥"的重围。九四是阳爻，在大臣之位，他应以自己的诚信向下去化导二阴，用二阴的柔弱来减低他的阳刚之气。对上，他则以诚信去使六五对他没有疑虑之心，而能与六五推诚相与。本爻上的应变，由于象征是在"泥"中，所以不动为宜，一动则会越陷越深。因为在四阴中，如贸动，则反而使阴柔之爻感到威胁，不动则以他的诚去召信，正如"闲邪而诚自存"，不必到处去表达自己的诚。

3. 上六：在本爻上的应变有四点。

（1）征凶：因在震卦之最上爻，幸好位正，所以应该停留在原位，不要乱动。

（2）不于其躬：这是指震动还没有直接达到自身，前贤们的解释都是说还有时间准备，应戒慎恐惧，修养自己。

（3）于其邻：这是指震动已影响到近邻，因此应有关怀之心，放下自己的私利，去帮助别人，这样也可以免于伤害延及于自己。

（4）婚媾有言：在这爻上，应该不要想到自己的利益，而把私事放在一边，以群众的安乐为前提。

（三）自处

六五是处变者自处之位。他的自处之道，综合本爻爻辞、卦辞和六二爻辞，约有以下各要点：

1. 不放弃信念。在卦辞上的"不丧匕鬯"，指的是在震动或灾变时，不要吓得丢掉向上苍祭礼的器皿。这个"器皿"就是信念、原则、精神、勇气等。最好的例子是在《三国演义》中，当曹操和刘备煮酒论英雄时，曹操指刘备说："今天下英雄，惟使君与操耳。"刘备闻言大惊，手中汤匙不觉掉落地上，这时正好下雨，雷声大作，刘备故意推说闻雷声惊吓而掉落汤匙。曹操信以为真，而以刘备胆小，无英雄气概，以致消除了杀刘备的念头。这故事只是写刘备应变的急智，但也正表达了闻雷声，即外在的巨变，不应吓得丢掉自己的信念和原则。

2. 不追逐物质利益。六二爻辞上的"丧贝""勿逐"，就是希望这位处变者，不要斤斤计较物质的利益，有时候财物上的损失、金钱上的牺牲，不仅可以换来身体上的安全，还能赢得精神上的自由。

3. 有事而为。在震动时，或大变动、大灾难时，不应一直把心念集中在失去了什么，而应想到该做些什么，尤其应该积极的敬其事而为。

䷳ 艮　五十二

艮。艮其背，不获其身。行其庭，不见其人。无咎。

初六：艮其趾，无咎，利永贞。

六二：艮其腓，不拯其随，其心不快。

九三：艮其限，列其夤，厉，熏心。

六四：艮其身，无咎。

六五：艮其辅，言有序，悔亡。

上九：敦艮，吉。

一、语译

艮。艮止是在背上，没有到达身体。走入庭院，看不到人。没有过患。

初六：艮止是在脚趾上，没有过患，利于永远坚守贞固之道。

六二：艮止是在小腿肉上，不能助它的相随。心中多有不快。

九三：艮止是在上下身之际，撕裂了背脊肉，有危险，熏到了心。

六四：艮止是在身上，没有过患。

六五： 艮止是在脸颊上，言语有次序，悔事消失了。

上九： 敦厚的艮止，有吉。

二、解义

1. 本卦名"艮"，是止的意思。本卦有两个艮卦重叠而成，其象有以下各义：

（1）上下都是艮，艮是山，是止的意思。

（2）两山重叠，山代表厚重，所以止能止众邪，归于厚德。

2. 卦辞："艮其背"，是因为山之形象人之背。"其背"，是指在背上或背后，因此看不到前面的身。"背"是少感觉，身代表心，却是多感觉，而身心也代表自我。所以接着说"行其庭，不见其人"，即进入家中看不到人，即无人相、无自我，这是"艮"的真义，在止欲。

3. 初六：本爻位不当，与六四不相应。本卦全以整个身体取象。本爻在初，以脚为喻，是指脚趾。因位不当，所以要止。本有咎，如能知止，则可免于咎患。因不应，所以不能前往，只能坚守阴柔以为贞定。

4. 六二：本爻位当，与六五不相应。位虽当，而不应，在艮卦上，仍然要止。六二在身体上，已到了小腿，"腓"就是小腿肉。小腿是专司脚的移动的，但小腿的动又是因腰的动而来。制止小腿的动，使它不能跟随腰而动。为什么"其心不快"？原来腰是在九三之位，"腰"是象征肉欲的，因为古代的观念，肾脏在腰际，肾脏是司肉欲的，所以六二之小腿不听腰的使唤，不能宣畅其欲，当然心不痛快。

5.九三：本爻位当，与上九不相应，因不应，仍然须止。"限"是界限，在上下身之间，所以指的腰际，是肉欲的中心。"列其夤"，"夤"是指背脊肉，这是说如不止其限，像肉欲不节制，则会撕裂背脊肉，因肉欲伤身，故有危险。这也就是肉欲熏心的意思。

6.六四：本爻位当，与初六不相应。因不应，本有咎。因位当，而能"艮其身"，故无咎。"身"指心，古代身心两字常通用。六四在身体上的位置，正当心胸处。这里的"身"与卦辞的"身"相同，即自心、私心、自我和意识等。所以在这一爻上，应对我们心中的欲望有所节制。

7.六五：本爻位不当，与六二不相应。位与应都不当，故须艮止。六五在头脸之位，所以说艮止在脸颊上。双颊司言语，在加以节制后，言语便有伦次与合理。本来因不应，而有悔，但因能在语言上知所节制，便可以免悔了。

8.上九：本爻位不当，与九三不相应。本爻在天位，本来是指头上，可是本卦为艮，象人之背，所以用背来作譬，而说"敦"。"敦"是敦厚，是以背来象征。在其他五爻都以身体的部位来说艮止，可是在这一爻上不说身体部位，反而倒过来说德性的敦厚，即以"敦厚"的德去制止。这才是艮止的真正意义。

三、处变学

（一）自修

1.初六：本爻在自修上有两个重点：一是"无咎"，一是"永贞"。因为"艮其趾"，不行，所以无咎。但无咎本身是一种修养的目标，即不做任何有咎之事，也就是问心无愧。本爻为阴爻，"永贞"的"贞"即以柔弱和谦逊为主。在艮卦发展之初，最重要的就是一开始能知道有所止。这样，以后的止便容易多了。

2. 六二：本爻在艮止之中，又在六二的地上，所以是在制止行动的非常重要的位上。在本爻上的自修有二：

（1）不乱随。爻辞所谓"不拯其随"，"拯"是救助的意思，即不助不顺其随。《易经》十七卦是"随"，该卦辞上已强调要有"元亨利贞"四德，否则没有原则地乱随便有凶险。同样这里的"随"，是随九三的肉欲。所以本爻的自修，乃为克制自己，复于礼，而不乱随。

（2）不纵心。此处的"心"，是受九三之欲的影响。老子所谓的"虚其心"（三章），即虚其欲。本爻"其心不快"，即得不到欲求，而不痛快，所以心不能纵。儒家的修心，就在止欲。

（二）应变

1. 九三：本爻在内卦艮之上，又面临外卦之艮。所以止之又止。本爻不用"腰"字，而用"限"字，是对九三之限，是对内卦之限，着重在不使九三向上行。因为制止了九三，于是使九三与六四分裂。六四是身，也是心，所以说"列其夤""熏心"。这似乎是负面的描写，但在应变上，九三毕竟在四阴之中，是唯一的阳爻，他的阳刚和诚德必须发挥力量，他在内卦二阴之上，所以必须用他的阳刚去制止二阴，用他的诚德去化导下面二阴。他的上面又有二阴，所以他仍然要以阳刚和诚德去影响上面的二阴。他虽有"列夤"与"薰心"的劳苦，却仍然必须挑起这个重担。

2. 六四：本爻在大臣之位，他是君王的心腹。就整个身体来说，他也在心的位置。六二与九三两爻都言"心"字，那两个"心"都是指六四上的"心"。本爻讲"艮其身"，即是修身，也就是修心。《大学》篇说："所谓修身在正其心者：身有所忿懥，则不得其正；有所恐惧，则不得其正；有所好乐，则不得其正；有所忧患，则不得其正；心不在焉，视而不见，听而不闻，食而不知其味。此谓修身在正其心。"这是说修身的功夫在"正心"。"正心"就是修正心中之欲，使心归于正。也就是说六四位正，所以应处于自己的位置上。至于在应变上，六四阴爻，须以他的阴柔去化解九三阳刚的上冲，更以他的谦德去化解六五对他的疑虑。

3. 上九：本爻在外卦和全卦之极，他是艮止的主爻，也是全卦制止的主导。在身体上来说，他是背部。背部的神经比较迟钝，不像前面五官及心的神经那么敏感，所以"背"可以说是不言不语、无思无想，但他却支撑了整个身体。可以说背正是庄子所谓的"无用之大用"。之所以用一个"敦"字来写"背部"的肉实的作用，是因为上九为阳，是诚德，敦就是诚。本爻的应变，就像他在背部，他在天上，他的"止"是顺乎自然，不着人为，是以不止而止的。

（三）自处

六五是处变者的自处之位。本爻之自处，综合本爻爻辞、卦辞和六二爻辞，有以下三点：

1. 要能消除自我。卦辞的"不获其身"是不以自我为中心，"不见其人"，是自我的消失。因为"自我"是一切欲望的主导，如果对"自我"有所克制，自然能减少欲望。颜渊问仁，孔子回答的"克己复礼"的"己"，就是"自我"，能对这个自我有所制止，才能回复到礼中的我应有的位置。

2. 知所不随。在我们的生活中，有很多物欲与观念影响我们，使我们跟着走而不自知。"闲邪存其诚"的"闲邪"就是不随于邪。其实这个"邪"还不只是外在的。今天很多年轻人说"跟着感觉走"，就是随着自己的感觉，而这个感觉往往是不正的。如前面引证《大学》的"正心"，心之不正就是感觉之不正。跟着感觉走，就会使自己走入不正之路而不自知。所以艮止的作用，就是先要认清什么是不能随的。

3. 言之有物。六五爻说的"言有序"，就是言之合理，也就是言之有物、有信。《系辞传》最后一段话中特别强调言辞而说："将叛者其辞惭，中心疑者其辞枝，吉人之辞寡，躁人之辞多，诬善之人其辞游，失其守者其辞屈。"（下传第十二章）可见言辞之重要了。本爻在君王之位，首重言辞，所以对言辞必须有所节制，所谓"修辞立其诚，所以居业也"（乾《文言》）。

渐 五十三

扫一扫，
进入课程

渐。女归，吉。利贞。

初六：鸿渐于干，小子，厉。有言，无咎。

六二：鸿渐于磐，饮食衎衎，吉。

九三：鸿渐于陆，夫征不复。妇孕不育，凶。利御寇。

六四：鸿渐于木，或得其桷，无咎。

九五：鸿渐于陵，妇三岁不孕。终莫之胜，吉。

上九：鸿渐于陆，其羽可用为仪，吉。

一、语译

渐。女子出嫁，有吉。利于坚守贞固。

初六：鸿鸟渐飞，停在岸边。少年男子，有危险。虽有批评之言，但没有过患。

六二：鸿鸟渐飞，停在大磐石上。有饮有食，非常和乐。有吉。

九三：鸿鸟渐飞，停在陆地上。丈夫出征，没有回来。妇人怀孕，不能生育。有凶。利于防御盗寇。

六四：鸿鸟渐飞，停在树木上。也许找到平直的树枝。没有过患。

九五：鸿鸟渐飞，停在丘陵上。妇人三年没有怀孕。最后终能克服，有吉。

上九：鸿鸟渐飞，停在陆地上。它的羽毛可用作乐舞的仪式，有吉。

二、解义

1.本卦名"渐"，是取象于鸿鸟的飞翔，由河岸逐渐飞向高陵，而喻逐渐发展之意。本卦由内艮外巽两卦重叠而成，其象有以下各义：

（1）巽在上，为木；艮在下，为山。山上的树木，因山形的由下向上，而有逐渐之象。

（2）巽在外，为顺；艮在内，为止。心的制止外物的发展，须顺势而逐渐节制，故有渐之象。

2.卦辞：以嫁女为例，古代礼制的规定是有它一步一步的进程的，如六礼：

（1）纳采：下聘礼作定金。

（2）问名：互通姓名，出生年月日。

（3）纳吉：占卜求吉。

（4）纳征：送聘礼。

（5）请期：订定婚娶时日。

（6）亲迎：男方至女家迎娶。

一步一步进行，就像鸿飞之渐，才有吉。"贞"是指女方坚守贞定。

3. 初六：本爻位不当，与六四不相应。鸿是水鸟，生于岸边，这是它的本位。"小子"指少年男子，因本爻原是阳位，如果少年好进，则有危险。因位不当，而且不应，如果乱动，则有外面来的讥言评语。由于岸边是鸿鸟藏身的地方，能安于其位，也可免于过咎。

4. 六二：本爻位当，与九五相应。本爻在地上，喻鸿鸟已经飞出，因位当，故停在大磐石上。因相应，所以有饮有食，非常和乐，"衎衎"是和乐貌。

5. 九三：本爻位当，与上九不应。因位当，而九三为阳刚，所以喻坚硬的陆地；但不应，所以丈夫征战，没有回来。如妇人在丈夫出征前已有孕，一人养育子女，也很困难。如丈夫出征前没有怀孕，当然不能怀孕生子。总之，本爻因不应，对生育一事是不利的。在本爻上，唯一可做的是坚守阳刚之正，防御邪恶的入侵。

6. 六四：本爻位当，与初六不相应。本爻在外卦之始，如鸿鸟已飞向较高的树木上，因位当，所以得到宽大的树枝可以栖息。鸿鸟的足爪比较扁平，所以须宽大的树枝才容易停驻。因不应，本有咎，但能知止，故无咎。

7. 九五：本爻位当，与六二相应。本爻阳刚中正，而当位，故以"陵"为喻，"陵"是高陵，是坚硬有实之处，也是鸿飞的目的地。"妇三岁不孕"的"三岁"，是因九五与六二之相应，而隔了三爻。但"三"之数，也喻较久，因本卦是渐，是急不来的。也许六二的"饮食衎衎"，耽于自寻其乐，未能很快受孕。但"终莫之胜"，即终于莫胜之，指最后还是抵挡不了生育子女的愿望。"吉"是因有应，而达到愿望了。

8. 上九：本爻位不当，与九三不应。因位不当，不能继续飞，也不能停留在天上，所以又回到陆地。此处的"陆"正好与九三之"陆"相对。程颐、朱熹等人都把"陆"改作"逵"，以为是云路，以喻本爻在天上。这是改字求通，其实鸿之飞有往有还，所以回到陆地，也是自然合理的。但为什么不回到河岸？这是因为九三是陆，上九与九三相对的缘故。同时鸿鸟的羽毛掉在陆地，被人拿去做乐舞的道具，也可指鸿飞可作模范，为人所效法。

三、处变学

（一）自修

1. 初六：根据本爻爻辞，在自修上有三个要点。

（1）不离本。"鸿渐于干"的"干"是指河岸边，这是鸿的藏身处，以此借喻我们要发展、要飞黄腾达时，必须不离自己的本位，这是我们做任何事情的基础，即老子所谓"鱼不可脱于渊"的意思。

（2）戒急进。本爻辞"小子，厉"，以小子为喻，即指出少年气盛，易于急进。本爻为初、为阴，应知谦卑，不宜躁动。

（3）纳忠言。本爻爻辞说"有言，无咎"，"有言"本是指批评的话，多半是人不愿听的。但接着说"无咎"，可见这个"有言"是忠言，虽逆耳却有益，尤其对这位年轻小子而言，忠言诚其冒进，是必须采纳的。

2.六二：本爻在自修上有两个重点值得讨论。

（1）于磐："磐"是河边的大磐石，磐石代表硕大而稳固。这是比喻自修，在知识上要广、要阔、要平，在基础上，要稳固。

（2）饮食：如果本爻是指普通百姓的话，他们的饮食，必出自他们的努力所得。如果是指君子或士大夫的话，他们的饮食即是俸禄，得自他们的工作和君王所赐。总之"饮食"不只是吃吃喝喝、尽情享乐而已，尤其"衎衎"两字有和乐的意义，有与九五相和之乐。

本爻当位，又为阳爻，所以在自修上，应修谦德，努力打好基础，以求与领导者的相和。

（二）应变

1.九三：鸿鸟飞到陆地，一片空旷，没有藏身之处，所以是危险的，就像九三在内卦艮止的上端，艮止就是要他知止。他又面临六四之阴暗，以及外卦巽风的飘浮不定，所以目标难以确定，不能贸然而进。"夫征不复"，就是戒征伐。"妇孕不育"，就是戒生产与生事，即无事生事。在这一爻上的应变就是暂时不动而注意外在的变化，知"风之自"与"微之显"。"利御寇"的"寇"从何来？九三与上九不应，上九是寇吗？不是，而是九三的自召。需卦在九三上是"致寇至"，解卦的九三也是"负且乘，致寇至"，所以本爻的"御寇"，也是因九三阳刚过盛，必须自我谦修，否则自我持盈而骄、不知止，就会招引"寇"至。

2.六四：本爻已到了外卦之始，外卦巽为本，所以飞向树木，可以升了。但本爻位于两阳之间，有下面九三之阳的上冲，又有九五君王之阳的压顶，所以不能乱动。"得其桷"的"桷"，是宽平的树枝，先须停在没有风头的树枝上稳住自己，只求不生事、不造是非的"无咎"，再以本身的阴柔与谦德，化导下面的九三，召信上面的九五。

3. 上九：本爻已达本卦的最高处。鸿鸟已飞到天空上，当然可以逍遥而游，但本爻也是渐之极，物极必反。鸿鸟不能永远在空中飞，它必须有所驻，有所休息，有东西可以饮食，所以它必须又回到陆地上，再飞回它所藏身的河岸。它的飞到高处又返回到低地，正象征了老子所谓的"功遂身退天之道"。它飞行时掉下的羽毛可作乐舞的道具只是比喻的说法，它的知返与回于谦卑，却是我们值得效法的准则。

（三）自处

九五是处变者自处之位。本爻的自处，综合本爻爻辞、卦辞和六二爻辞，约有以下三点：

1. 要有步骤。卦辞上说女子嫁娶的礼仪，即说明了做一切事情的次序。本卦讲"渐"是讲发展，必须渐进，因此一位领导者对他所做的任何事业，应先确立好步骤，由小到大、由近到远，有条不紊地进行。

2. 要有基础。这个基础如九二的磐石，要宽大、要稳固，这是说知识上的健全。所谓一步一脚印，每一步都要牢靠。除了知识外，更要注意德性。九二的"饮食衎衎"好像是讲物质的饮食，其实最重要的还是精神的和乐，就像颐卦虽然讲口腹的颐养，但主要是重精神的颐养，所以精神的和乐才是事业发展最重要的基础。

3. 要有目标。九五爻的"终莫之胜"，就是讲的最后所达到的目标，这也是最初立下的宏志大愿。飞不能乱飞，"渐"必须有最后的目标。本卦中两次谈到"孕"字，"孕"是新生命的孕育，从宇宙来讲，是阴阳和合，万物创生；从人事上来讲，是君与民或主管与职员的和谐合作，才能使渐的发展有终极的成就。

䷵归妹　五十四

扫一扫，
进入课程

归妹。征凶，无攸利。

初九：归妹以娣，跛能履，征，吉。

九二：眇能视，利幽人之贞。

六三：归妹以须，反归以娣。

九四：归妹愆期，迟归有时。

六五：帝乙归妹，其君之袂，不如其娣之袂良。月几望，吉。

上六：女承筐无实，士刲羊无血，无攸利。

一、语译

归妹。出外征讨，有凶。没有任何利益。

初九：君王嫁公主，以偏房的心情，只有一只脚也能行。如果征讨，则有吉。

九二：一只眼也能视，利于幽静之人的贞固。

六三：君王嫁公主，如果是不好的态度，再重新以偏房的态度嫁娶。

九四：君王嫁公主时，过了期，过期嫁女儿有时也是合礼的。

六五：帝乙嫁公主时，君王之女的衣裳不如妃妾的好，月亮还未圆，则有吉。

上六：女孩所提的篮子中没有实物，男士剖羊没有血，是没有利益的。

二、解义

1. 本卦名"归妹"，指君王嫁公主。本卦由内兑外震两卦重叠而成，其象有以下各义：

（1）震在上，为动；兑在下，为悦。兑为女，震为男，女悦男，向上发动攻势，此不待男来娶，女自动而嫁，故称"归妹"。

（2）震在上，为雷；兑在下，为泽。雷催雨下，泽储水为用，此嫁娶成婚，有成家的需要。

2. 卦辞：君王嫁公主，一切合乎礼，在于安家。不可动兵征战，因兑为悦于内，不利于向外动兵。

3. 初九：本爻位当，与九四不相应。"娣"是指妃妾或偏房，象征地位较低，不受重视。"跛"是失去一脚。因不相应，所以是偏房，是一只脚。但位正，因诚而合礼，所以尚可以履行，因此能前往，有吉。

4. 九二：本爻位不当，与六五相应。因位不当，所以是"眇"，少了一只眼，看物不清；但因相应，得君王赏识，所以能往。"幽人"是幽静之人，"幽"指无欲；无欲则刚，这是指坚守他的贞固的正道。

5. 六三：本爻位不当，与上六不相应。"须"作婐，指贱女人，此处指公主的泼辣不淑，这是因位不当的缘故。再因不相应，所以对方不接纳，然后再以嫁偏房的谦虚态度而嫁之。

6. 九四：本爻位不当，与初九不应。"愆"是过期的意思。因位不当，所以过了婚约的时期。因不应，所以必须拖延时日。为了某些原因而延期，也是合理的。

7. 六五：本爻位不当，与九二相应。"帝乙"是商朝的皇帝名乙，因位不当，且为阴爻，所以用谦柔的态度来嫁公主，公主的嫁妆不如其他妃妾的衣裳华美，即非常朴素。"月几望"指月未满，象征虚而不盈，谦逊之意。因相应，而有吉。

8. 上六：本爻位当，与六三不相应。位虽当，但阴柔处上，不够稳定，且又与六三不应，所以像女孩提了篮子，却没有东西，即虚而不实。"刲羊"，是象征杀羊以歃血为盟。现在没有血，即没有诚心，当然是无所利的了。

三、处变学

（一）自修

1. 初九："以娣"是谦虚的表现。本爻为阳爻是诚，所以本爻的自修在谦而有诚。本爻的重点在一个"履"字，"履"卦所讲的是履于礼，就是一切合乎礼制。礼以和为贵，"兑"的重点在和，本爻在"兑"之始，所以自修在诚，在合乎礼制，以求和。

2. 九二：本爻的重点有两个字，一是"幽"，一是"贞"。"幽"是幽静，是指无欲的境界。因本爻在兑的中爻，无欲是和的基础。

"贞"以九二为阳爻来说，是指的诚，所以本爻的自修是无欲而诚。本爻和初爻同修诚德，初九是以谦为主，而本爻则以阳刚之诚为主。因初九与九四不应，所以重谦，而九二与六五相应，所以由诚相通。

（二）应变

1.六三：本爻乘下面二阳，又面临外卦之阳爻。所以应变之道在不以六三之骄而自得，而要能"反"。这个"反"字在应用上，可以有三义。

（1）自反：即是说不要一味向外追求，而能反于自己，一切操之在我。

（2）反省：在反于自我之后，要能反省自己，即知道检讨，知道自己的错失在那里。

（3）返复：在经过反省与检讨之后，并不是只停在那里做自修而已。在返之后，要能复，在改过之后，又须前往。这样改过才有意义。所以六三之应变，因夹于三阳之间而有困，但以他的阴柔，吸收下面二阳的诚德而向上，以谦之诚助九四再向上发展。

2.九四：九四为大臣，虽夹于二阴之间，但他可得下面一阴的调和，它虽阳刚，但有和谦之气，而应付六五柔弱之君以赢得六五的信任。但他不能行动太快，不能太急。本爻出现"愆期""迟归"都是说明要懂得一个"缓"字、一个"徐"字。事缓则圆，能徐则有功。虽然应变时讲"缓"讲"徐"，但不要忘了本爻的"有时"，就是时间要拿捏得准。把握时间常被错解为当下即行动，其实时间是空间的转换，适当的时间不在空间的长短，而在空间能否转换成最好的时机，即适当的时间。

3. 上六：本爻处于外卦震动之上，是阴爻，所以震动而不稳。应变之道，是对爻辞的逆转，爻辞讲"无实"，则应变须有"实"。本卦内兑，兑是口，兑下二阳，为实、为诚，而震为动，即由口而出，要有实，就是言之有物。至于"无血"之"血"，本取象于阴爻，阴爻象征血。何以却是"无血"？因本爻是阴爻，以应变来说，该是谦德，但就"刲羊无血"来说，又是无诚。本爻是逆说，如果无谦、无诚，则无所利；相反地，如果有谦、有诚，则有利。因此在应变上，仍然是要有谦、要有诚。

（三）自处

六五是处变者自处之位。综合本爻爻辞、卦辞及九二爻辞，本爻的自处，约有三点。

1. 不显耀自我：这一点，可说是归妹整个卦的要点，因为君王嫁公主，不能以皇族之尊，去凌驾对方。在卦辞上，即标明"征凶"。"征"有征伐的意思，这里不一定指战争的征伐，而是个人显耀以凌驾别人的自伐，如老子所谓的"不自伐，故有功"（二十二章）。所以"征凶"，即不显耀自我。

2. 无欲之诚：九二的"幽"即幽静。六五和九二相应，吸取九二的阳刚及诚德以充实自己。但九二的诚是通过"幽"静而发的，"幽"静是无欲，所以六五以无欲来自处。

3. 谦虚之德：本爻爻辞所描写的就是一个"谦虚"之德。因为六五正是阴爻，又和九二的相应，所以他一面以谦和九二之诚相应，同时又和九四之阳刚相和谐。

䷶ 丰　五十五

丰。亨，王假之，勿忧，宜日中。

初九：遇其配主，虽旬，无咎，往有尚。

六二：丰其蔀，日中见斗，往得疑疾。有孚，发若，吉。

九三：丰其沛，日中见沫，折其右肱。无咎。

九四：丰其蔀，日中见斗，遇其夷主，吉。

六五：来章，有庆。誉，吉。

上六：丰其屋，蔀其家。窥其户，阒其无人。三岁不觌，凶。

一、语译

丰。要能沟通。君王藉丰以化民，不必忧虑，应把握日正当中之时。

初九：遇到相配之主，虽只有十日左右，没有过患。前往是受到支持的

六二：丰满受蔓草所蔽，日正当中见到星斗，前往会受到疑心病。要有诚信，发自于内，有吉。

九三：丰满受水汽所遮，日正当中见到小星斗，折伤右手臂，

没有过患。

九四：丰满受蔓草所蔽，日正当中见到星斗，遇到相等之主，有吉。

六五：前来的文采，是值得庆贺的，是有声誉的，则有吉。

上六：丰满为屋所遮，蔓草遮住了家，窥视窗户，寂然无人。三年都看不到，则有凶。

二、解义

1.本卦名"丰"，指的是光明照耀、丰满一切的意思。本卦由内离外震两卦重叠而成，其象有以下各义：

（1）震在上，为动；离在下，为光明。光明向上而动，有光明丰满之象。

（2）震在上，为雷；离在下，为电。雷电交加，也有催物化生而有丰满之象。

2.**卦辞：**要致丰满，必须能沟通，使万物都能得丰满之所赐。君王要借丰满，以造福人民。不必忧虑太多，应该把握日正当中之时，否则日一斜，便有日落之虞。

3.**初九：**本爻位当，与九四不应。因不应，但同为阳爻，非正应，所以说"配"。"配"为匹配，但也有相同之意。"旬"为十日，指时间之短，因初九刚开始，所以说短期。位当，故无咎。"往有尚"，指可往，"尚"指崇尚、推许，指外来的推举可往。但"有尚"也指内心有主，因初九为阳爻，为诚，故有诚德。

4.**六二：**本爻位当，与六五不应。"蔀"指蔓草，"斗"指星斗，是星之大者，离火的光明为蔓草所遮蔽。"蔓草"取象于六二之阴。"日中见斗"，因本爻在离火之中，所以说日中，"斗"是北斗星，指光明受蔽，变成黑暗，几乎可以见到北斗星，此时不宜前往。因不应六五，故受到怀疑，如能连合初九、九三与九四之诚而发，也可得吉。

5. 九三：本爻位当，与上六相应。"沛"，前贤解为幡幔，但"沛"可作水汽的充盈，此处指光明为水汽所遮，较近于"沛"为水汽的原意。因九三与上六相应，上六为阴爻，故取象于为阴暗所遮。"沫"指北斗星后的小星，比喻阴暗更甚。这时九三在离卦之上，火光太亮，有伤右臂之象。但伤右臂，不能乱作，反而可以免于咎患。

6. 九四：本爻位不当，与初九不应。因位不当，所以光明受到遮蔽。这是因上有二阴，所以虽日中，可是仍然在黑暗中，只能见到北斗。因与初九不应，与初九同为阳爻，所以说"夷"主。"夷"是指低、指平，即是指初九。虽不应但同为阳，以诚相勉，也有吉象。

7. 六五：本爻位不当，与六二不应。虽然位和应都欠妥，但下面有两阳支持，如果两阳都以诚德相辅，即"来章"之象，"章"为文采与光明。此时，本爻在外震之动，而内卦离火的光明被召前来，所以有"庆"、有"誉"，反而有吉。

8. 上六：本爻位当，与九三相应。虽位当，但本爻在丰卦之极，光明太过，日中则斜，又有了阴暗之象，该象正来自上六的阴暗。如蔓草长满了整个屋顶而掩盖了光明，因黑暗不明，所以屋内看不见人。前面六二、九三与九四虽光明被遮，还能看得见星斗，但本爻为房子所遮，看不到天空，只能看房内。"阒其无人"，"阒"指空、寂静之意，这是取象于上六的虚而无实。"觌"是见之意，"三岁"是指时间之久，阴暗太深，久久不能张眼见物的意思。

三、处变学

（一）自修

1. 初九：在自修上，本爻值得注意的有两处：一是"配主"，一是"往有尚"。本爻和九四不相应，不是一阴一阳而致和谐，但共为双阳，所以说"配"，即相匹配。因为两阳共赴，如合志同道的君子共同追求光明的前景。"往有尚"，虽然可往，但重在"有尚"，即心中有理想、有价值、有道德观念，这样才能走向光明。所以在本爻上的自修就是以德会友，共同而趋。

2. 六二：本爻的自修，先纠正"往得疑疾"的毛病。"疑疾"就是疑心病。本爻在地的位上，如坤卦六二爻辞要我们"直、方、大"，正是针对此疑疾之病。所以坤六二的自修，也可作为此爻的自修。其次"有孚，发若"，因六二阴柔，需要诚德来自修。此"发"乃发于内。如以占卜来说是得自于初九之阳。但本爻为离卦之中爻，也指离火光明的内心。所以本爻的自修在开放自己，以诚为德。

（二）应变

1. 九三：本爻在内卦离火之上，火势太强，光耀太过，直接冲击到外卦的九四之阳刚，因此要有所节制。在应变上，他一面要得到下面六二阴柔的相比，又要得到上六阴柔的相和，使九三不致强阳太过。至于"折其右肱"的"折"都作折断解，折断右臂，不能有为，而可以免咎。但"折"也有折合、折回之意，也就是合起他的右臂而不用，这比折断来得较缓和，不致伤得太重。总之，在本爻的应变，宜采取阴柔的做法，不要太过强势。

2. 九四：本爻在外卦震动之始，易于冒进，而且下面离火在燃烧，所以也有太过强势之病。尤其本爻在大臣之位，上面六五又为阴柔之君，所以不能直接前进，宜回头去与自己相匹的初九商量以进。本爻爻辞的"夷"字，在占卜上虽指初九是夷远之处、是平坦之地，但在应变上，这个"夷"字却值得推敲。老子说："大道甚夷，而民好径。"（五十三章）此处的"夷"，正是指大道的平坦、宽广。因为初九是在地的爻位上，不仅象征地的平坦，宽广，而且也指基础的扎实与牢固。所以本爻的应变不要走捷径，而要回头打好基础。

3. 上六：本爻爻辞全从负面来描写。但在应变上，我们却必须从正面去走出黑暗，而达到真正光明丰满之境。也许可以寻出三条途径。

（1）从占卜上来看：本爻和九三是位当而相应。上六因乘于六五阴柔之君，所以他的丰满是阴暗的一面，他必须回返向下，去吸取九三的诚德。这一回反，是反省，也是反绚烂为平实。因为上六的阴柔承担不了这种至高的丰满，所以他必须以上六本身阴柔的谦虚而迷途知返。

（2）从哲理上来论：这个"屋"是个人私欲的膨胀，掩盖了光明。所以本爻黑暗之原因来自私欲。《易经》爻辞上常说"不家食",即是指不以私欲为念。"阒其无人",是指看不到人,因为充满了私欲,所以每个人都为私欲所充塞,而没有人情、没有温暖,所谓人不人、家不家。今天社会上许多家庭即是这种情况的写照。

（3）另一新解:此处说另一新解,乃是因为这种看法也许不是《易经》作者的原意,但在中国哲学或佛学中却有这种境界。本爻在天位,光明的丰满达至天位上,乃是完全普照大千世界,没有人我之相。就知识的提升来说,达到最高境界,便必须超越知识,这在道家与禅宗里说得很多。如老子的"绝学无忧"（二十章）,庄子的"知止其所不知,至矣"（《庄子·齐物论》）,禅师长沙景岑的"百尺竿头须进步,十方世界是全身"。同样,我们的修德达到圣人的地位,必须不执着以为自己是至圣,而应该如老子所谓"绝圣弃智,民利百倍"（十九章）,庄子所谓"圣人无名"（《庄子·逍遥游》）。所以在这一爻上的光明丰富,再也没有任何框架。也就是说没有自己的光明丰满,而是以万物的光明丰满为丰满。这正如老子所说:"天长地久,天地所以能长且久者,以其不自生,故能长生。"（七章）即天地不以自己的生命为生命,而是以万物的生命为生命,由万物的生生不息,所以才能使天地生生不已。

（三）自处

六五是处变者自处之位。本爻上的自处,综合本爻爻辞、卦辞和六二爻辞,约有以下各义:

1. 亨：卦辞首先揭出一个"亨"字。"亨"的本字是祭祀时上通天道，而且也旁通万物。本卦说丰满不是指君主或领导者一人的富有，而是沟通上下，照耀大千世界的。此处讲亨通，是把自己的富有通出去惠及人民。

2. 宜日中：卦辞的"宜日中"，本是指把握日正当中，但这个"中"字有中正、中和、中庸等义，至少在本爻处外卦的中正之位。所以应该持中正之道，勿偏勿倚，丰满才能圆满。

3. 有孚：六二爻的重点在"有孚"，这个"孚"是诚信。六二表达诚信于六五，六五需开放而接纳六二的诚信，互相交流，以诚信相待。

4. 来章："来"是召来，因六五本爻是阴柔、有暗之象，但他以这虚之德"含弘光大"（坤《文言》），而吸引各方面的人才来归，"能容则大"，以达到光明丰满之境。

䷷ 旅　五十六

扫一扫，
进入课程

旅。小，亨。旅，贞，吉。

初六：旅，琐琐，斯其所取灾。

六二：旅，即次，怀其资，得童仆，贞。

九三：旅，焚其次，丧其童仆，贞，厉。

九四：旅，于处，得其资斧，我心不快。

六五：射雉，一矢亡。终以誉命。

上九：鸟焚其巢，旅人先笑，后号咷，丧牛于易，凶。

一、语译

旅。小事，要沟通。行旅，坚守贞固，有吉。

初六：行旅，只重琐碎之事，那么就会得到灾祸。

六二：行旅，有屋可住，怀有财产，得到童仆，坚守贞固。

九三：行旅，烧掉住屋，失去了童仆，坚守贞固，有危险。

九四：行旅，有托身处，得到了财产货币，我心仍然不乐。

六五：射那野鸡，一箭毙命。行旅的人，最后得到声誉和天命。

上九：鸟儿的巢被烧焚，行旅的人开始时笑乐，后来又号哭。

失去了牛很容易，有凶象。

二、解义

1. 本卦名"旅"，古代的"旅"是行旅，并非今天的旅行。行旅有游学、有行商、有被放逐，以及被迫迁移等，本卦的行旅似指放逐和流亡国外。本卦由内艮外离两卦重叠而成，其象有以下各义：

（1）离在上，为火；艮在下，为山。火在山上，火势随草燃烧而蔓延，似行旅之人的四散流亡之象。

（2）离为光明，艮为制止，即光亮受到制止，有黯然而逆旅之意。

2. 卦辞：逆旅为流亡之事，因此必须放低身段，所以说"小"，即注意小事，要能沟通，了解环境。但必须把握贞固之道，本卦卦辞就六五来取象，因是阴爻，所以用谦柔处事，则会得吉。

3. 初六：本爻位不当，与九四相应。因位不当，有"琐琐"之象。"琐琐"乃琐碎之事，如果只注重琐事、只限于琐事，就会丧志，永远处于逆旅而无法回归，所以说是自取其灾。本爻虽与九四相应，但在艮止之初，仍然不宜前往。

4. 六二：本爻位当，与六五不应。位当，又在艮止，所以"即次"，就是找房屋住下来。有房舍，故有资产，即房产。"童仆"指下面初六的相助。"贞"是谦德。处逆旅时，虽有了资产，不可显耀，以谦虚为上。

5. 九三：本爻位当，与上九不应。因在内卦之上，且为艮止之卦，面临外卦之离火。如以资产骄人，必然会受妒忌而房舍被焚烧。丧其"童仆"指下二阴也会离去。此时环境有危险，需坚守贞固之道，即诚德以自处。

6.九四：本爻位不当，与初六相应。本爻为大臣之位，处离卦光明之初，因为阳爻，有实，所以说有资产，"斧"为斧形的钱币。但在外行旅，位不当，即无权无责，所以不能有所贡献，心中怏怏不乐。

7.六五：本爻位不当，与六二不应。本爻为君位，但在外行旅，所以不能当位而应。"射雉，一矢亡"，传统的解释（程颐、朱熹等），"雉"是离卦的文明，为了达到文明，虽然有时有所失，如一矢之失。此解似甚勉强。另一解，如果行旅是指流亡在外，那么流亡之人又回到故国，"射雉"，即射杀暴君或篡位之人，"一矢亡"，即一矢中的使他毙命，最后，又恢复以前的声誉及继承天命。

8.上九：本爻位不当，与九三不应。本爻在行旅之极，因位不当又不应，即不知返，正如刘阿斗的"乐不思蜀"，于是在外所筑的巢也被烧焚。虽然有一时的享乐，但终遗流亡之悲。"丧牛"之"牛"，是中国农家最重要的资产，这里喻为根本，"丧牛"即忘了本，"于易"，即于享乐轻易之中，所以有凶象。

三、处变学

（一）自修

1.初六：本爻爻辞是负面的描写。为何召灾？问题出在"琐琐"两字。卦辞中曾说行旅要能"小",这个"小"是注意小事,但与"琐琐"不同。"琐琐"是斤斤计较琐碎之事。《礼记·儒行》说"道涂不争险易之利",即行旅的路上不要为了那锱铢的小利和人争吵,以招致杀身之祸。所以在自修上,本爻是阴爻,应修谦德,不与人争利,但心中却有大志,绝不能怀忧丧志。

2. 六二:本爻已在地上,所以在行旅中,已在地上定居,已有资产家仆,也就是说生活已很不错。但这是在行旅中所得的,行旅本身是游移的,并不像古代农村那样稳固牢靠,所以不能持此以为骄。这个"贞"字,是贞固、是谦德,也就是说要能谦柔以对。初六和六二都是阴爻,以德来说,都应以谦德自修,但初六只是开始,注重基础,所以告诫不要以琐事而忘了原则与大志。而本爻在地上,面临上面两阳爻挡路,所以特别重视这个贞固之谦,以谦行正道。

(二)应变

1. 九三:九三在双阴之上,处内卦艮止之极。又面临外卦离火的焚烧,所以烧去了刚建的房舍,因失去资产,童仆也离开了。这象征在行旅中的所得容易失去。这是因为本爻居内卦之极,容易骄矜。老子说:"金玉满堂,莫之能守;富贵而骄,自遗其咎。"(九章)因本爻不能守六二的"贞"固,即谦虚,所以自招了灾祸的来临。但应变之道,还是一个"贞"字。本爻是阳爻,就德性来说是诚,因九三在二阴之上,可以他的诚去吸取二阴的谦柔。他在艮止的主导地位,所以他必须用诚的力量才能产生艮止的作用。尽管房舍烧毁、童仆散走,但他并不因环境的挫折而丧志,他还是要向外卦离的光明而迈进，使他的诚去接合九四的诚，以助六五之君。

2. 九四：本爻在外卦离之始，离为光明，即在本爻上已见到曙光。"于处"和"即次"不同，"即次"是暂时的旅居，而"于处"则适合自己，是比较安定的处所。"得其资斧"的"得"因九三的被焚，又重得、重建了。"斧"字虽可作钱币解，但"斧"字本身毕竟是砍物的利器，当然可喻为武器，因为这个行旅之人如果是流亡在外的君臣，他们扩充资产、储备武器，正可为复国之用，这与六五爻的"一矢"正好相应。"我心不快"，即心中不以此等"资斧"为满足，而以复国为念。在本爻上的应变，因本爻和初六相应，即吸收初六的谦柔，以外诚内谦之德，辅助在上的六五之君，共同创造光明之境。

3. 上九：本爻在旅卦之极，也就是说行旅之人沉溺于行旅之乐，故先笑，以致后来有家归不得，于是又痛苦号啕，此时悔之已晚。在应变上，提示了我们两个字，一是"巢"，一是"牛"。前面"即次""于处""资斧"及"童仆"等都是暂时的，都是工具，只有"巢"才是飞鸟真正的家，才是行旅之人真正的归宿，所以这个"巢"不能忘。至于"牛"是生产的工具，在行旅上的资产，多半是经商而得，不够牢靠，牛需要土地，这正代表了生活的根本，所以"牛"不能失。在这一爻上的应变，这个"巢"和"牛"乃是指的六五的阴爻，也就是说在这一爻上，不能再向前走，其实已无路可走，只有回头，与六五相和，以六五为基础、以六五为归宿。

（三）自处

六五是处变者的自处之位。本爻的自处，综合本爻爻辞、卦辞和六二爻辞，约有以下几点：

1. 亨：在行旅中，必须懂得沟通各方面的关系和了解各种情况，因为前途未明，随时都有危机出现，随时都有新的情况发生，必须小心地解决。

2. 贞：这个"贞"字出现在卦辞和六二爻上，卦辞以六五为主，都是阴爻，因此以谦德为主。在行旅中的任何环境下，行旅之人都是异乡人，因此必须保持低调，尽量以谦恭来应对。

3. 对准目标：本卦的行旅之人，并不是出外欣赏风景的游客，他身负着复国的重任，所以他的目标非常清楚。"一矢亡"，即描写他的迅猛、果敢，而且能抓住时机一招制敌，否则一旦失误，全盘皆输。

4. 回归天命：在行旅中，为了奋斗，必须有信仰的支持，这就是"天命"，即天给予这位领导者的使命和责任。孔子周游列国，就形同行旅。在他遇到困难与危险时曾说："文王既没，文不在兹乎？天之将丧斯文也，后死者不得与于斯文也，天之未丧斯文也，匡人其如予何？"（《论语·子罕》）他就凭着这种天命的信念，使他能不畏艰困，周游列国以行道。本爻又说"终以誉命"，也就是成功之后，仍然告慰于天命，以表明自己的努力是为了完成天所赋予的使命。

☴ 巽　五十七

扫一扫，
进入课程

巽。小，亨。利有攸往。利见大人。

初六：进退，利武人之贞。

九二：巽在床下，用史巫纷若。吉，无咎。

九三：频巽，吝。

六四：悔亡，田获三品。

九五：贞吉，悔亡。无不利。无初有终。先庚三日，后庚三日，吉。

上九：巽在床下，丧其资斧，贞，凶。

一、语译

巽。小事，要能沟通。利于有所往。利于能见大人。

初六：或进或退，利于像武人的贞固之性。

九二：巽伏在床下，用了很多史官筮祝，则有吉，没有过患。

九三：一再地巽伏，会有羞惭。

六四：悔事消失了，田猎时射获三个等次的猎物。

九五：坚守贞固，则有吉。悔事消失，没有不利的。没有好开始，会有好结果。下令前三日，下令后三日，则有吉。

上九：巽伏在床下，丧失了资产钱币。坚守贞固，有凶象。

二、解义

1. 本卦名"巽"，"巽"是顺服、卑顺的意思。本卦由内外两巽卦重叠而成，其象有以下各义：

（1）上下皆巽，巽为风，风吹万物，使万物顺而服，所以有顺服之象。

（2）上下皆巽，巽为树木，树木生长，由下而上，顺着发展，所以有顺的意思。

2. 卦辞：巽是顺伏，是适于做小事。重在沟通，知何时该顺，何时该伏。能以一阴顺于二阳，二阳为光明，所以可往。本卦九五为主爻，有大人之象，所以能遇大人则有利。

3. 初六：本爻位不当，与六四不应。因位不当而不应，所以想进而不敢进，有进退犹豫不决之态。"利武人之贞"，就是像武人一样有决断。

4. 九二：本爻位不当，与九五不应。位不当，所以只能顺服在床下，非常低调。"史巫"都是负责占筮的官员，虽然"史"是史官，但在古代史筮不分，都代表卑顺以求神。"纷若"，形容他们奔走的样子。本爻是阳爻，即指他们诚心求占卜问神灵，所以有吉。"无咎"，意思是本有咎，因不应，但低调而诚，所以免于咎患。

5. 九三：本爻位当，与上九不应。本爻在内巽之上，又面临外卦之巽，所以巽之又巽，即是"频巽"，"巽"是顺服，一再地顺服，有点过于卑顺，所以有羞惭之状。本爻因不应而"吝"，位虽当，不能守阳爻的刚毅而一味卑顺，所以也有"吝"。

6. 六四：本爻位当，与初六不应。因不应，而有悔；因位当，而悔亡。"田"是畋猎。当射杀猎物时，射在心脏处，一箭毙命，猎物干净而肉鲜美，可供祭祀用，此为上品；射在腿部，受伤而必须再加宰杀，可供宾客享用，此为中品；射在腹部，肠破而污染，只能供自用，此为下品。此三品只是象征，因为六四下有二阳，上有九五之阳，必须对付，所以用猎物的三品来形容以一阴对付三阳的艰辛。

7. 九五：本爻位当，与九二不应。因位当，九五中正，为明君，所以有贞之诚，有吉，无悔。悔是因不应，但阳刚中正可以无悔，无往而不利。"无初"是没有九二的相应。"有终"是有六四大臣的相辅。"庚"是更改，即命令有所改变，须三日前公布，三日后施行。"三日"是指一段时日，必须先让人民知道，然后才能生效。为什么此处讲命令的推行？因为"巽"是风，国君教民称为风化。所以本爻讲国君的宣布命令，如草上之风必偃，使民顺服。

8. 上九：本爻位不当，与九三不应。本爻虽位在巽卦之最高处，但位不当，而"巽"卦本身的意义就是卑顺，卑顺之极，自然只有又躲在床下了。"丧其资斧"的"资斧"在旅卦中曾有过，当作资产钱币或资产武器，无论是哪种，都是指凭借或力量。这本是指九二的阳刚，但不应，现在又因卑顺过甚，而失去了应有的刚决之心。这里的"贞"有两义：一是指资斧而言，即阳之诚德，也丧失了，故凶；另一是指以卑顺为贞固，便有凶。

三、处变学

（一）自修

1. 初六：本爻在巽卦之初，巽本是卑顺，一开始就易于优柔寡断。本爻是阴爻，也有软弱之意，但就修德来说，应该是谦。爻辞说"利武人之贞"，原是为了治本爻的位不当，而告诫须用武人的阳刚来治优柔寡断之病，不过在自修来说，还是以谦德为主。在谦卦中，我们已看过谦卦是山在地中，谦不是退，而是以退为进。本爻爻辞"进退"固然可解为进退犹豫，但也可解为进于退，进在于先退。"巽"是卑顺，但不是失节的卑顺，而是以卑顺躲过风头，再求进。"巽"是风，风吹草长，"巽"是木，木由下而上长，所以本爻的自修，应以谦为进德之基。

2. 九二："床下"表示低调，表示知危。印度佛学僧众有一戒，即不睡高广大床，这表示不可奢华，不可骄傲。中国人的睡在床上，表示安枕无忧，而在床下，就表示不能安枕无忧，而要居安思危。勾践的卧薪尝胆，就是睡在草席上。地震来时，先躲床下，这都表示一种警惕知危的心态。"史巫"就是占卜之官和筮者。本来有事，请一人来占就够了，为什么"纷若"？就是很多的史筮急忙奔走，可见有危险的大事发生，所以才会有"史"又有"筮"，全部出笼而奔走。可见在这一爻上的自修，要居安思危，要以诚意沟通天人。

（二）应变

1. 九三：本爻在内卦之上，又是当位的阳爻，一般的毛病，都是易于骄矜。可是他却在巽顺之上，又面临外卦的巽顺，以及六四的阴爻盖顶。所以外在的环境似乎使这九三之阳壮志难伸，不得不有所委曲，如笼中鸟、离山虎。但应变之道，可以在本爻唯一的"频"字上去推敲。爻辞的"频"本来是负面的意思，指一再面临内外"巽"卦的卑顺，但就"巽"来说，一阴在两阳之下，卑顺应是以一阴在下取象，上面两阳并不卑弱，所以九三并不一定卑弱，应该有阳刚气，他接合了九二的阳刚之诚，而向六四输诚。六四本来软弱卑顺，但因二阳的来助，使六四因九二与九三的充实，再一齐辅九五中正之君，以达刚柔相济的理想，而去掉卑顺的毛病。

2. 六四：六四以一阴处外卦二阳之下，本有卑顺之象，而又以一阴在四阳之中，还有二阳在下的冲进，可见他所面临的环境，都是强阳太过。那么，六四以自己一软弱之体，如何能应付外来的压力？首先爻辞上揭出"悔亡"两字。"悔亡"前面并没任何语句，也就是说"悔亡"本身就是一种功夫，先要做到没有任何过错，没有可以致悔的原因，然后才能进行第二步去射猎。谈到射术，德国教授海瑞格（Eugen Herrigel）写了一本书《禅道与箭术》，描写他到日本学禅道，禅师先要他学箭术。在他把弓时，先要放松自己，然后对准靶子，不要视靶子为猎物，而是视靶子为自己，射靶就是射自己。这段故事的重点，正可作本爻爻辞的说明，射猎物时，先要射自己，射掉自己的私心欲念，即"悔亡"，然后才能正确地射中猎物。"三品"中的上品是射心，即获得九五的心，使九五能信任六四；中品的射腿，即是和九四分享，同舟共济；下品的自用，即是以九二之诚来自修。这就是六四处艰危之境，能应付裕如的功夫。

3. 上九：本爻在巽卦之极，如以卑顺来讲，自然是卑顺得太过，而失去了人格与原则，此即"丧其资斧"的比喻。但以应变来说，他有两个途径：一是放下身段，向九五输诚，但两者都为阳刚，很不容易融洽；而另一是与九三相合，他虽与九三不应，但毕竟是可以相与的一对，他和九三同属阳刚，但可以合志同道，然后再向六四求合。总之他在"床下"，就必须向下发展，必须不"丧其资斧"，也就是始终保持他为阳刚的诚德。

（三）自处

九五为处变者的自处之位，本爻的自处，综合本爻爻辞、卦辞与九二爻辞，约有以下各义：

1. 亨：卦辞中首说"亨"，本爻在君主之位，并不卑顺，但他的臣子往往对他卑顺，因此他必须有沟通之智，了解臣子们的卑顺是真是假、是诚是虚，这样他才能处理卑顺之事。

2. 中正：卦辞中再说"利见大人"，此"大人"即指九五之爻。本爻正好是阳刚中正之位，也就是说本爻的自处，重在自己先持中正之道，否则便会被卑顺所影响，而失去了自己中正的立场。

3. 贞诚：九二爻说"史巫"是讲诚。本爻爻辞首先揭示出"贞"字是诚，也就是说在本爻上，这位领导者自己须有真诚之心，才能得到别人的真诚相应。

4. 无悔：本卦两个主要的爻六四和九五都说"悔亡"，足见在巽顺中，能求无悔是最基础也最重要的。"无悔"，就是问心无愧，无愧才能无悔。"无悔"的无愧要问心，也就是要向心中求。

䷹ 兑　五十八

兑。亨，利贞。

初九：和兑，吉。

九二：孚兑，吉。悔亡。

六三：来兑，凶。

九四：商兑，未宁，介疾有喜。

九五：孚于剥，有厉。

上六：引兑。

一、语译

兑。要能沟通，有利，坚守贞固。

初九：和悦的兑，有吉。

九二：有孚信于兑，有吉。悔事消失了。

六三：引来的兑，有凶。

九四：商议的兑，心中不安。介意这种病，会有喜。

九五：孚信被剥掉了，有危险。

上六：引来了兑。

二、解义

1.本卦名"兑","兑"是喜悦的意思。本卦由两个兑卦重叠而成，其象有以下各义：

（1）上下皆兑，兑是泽，兑水安静令人喜悦。

（2）内外皆兑，兑是悦，内心喜悦，使外在也能喜悦，所以内外和而悦。

2.卦辞：和悦必须能沟通，彼此了解而和悦，使大家皆得和之利和悦在诚，所以必须贞固于诚德。

3.初九：本爻位当，与九四不应。位当，故内心有和，虽不应，但同为阳，以诚相待，也是求和之道而有吉。

4.九二：本爻位不当，与九五不应。位虽不当及不应，但九二阳刚、有诚，九五也阳刚、有诚，彼此能以诚相待，则和而吉。本爻位不当、不应，本有悔，但和之所发，悔也消失了。

5.六三：本爻位不当，与上六不应。本爻位不当，居内卦之首，又不应上六，内心缺乏和，而一味想向外得到喜乐，这种只求别人施予的喜乐，反而是造成有凶险的原因。

6.九四：本爻位不当，与初九不应。因位不当、不应，所以欠缺和悦的原因。"商"是商议，本爻是大臣之位，他向九五献策，希望得到在上的喜悦。但商议或献策是否能成功，尚在未知之数，所以心中不安。因商议或献策结果不好，反而招祸。如果本爻的大臣，能以此为戒，"介"即梗介于心，知道商议和献策的毛病，则会避免心中的不安，而有喜。

7.九五：本爻位当，与九二不应。本爻位当，本为阳刚中正，而有诚孚，但如果这个诚信被剥落则有危险。"剥"的原因是九五与九二不应，没有内在之和，而上有上六的阴爻压顶，阴乘于阳，有被剥蚀之象。

8.上六：本爻位当，与六三不应。本爻爻辞并没有说任何吉凶悔吝的判语，只有一个"引"字。这个"引"有上下两方面的牵引：在下来说，因位当，处高位，且为阴爻，可喻为一位离世独立的高士，以独善其身为乐，这时九五之君可引他下来为国献力，如刘备的三请诸葛孔明；在上来说，本爻在天位，如能引之于天道，也就是说法于天，则有逍遥之乐。

三、处变学

（一）自修

1.初九：在本爻上只讲一个"和"字。在《易经》六十四卦中，这个"和"字只出现了两次，另一次是六十一中孚卦的九二爻"其子和之"。虽然只有两次，但这个"和"字在《易经》思想中却非常重要，因为阴阳的感应，刚柔的相济，就在一个"和"字。这个"和"字，此后在中国哲学与中国文化里，更扮演了一个非常重要的角色，因为中国人是以"和"为真理的。那么在本爻，又如何修养这个"和"呢？本爻为兑卦之始，且是阳爻，从这两点来说，孟子的"反身而诚，乐莫大焉"（《孟子·尽心》）一语，正可作为本爻自修的依据。因为"兑"就是悦乐，本爻为阳，是诚，本爻与九四不相应，所以不能向外求和，而须在本位，也就是自己的心中，反身修诚，有诚自然能和，有诚自然能悦。

2.九二：在本爻上，有两个重点：一是"孚"；一是"悔亡"。就自修来说，"孚"是诚信。本爻和初九同为阳爻，当然都是重诚德。但不同的是，初九位当，而本爻位不当，所以本爻的孚，便着重在"信"字。同时，本爻在地上，又面临上面的阴爻，因此更需要由诚而信，能得到六三与九五之君的信任。兑卦象征口，本爻在内卦兑的中间，且是阳爻，也表示了口中有实，即诚信的意思。至于要如何修这个"信"字，本爻接着说"悔亡"，即做到问心无愧，能诚信就能无愧，能无愧于心，心中才有真正的悦乐。

（二）应变

1.六三：本爻上，只说个"来"字，便判为凶。当然这个"来"是负面的，因为"来"是召来，是希望悦乐从外而来。在第三爻常出现"致寇至"，都表示自召麻烦的意思。因此在本爻上的应变就是在"来"字上逆转，把"来"字改为"安"字，也就是安于其位。而就其位说，六三位不当，且阴乘于阳，当然在占卜上要说"凶"了。但应变之道，正是要转凶为吉。因位不当，所以要知其不当而不贪不求，以知足为乐。阴乘二阳，固然不好，但阴发挥它柔的功能，不因在二阳之上而骄，相反的，它向二阳学习，吸收二阳的诚和智来充实自己。内卦的"兑"就是悦乐，本爻已在"兑"悦之上，还不知充分享受这份难得的安乐，向外求个什么呢？所以在本爻上的应变，仍然是老子的两个字"知足"。

2.九四：在本爻上的一个关键字，就是"商兑"的"商"字，接着"不宁"和"有喜"都是对"商兑"的一种情绪的描写。这一点在解义上已分析过，现在我们要谈的是如何应变。本爻在大臣之位，他对九五之君，必然有很多建议商讨之事。但任何事情都有得失成败，如果把悦乐建筑在建议商讨之事上，当然会影响情绪的不安。而此情绪的不安掺和在建议商讨之事上，又会反过来影响事实的客观性，所以事和情两者必须截然分开。最好的例子就是在《庄子·人间世》中描写的叶公子高出使齐国的故事。叶公子高告诉孔子（在《庄子》中的孔子故事并非事实，乃是庄子的借托），他早上得到命令，晚上便拼命喝冰水，这是由于心中内热而不安。因为如果任务不成，当然受君王的处罚，但如果成了，这段时间内心不安的煎熬，也使自己痛苦不堪。庄子借孔子的话告诉他说："无迁令，无劝成。过度，益也。迁令，劝成，殆事。"这说的是针对事情的本身，该做什么就做什么，不可为了要成功，而多溢美之言。所谓"迁令"就是更动了命令，"劝成"就是促使成功，"过度"就是超过了客观事实，这即是增加了感情的因素，而违离了真正的事实。"介疾"的"介"，前贤都当作守正不阿，但对于这个"疾"字却无确解。其实"介"字也可作分别清楚的意思，"疾"就是这种把事情和感情分割不清的毛病。"介疾"也就是介意这种毛病，分清这种毛病。"有喜"的"喜"不是来自"商兑"，而是因内卦的兑悦，即来自内心的自喜自悦。所以在本爻上的应变，就是一面为九五尽自己的责任，一面和内卦相和，培养内心的悦乐。

3. 上六：本爻只有一个"引"字。在解义中，对于这个"引"字有向下向上两义。前面已分析过，现在就应变来看，在这一爻上如何运用这个"引"字。本爻的"引"和六三的"来"是一个对比。"来"是向外求悦，而"引"却是由内引出的悦乐。本爻乘二阳之上，照占卜上来说是不好的，但在应变上，却针对此病，上六以阴柔的谦虚引出二阳的充实的真诚。然而上六软弱，他如何能引出二阳的光辉来？这是因为他在天位上，有赖于天道的力量了。试想，兑象征湖泽，泽水一片平静，有安宁的境界，而湖面开阔，得到了天光的映照，才有"天光云影共徘徊"之美。这个情景就说明了内心的悦乐是得自天道的赐予。所以本爻上的应变，乃是在天人的合一，使天的自然和内心的纯净合成一片，而成为内心的常乐。

（三）自处

九五是处变者自处之位，本爻的自处，综合本爻爻辞、卦辞及九二爻辞，约有以下各义：

1. 亨：卦辞首说"亨"，即沟通与了解。"兑"为口，指口说。"兑"在中国文字上，为破字格，原为"说"，又通为"悦"，再省掉言及心而为"兑"，但言和心都是重要的部分，也就是"兑"的喜乐，须有言语的沟通，须有会心的喜悦。

2. 贞和孚：卦辞的"贞"，是对九五之诚而说的，九二之"孚"与九五之"孚"也是诚，所以本卦重诚。喜悦往往被认为是外在的表现，或因外物而引起的，所以爻辞上说"来"、说"商"、说"引"，都是由外物的牵引。其实真正的悦乐是来自内心的，也就是只要内心有真诚、真意、真情，则无事而不喜、无物而不悦了。

3. 不剥：本爻爻辞上的一个"剥"字最为关键。因为悦发于诚，是内心的，可是外物之来，却时时在剥落我们的诚，侵蚀我们的悦。譬如一株树木的叶子，春生夏成，本有生意，可是到了秋冬，又受冷气与严霜的侵蚀而剥落。但我们修心养性的功夫，却不像树叶，任其剥落，我们要有维护保养的功夫。无门禅师说："春有百花秋有月，夏有凉风冬有雪。若无闲事挂心头，便是人间好时节。"（《无门关》）这是说只要心中无欲，一年四季都是好时节，都能使人喜悦。庄子说得更彻底："死生存亡，穷达贫富，贤与不肖，毁誉、饥渴、寒暑，是事之变，命之行也。日夜相代乎前，而知不能规乎其始者也。故不足以滑和，不可入于灵府，使之和豫通而不失于兑，使日夜无郤而与物为春，是接而生时于心者也。"（《庄子·德充符》）这段话几乎是本卦兑的注释，而且"兑"字与"和"字都出现在文中。这段话的意思就是，外在死生与贵贱等等的变化，我们的知识不能了解它们的原因，只有暂时把它们放在一边，说那是命运的作用；不要让这些事物进入我们的心中，破坏我们心中的和乐，我们的心和外物相接，保持它像四季如春一样的喜悦。这种说法不正是要我们使心之诚乎，不受剥落的功夫吗！

涣　五十九

扫一扫，
进入课程

涣。亨，王假有庙，利涉大川，利贞。

初六：用拯马壮，吉。

九二：涣奔其机，悔亡。

六三：涣其躬，无悔。

六四：涣其群，元，吉。涣有丘，匪夷所思。

九五：涣汗其大号，涣王居，无咎。

上九：涣其血去，逖出，无咎。

一、语译

涣。要能沟通，君王借宗庙来涣发人心，利于跋涉大川，利于坚守贞固。

初六：用马来拯救以求壮强，有吉。

九二：涣发时，奔向于可依靠的平台，悔事消失了。

六三：涣发在己身上，没有悔事。

六四：涣发在群体中，能原其始善，有吉。涣发在高丘上，不要只想到自己。

九五：涣发汗流于大号上，涣发于君王之位。没有过患。

上九：涣发而使血出，远远的离去，没有过患。

二、解义

1. 本卦名"涣"，"涣"是涣散、涣发、扩大等意思。本卦由内坎外巽两卦重叠而成，其象有以下各义：

（1）巽在上，为风；坎在下，为水。风吹水上，水波由近而远地扩散。

（2）巽在上，为木；坎在下，为水。木为船，船在水上，船的漂流，由近向远的航行，有扩散之象。

2. 卦辞：当人心涣散时，君王要涣发人心，使他们来归，首先要能沟通。君王借宗庙，即以祖先祭祀，或宗教信仰来使人心涣发。这个时候，利于过河涉险来做此大行动，因此利于坚守贞固。本卦辞是以九五为主爻，为诚德。

3. 初六：本爻位不当，与六四不应。就位和应的关系来看，本爻都很弱，又在坎险之初，就像淹水之人，必须抓住一段树干以救命，本爻所抓的是九二之阳，"马壮"即是指九二之阳为马。

4. 九二：本爻位不当，与九五不应。本爻位与应的关系也不好，但它是阳爻，它与九五虽不应，但以诚相待，所以悔亡。因不应，不能往，"机"是似茶几可靠手臂之用。如《庄子·齐物论》"隐机而坐"，这是指本爻的阳实。所以本爻说的是不能往，回到自己的位上，待机而发。

5. 六三：本爻位不当，与上九应。位不当，所以涣散及于他的身体，因相应，所以无悔。然而爻辞为何"涣其躬"反而"无悔"？因"涣其躬"可作正面解释，即摆脱自我，不以私心为重。

6. 六四：本爻位当，与初六不应。本爻在六三之上，六三在坎险之上，本爻如与六三相连，则易成私党，所以爻辞"涣其群"即打散结党之私。"元"是本于原来的始善之心。"有丘"的"丘"即高处，对六四来说即九五。也就是说在涣散时，心中有君、有国。"夷"，在丰卦九四出现过"夷主"两字，在该卦是指的初九，此处的"夷"也是指的初六。本爻和初六是一对，但不相应，所以在本爻上不要只想到初六自己的家人眷属，这和前文的"丘"指君、指国正好相对。

7. 九五：本爻位当，与九二不应。因位当，而处九五中正之位，阳爻有诚。"汗"是诚于中，而形于外。"涣"是涣发，因涣发而汗出，这是感动之汗。"大号"，因九五为人君，乃号令之所发，"大号"乃指有关全国人民的号令，不是作战的号令。"王居"指这种号令乃君王的权责，不能为别人所用，才能无咎。

8. 上九：本爻位不当，与六三相应。本爻本为阴之位，血是阴爻之象，现在是阳爻，所以"血去"。"逖"是远的意思，也即远远离去，所以无咎。

三、处变学

（一）自修

1. 初六：本爻在坎险之始，自修上，就是讲如何避免陷于坎险，爻辞上强调的是"马壮"。"马"本是指九二阳爻，因九二在地上，马是地上最健行的动物。本爻因本身软弱，须以九二之马以自健。就自修来说，本爻要改正自己的缺点，努力充实自己，日益其知、日新其德。而且还需要良友的帮助，如孔子说的益者三友，即"友直，友谅，友多闻"，这里的"直""谅""多闻"正是九二爻的特性。

2. 九二：本爻应该是"马"，却说是"机"。"马"是行进的，因本爻与九五不应，没有建议前往，相反的还必须回到自己的位上，所以说"奔其机"。"机"是不动的、平稳的、可依靠的，所以本爻的自修在"知止"、在心平，在可为别人所依靠。九二虽在坎险之中，但却是二阴之间的唯一阳爻，所以这一爻上的爻辞都是正面的，因为唯有靠他才能脱险，如初六的"用拯马壮"，他是使我们脱险的坐骑。

（二）应变

1. 六三：本爻在内卦之上，常以自我为骄，又在坎险之上，所以这个险来自自我意识之过重。"涣"有两义：一是涣散，是负面的，所谓人心涣散，此处可指打散私心；另一义是涣发，是正面的，所谓精神焕发，此处可指精神上扬。所以在本爻上的应变在于转化，转化自私的我为精神上扬的我，与六四相合，以助九五之君。

2. 六四：本爻的应变，首先要打掉自己的私心。他的私心有两个方面：一是偏私于自己的家人和亲戚，如初六；一是靠近他的朋友同党，如六三。他消除这两方面的私心的方法，不是完全弃他们于不顾，而是能转化他们，这个转化的力量就是一个"元"字。"元"是始之善，也就是从初六开始就有的。家庭的亲情不能舍弃，否则便是六亲不认、无情无义，他是从初六开始，就发展这个善向大处走，因为"元"也是大。这个大就是"有丘"，也就是不结党成私，不是只顾个人家庭的群，相反的，成为群策群力的群，为大我而努力。

3. 上九：本爻上的"血"是病根，涣散了血就是消除病根。这在占卜之辞上，非常清楚而简单，但在应变上，不能只是出血而已。上九与六三相应，他应返于六三并和六三相合，而上通于六四。在上九的应变上有一个转化的作用，就是由涣散而涣发，涣散是散去病根的"血"，上九的病根就是上九阳的自骄及自以为是，就像污血积成了病根，所以他必须和下面的六三相合，以吸收六三的谦柔。"逖"又作惕，因谦柔而有警惕之心，才不致有过高之咎患。

（三）自处

九五是处变者自处之位，本爻的自处，综合本爻爻辞、卦辞与九二爻辞，约有以下三义：

1. 亨：卦辞首出"亨"字，重在沟通，接着便说"王假有庙"，"亨"的本义是宗教的祭礼，是向天沟通，"王假有庙"，即《系辞传》所谓"神道设教"，即以宗庙或神道使涣散的人心借信仰以凝聚，再使他们的精神焕发，向上提升。

2. 诚：卦辞的"贞"，因以九五为主爻，是阳刚、是诚德，而九五的"涣汗"是诚于中而发于外，是一种精神感动的状况。

这种诚的感人，借"大号"发散于人民，以激发涣散的人心向上凝聚。

3. 平直：和九五对应的九二，同为本卦主要的一爻，九五是由上而下，九二是由下而上。在九二爻上的这个"机"字，象征了地的平直，这正是人心能向上涣发的基础。在人心涣散时，一位领导者不能一开始即以很高的理想去激发他们，应先注意到他们的生活与他们的需要，使他们能有一个平稳正直的立足地，然后才能进一步向上提升。所以，在下面的这个"机"的基础不能忽视。

䷻ 节 六十

节。亨。苦节，不可贞。

初九：不出户庭，无咎。

九二：不出门庭，凶。

六三：不节若，则嗟若。无咎。

六四：安节，亨。

九五：甘节，吉，往有尚。

上六：苦节，贞，凶。悔亡。

一、语译

节。要能沟通，苦味的节制，不可以为贞固之道。

初九：不走出庭院，没有过患。

九二：不走出门庭，有凶象。

六三：不能如此节制，也会有如此的嗟叹，这样就会没有过患。

六四：安于节制，能亨通。

九五：甘甜的节制，有吉。前往则受到崇尚。

上六：苦味的节制，持以为贞固，有凶象。悔事会消失。

二、解义

1. 本卦名"节","节"是竹子的节头，是支撑全竹直立的关键，以此而喻人的节操，此处作节制讲，为修养功夫。本卦由内兑外坎两卦重叠而成，其象有以下各义：

（1）坎在上，为水；兑在下，为泽。泽中有水，有储水的功能，所以说节制。

（2）坎在外，为险；兑在内，为悦。面临外面的危险，内心仍能保持他的安静，这是节制的另一深意。

2. 卦辞：节制首重沟通了解，知道何时须节，如何能节。"苦节"，是取象竹子的根是竹笋，竹笋老了便有苦味，不好吃，以此喻节制得太苦，不能以此为正道。

3. 初九：本爻位当，与六四相应。照占卜说，位当而应，又是阳爻，本可往，可是本卦说节，所以在开始时，有点节制，不出庭户，也可免于咎患。

4. 九二：本爻位不当，与九五不应。因位与应皆不好，所以有凶。但本爻在地上，前有二阴软弱，所以应该走出去，否则就会陷于二阴之下，久了便会苦。

5. 六三：本爻位不当，与上六不应。位不当，所以要节；不应，所以有嗟叹。"无咎"是因为嗟叹，而能知错。

6. 六四：本爻位当，与初九相应。因位当，所以能安于其位；因相应，所以能亨通。

7. 九五：本爻位当，与九二不应。因当位，九五中正，所以有甘、有吉。与九二虽不应，但同为阳爻，如以诚相待，则可往。

"有尚"的"尚"是指诚之德。

8. 上六：本爻位当，与六三不应。因不应，所以有"苦"味，但位当，则须守阴柔的贞道。节到了尽头，有凶象。但"苦节"用之于自修，也可以使悔事不生。

三、处变学

（一）自修

1. 初九：本爻在节制之初，就自修来说，最基本的是潜修，本爻为阳，是诚德，"闲邪存其诚"。因此在修诚时，不必向外去把捉，而应致内在的诚明。老子说："不出户知天下，不窥牖见天道。其出弥远，其知弥少。是以圣人不行而知，不见而名，不为而成。"（四十七章）正可作本爻的注脚。

2. 九二：本爻爻辞和前一爻正好相反，要我们走出门庭。这是因为本爻已在地上，已开了门，甚至已走出了门，没有再走回去的道理。本卦的"节"是对行为的节制，因此必须走出去，遇到了事情，要应付，才有行为，才知道如何节制。所以在本爻上的自修，就是走出自己的小天地，要接受挑战，才能磨砺德性。正如《大学》篇说："如切如磋者，道学也。如琢如磨者，自修也。"

（二）应变

1. 六三：本爻在内卦兑之上，面临外卦的坎险，"兑"为口，祸从口出，所以先要节制自己的言谈。《系辞传》说："子曰：'乱之所生也，则言语以为阶。君不密，则失臣；臣不密，则失身；机事不密，则害成。是以君子慎密而不出也。'"（上传八章）虽然这段话是用在对初九"不出户庭"的解释，其实用在这一爻上更为适合。因为本爻是兑卦之上，是口，而且正好由内向外，要走出去，所以最需要节制口说言谈。"则嗟若"，只是对前面"不节若"的一种强调、一种补正。如果发现言谈错失，能知嗟叹以改正，此后不再犯，这也是一种节制，也许能免于咎患；如果这种错失造成很大的危机，恐怕事后再如何嗟叹，也挽救不了。这种嗟叹最好用在发言之前，也可以免除大患。所以本爻在应变上，就是两个字"慎言"。孔子曾说："多闻阙疑，慎言其余，则寡尤；多见阙殆，慎行其余，则寡悔。"（《论语·为政》）这也可作为本爻"节"的应变之道。

2. 六四：本爻在大臣之位，虽在外卦坎阴之始，但以位正的阴柔，与九五之阳的君王有很好的比应。再加上内卦是兑悦，所以爻辞上出现了一个"安"字。"安"是安于其位。本爻为阴爻，以谦德为主，所以此处之安，即安于谦柔。就应变上来说，本爻与初九相应，吸取初九的阳刚之气，来充实自己。本身虽为阴爻，但不虚弱，而内有所充实，所以有安。他吸取了初九的阳刚诚德，和下面的六三相处，这样六三的阴暗就不致使他陷落。同时也以他的谦柔辅助九五的阳刚，使九五感觉到他的安和，而不致有疑虑。

3. 上六：本爻已到"节"卦的极处，是指节制得太过，过了头反有苦味。照理说节制是一种道德行为，道德是利己利人的，应该彼此各得其利，是快乐的，何来有"苦"？就中文的"道德"

两字，最早来自《老子》一书，《老子》又称《道德经》，司马谈《论六家要旨》称为"道德家"。在《老子》一书中，"道"和"德"本是分开的，"道"是天道，是无为自然的，"德"是人的修为，最高的上德，也是无为自然的，只有下德才是有为，变成了一种节的行为。今天"道德"两字连言，失去了道的无为意义，而变成外在的道德行为，有强制性与勉强性，于是苦味就产生了。今天很多人一听到"道德"，好像就要他们牺牲、贡献，甚至为别人服务，如果心有所不安，自然就以之为苦。其实这一点苦味，真正有深度体验的人反不以为苦，这就好比很多蔬菜的原味都有点苦味，很多人却甘之如饴。我们常说严于律己，宽以待人，严于律己的节制，自然有苦味，这都是道德的原味；至于对待别人，如果以太高的道德标准加诸于人，就未免太过了，使人却步，而远离于你。庄子在《天下》篇描写墨子那种救世的道德行为，对自己生活的节制，赞美为"虽枯槁不舍，才士也夫"，可是要求别人都如此，则"离于天下，其去王也远矣"。也就是说拿"苦节"去要求别人，恐怕就行不通了。所以本爻的"贞"字有二义：如果对自己的"苦节"，可持之以为贞；但以"苦节"为正道，而要求别人也如此，这样反而破坏了节的可行性了。

（三）自处

九五是处变者的自处之位。本爻的自处，综合本爻爻辞、卦辞和九二爻辞，约有以下三义：

1. 亨：卦辞首先揭出"亨"字，可见沟通在节制上的重要性。节制是指德行的节制和修养，而"亨"是对天的沟通和对万事万物的沟通。那么很清楚，在我们对行为有所节制时，在上，应与天道相通，认识天命，也就是要认清自己天赋的责任。接着对环境的沟通，在不同的时、地、人和物上都有不同的节制，这样才能做到最适当的节制。《中庸》说："喜怒哀乐之未发，谓之中；发而皆中节，谓之和。"所以这个"节"是中节、是中和，这是需要"亨"才能达到的。

2. 苦与甘：卦辞说"苦节"，而本爻爻辞说"甘节"，此处我们把"苦节"和"甘节"连言。不仅"苦"与"甘"有相关性，而且在节制上，无论是自处或应变，对于苦和甘之间，也是大有关系的。对此我们应有三点认识：一是先要认清苦甘之辨。什么是苦？什么是甘？苦甘之不同不在外，而在乎心的感受。第二是以苦为甘。如果苦和甘是心的感受，那么如果我们在心里不以为苦，苦就变为甘。最好的例子就是禅宗六祖慧能说的"烦恼即菩提"。第三是转苦为甘，前面第二点是心理上的认识，这一点乃是功夫。这种功夫不只是个人以苦为甘，而且还能用之于人、用之于世，帮助别人把苦转化为甘。禅宗所谓"生死即涅槃""天堂就在目前"，儒家的经典从来不说生命是苦，相反地说人生就是乐园，关键就在于我们能否有转化的功夫。

3. 有尚：本爻爻辞说"往有尚"，简单地说是指鼓励我们可以前往。其实这个"尚"字，是指他的心中有所尚，有更高的标准、更大的理想，所以在生活上的许多节制，无论是苦是甘，根本不予计较，这样才能节制而不感觉是在节制，以达到无入而不自得的境界。

䷼ 中孚　六十一

扫一扫，
进入课程

中孚。豚鱼，吉。利涉大川。利、贞。

初九：虞，吉。有它不燕。

九二：鸣鹤在阴，其子和之。我有好爵，吾与尔靡之。

六三：得敌，或鼓，或罢，或泣，或歌。

六四：月几望，马匹亡，无咎。

九五：有孚，挛如，无咎。

上九：翰音，登于天，贞，凶。

一、语译

中孚。如豚，如鱼，有吉。利于跋涉大川，利于坚守贞固。

初九：有所考虑，则吉。有其他心念，就会有不安。

九二：鹤在树荫下叫，它的小鸟唱和。我有好酒，与你共同享用。

六三：遇到了敌人，或鼓而战，或罢而息，或哭而泣，或乐而歌。

六四：月还未圆满，马匹丧失了，没有过患。

九五：有诚信如拳的握紧，没有过患。

上九：公鸡报晓声，希望上达于天，坚守贞固，有凶象。

二、解义

1. 本卦名"中孚"，"孚"是诚信，是指心内有诚信。本卦由内兑外巽两卦重叠而成，其象有以下各义：

（1）巽在上，为风；兑在下，为泽。风吹泽面，二气交感而相通，所以有诚信相感之象。

（2）巽在外，为顺；兑在内，为悦。悦于内，而顺于外，诚于中，而感于外，所以有中孚，内心真诚之象。

2. 卦辞：中孚为内心的诚信。首说"豚鱼"有两义：豚为猪，猪与鱼常被认为愚笨无感，现在中孚能感动豚鱼，可见感动之力；又"豚鱼"为古代祭祀之名，代表祭祀的诚信，诚能感动万物，使金石为开。所以即使涉大川之险，也需以诚存心。"利贞"之"贞"，即指以诚为贞固之道。

3. 初九：本爻位当，与六四相应。本爻在中孚之初，当位，所谓"思不出其位"，"虞"就是思虞，在他的位置上"素其位"而思，则奠下了诚的基础。"有它"即有他念、有欲念，不能专一，则心有二想，当然就不安了。本爻虽与六四相应，但以住在本位为重，不要往有所求。

4. 九二：本爻位不当，与九五不应。虽位不当，但是阳爻，九五又是阳刚中正。本卦讲诚信，自然可以阳刚之诚相感召。"鹤"是阳性之鸟，修道者都爱以闲云野鹤自比清高。此处之"阴"是

《易经》卦爻辞中唯一用到的一次，但不属于阴阳的阴，而是树荫的荫。本爻以阳居阴位，所以用荫的阴暗也有其暗示性。这里的"子"，就九二来说，应是初九，两者皆阳，为诚，所以能以诚和之。"爵"是酒杯，"靡"是消的意思，也即我有酒与你共同干杯的意思。

5. 六三：本爻位不当，与上九相应。本爻位不当，乘二阳，易犯骄病，所以不易信人，而易树敌。"敌"是指怀疑六四为敌人，因六四阻住了他通达九五和上九之路。"鼓"，是击鼓而攻；"罢"，是声嘶而疲；"泣"，是沉痛而泣；"歌"，是自以为胜利而歌。这些都是情绪的作用。"诚"在《中庸》是天之道，在宋明理学家是理。但我们心中之诚毕竟与情意有关联，情的至，也就是达到真情的境界，就是诚。所以本爻都以情绪为言，以情绪来表达真诚的重要。

6. 六四：本爻位当，与初九相应。因位当，与九五之阳刚正好相当，是一位谦柔的大臣。"月几望"是月的尚未圆，即是保持它的阴柔谦让，而不致冲突了九五的阳刚。"马匹亡"，"马"是代表阳刚，以本爻和初九之应，初九即是"马"，初九既然"有它"念而不来，本爻就可专心向上输诚。本爻不说"吉"，而说"无咎"，也就是诚惶诚恐、小心翼翼，只求无过错，不求有大功。

7. 九五：本爻位当，与九二不相应。本爻位当，而九五中正，乃本卦中孚的主导。所以说他"有孚"。"挛如"是指拳的握紧，这有两义：一是指他的不放松，所谓心的拳拳服膺，即守诚不移；二是指使其他各爻的来归，以手把他们拉过来，不放松，即是以诚感人，使人信服。因九五与九二不应，不免有遗憾，此为咎。

但九五与九二同为阳，可以诚相通，所以能无咎。

8. 上九：本爻位不当，与六三相应。因位不当，而又发展到本卦的至极，再加以乘坐在九五君王之上，以至于过分夸大自己的真诚，反而不诚。本爻爻辞正是此一负面的描写。"翰音"是公鸡报晓的声音，公鸡不能飞翔，只能在地上行走，所以它的声音只及于有限的距离。如果说它的声音能达于天，这是夸大其词，我们常说声闻过实，就是此病。如果以此为贞固之道，便会有凶险了。

三、处变学

（一）自修

1. 初九：本爻在卦之始，位当，而为阳爻，当然重诚。为什么爻辞首重一个"虞"字？"虞"是思虑。为什么思虑是中孚诚的基础？因为"诚"不是率尔可得的。《大学》说："知止而后有定，定而后能静，静而后能安，安而后能虑，虑而后能得。"这说明了思虑对于修心的重要。又《大学》接着说："物格而知至，知至而后意诚。"把"意诚"放在"物格""知至"之后，也可见思虑是诚的前提。这个思虑是考虑周详，而且是专一的，所以接着说"有它不燕"，"燕"是安的意思，心不安定，意就不能诚了。《中庸》说："诚者，择善而固执之者也"，"固执"就是专一无他。所以本爻上的自修就是思虑周详而专一。

2. 九二：本爻上有二阴阻挡，所以和九五相应，路途遥远。

还不如与就近的初九相和。九二与九五、初九都不是阴阳的相应，他们都属于阳爻，所以必须以诚心相待，自能相和。本爻处兑卦之中爻，他和巽风的中爻九五，也能以诚相通，所以本爻虽与初九相和，并非只停在那里饮酒作乐，在他接合了初九之后，两爻的阳气渐壮，然后再往上行。诚于中，是必须形于外，唯有形于外，才能感人化物，达到至诚能化的境界。

（二）应变

1. 六三：本爻在兑卦之极，以一阴坐二阳之上，有阴气偏盛的骄态。再加以面临外卦之六四，以阴暗遮眼，且巽风吹荡不定，所以本爻容易视人为敌。接着的"鼓""罢""泣""歌"都是对情绪的描写，这种心态，庄子在《齐物论》中说得最传神！"其寐也魂交，其觉也形开，与接为构，日以心斗。"这是说无论做梦或梦醒，都与万物相接，使自己的心永远处在斗争状态中。接着庄子又说："喜怒哀乐，虑叹变慹，姚佚启态。乐出虚，蒸成菌。"这种种的情绪心态，都像空谷产生的声音，蒸汽造成的幻象，都是空虚不实的。可见爻辞上的描写，全是负面的。那么在应变上，我们就应逆转过来，要转虚为实。六三是阴爻、是虚，它必须结合下面自愿而来的两阳爻，以充实自己。再向六四推进。使六四能接受它转化来的二阳，使二阳和二阴调和，使谦中有诚、诚中有谦。

2. 六四：六四与六三不一样，没有情绪化的表现，而是非常冷静的，也是正面的。"月几望"是写他的不求盈、不求满，"马匹亡"是写他的和光回尘，不自以为强。在本爻上的应变，他一面要应付由六三转进而来的二阳之气，一面又要赢得九五之君的信赖。他和初九相应，本可以结合初九的阳刚之气，但他却为了虚心之诚，要"马匹亡"，马是指初九，即不以和初九之私而影响了九五的信任，也就是放下了个人的利益以国为重。

3. 上九：本爻爻辞的描写也是负面的，是指声名的过实。孟子曾说"不虞之誉，有求全之毁"（《孟子·离娄上》），这句话有两义：一是意外而来的赞誉，如果你占为己有，自以为得，而且别人也以为你有能力得此名誉，并以此来要求你，结果你反而做不到，因此毁了你；另一是对于这种赞誉，你高兴地接受，以没有为有，反而成了欺世盗名。所以在本爻上应变，首先不要贪求名望，沾沾自喜以为有得。他与六三相应，须吸收六三的阴柔，尽量低调以处。六三是兑卦之悦，也就是他须向心中去求和悦。

（三）自处

九五是处变者自处之位。本卦中孚是讲诚，而本爻爻辞也只有一个"孚"字，也是讲诚，所以本爻的自处，就在一个"诚"字。这个"孚"或"诚"前面我们一再用到，叙述了很多，此处只就中孚一卦的内容来分析"诚"的各义。

1. 感物：即使最没有敏感度的豚鱼，也能被感化。

2. 能虑：即思虑周详，不偏激、不伤人。

3. 无私：心胸坦然，无私念。

4. 相和：和者能与人共享同乐。

5. 化情：不受情绪操纵，能求中和。

6. 知止：不贪过盈，不求过满，知止常乐。

7. 平实：不求虚名，以平实为尚。

䷽ 小过　六十二

扫一扫，
进入课程

小过。亨，利，贞。可小事，不可大事。飞鸟遗之音，不宜上，宜下。大，吉。

初六：飞鸟以凶。

六二：过其祖，遇其妣，不及其君，遇其臣。无咎。

九三：弗过，防之。从或戕之，凶。

九四：无咎。弗过，遇之。往，厉，必戒。勿用，永贞。

六五：密云不雨，自我西郊。公弋取彼在穴。

上六：弗遇，过之。飞鸟离之，凶。是谓灾眚。

一、语译

小过。要能沟通，有利，坚守贞固。可作小事，不可为大事。飞鸟遗下的声音，不宜在上，宜在下。能大，则有吉。

初六：飞鸟之飞，有凶。

六二：错过了父祖，遇到了母妣。看不到君主，遇到了臣子，没有过患。

九三：不能错过，要有所提防。跟着来的或许是伤害。有凶。

九四：没有过患。不要错过，要能相遇。前往，有危险，必须以为戒。不要求用，要永远坚守贞固。

六五：云很密，尚未成雨，是因来自我所居的西方。公侯用箭射向穴洞的猎物。

上六：不能相遇，是错过了。飞鸟为网所抓，有凶。还是灾害，是心之过。

二、解义

1. 本卦名"小过"，"过"是过了度，"小过"是指小小的过了度。"过"也指过错，但"小过"是因小小的过度而造成的过错。本卦由内艮外震两卦重叠而成，其象有以下各义：

（1）震在上，为雷；艮在下，为山。雷如果击在地上，响声大，而有害。现在雷在山上，响声缓，而不致伤人，所以说小过。

（2）震在外，为动；艮在内，为止。外在的动有过，内心要止其动，使小其过，所以说小过。

2. 卦辞：在小过时，要能沟通了解，以免造成大过。本卦主爻在六五，"贞"是指六五的阴柔，守谦德才能处于小过而有利。小过可以在小事上，如赴会早到了一点，买鞋宽了一点，虽有过，但未至大错，可是在大事上，如整军治国，却不能有一点点小过。本卦当中两爻为实体，上下各二爻像翅翼，如鸟的展翅飞翔，所以用飞鸟为譬。当飞鸟高飞时，它发的声音，却是往下沉的，所以不能上，只能向下。"大，吉"的"大"字照本书解例，仍然指它的能大，虽然小过，但目标和理想还是大的，才有吉。

3. 初六：本爻位不当，与九四相应。本爻在艮止之初，为全卦之始，又值位不当，应该驻足不前，所以本不该飞，现在却野心太大，要飞，未免太过，所以有凶。

4. 六二：本爻位当，与六五不应。"祖"是阳，指九二与九三，本爻飞过了九二和九三，和六五相遇，因六五是阴爻，所以说"妣"。因不应，所以不能遇阳刚之君，于是只得遇其臣。此"臣"可指九四的大臣，但也可指六二回到自己之位，谨守臣道。本不应，有咎，现在勉强有遇，也可无咎。

5. 九三：本爻位当，与上六相应。本爻位当，在艮止之上，所以说"弗过"。因在内卦之上，面对外卦震动之变，要小心应付，所以说"防之"，即多所提防。"从或戕之"，"从"是跟随，"戕"是伤害，即不能防之，伤害便会跟随而来。

6. 九四：本爻位不当，与初六相应。因相应于内，所以不做有咎之事，心中无愧。此是由于九四为阳刚之诚。九四大臣，与六五之君相辅，不能强阳太过，所以说"弗过"。以诚信遇之，所以说"遇之"。"往，厉"是告诫在自己的位置上谨守本分，不必刻意求进，否则便遭六五之忌，有危险，这是必须深以为戒之事。所以"勿用"，即不要用刚、不要用强，而要"永贞"，即永远保持诚信之道。

7. 六五：本爻位不当，与六二不应。因位不当，而为阴爻，所以有阴暗之密云。因不应，所以尚未遇阳而雨。"自我西郊"的"我"即作者自称，似为文王，"西郊"，文王所居之西部地区。"公"指王公，"弋"是系了绳子而射鸟，射中之后，再把它拉回来。因为下卦为艮山，"穴"即山中的空穴。鸟已高飞，为何射向空穴？虽然这是"小过"，错过了时机，这是因为不应。但君主求贤，仍然不断地访求贤士于岩谷之中。

8. 上六：本爻位当，与九三相应。上六虽位当，但处本卦之极，如再向上发展，便无所遇，这是因为太过了。飞鸟必须飞翔之后，又能回到自己的洞穴鸟巢，但也有投入猎人罗网的危险。"离"就是被网罗之意，当然有凶。这是因为外在之罗网是"灾"，自己的执意而迷失是"眚"。

三、处变学

（一）自修

1. 初六：本爻说凶，问题出在一个"飞"字，不该飞而飞，这是过，不该高飞而高飞，这是大过。在自修上，这个"飞"之过，就是好高骛远，不能按部就班。本卦说小过，只是说小有过度，人情不免，并非鼓励小过，所以爻辞上一再出现"弗过"。而且这样的小过应立刻改过，以便"遇之""防之"。尤其在自修上，对"德"来说更不能轻易有过。如孔子在《系辞传》说："小人以小善为无益而弗为也，以小恶为无伤而弗去也，故恶积而不可掩，罪大而不可解。"（下传五章）又孔子在《论语·学而》说："学而时习之，不亦说乎？"这个"习"就是小鸟的学飞，要不断地练习。本爻在本卦之始，还是学步的阶段，又如何能高飞？所以本爻的自修，就在切实地做到不要有小过，如有小过则立刻修正。

2. 六二：本爻在地上，即指的是行动上，而本爻又在艮卦的中爻，所以是在知止的重要地位。爻辞只是就占卜的爻位来说，但总其意，就是一有超过，立刻回头而遇之。也就是说一有过错，立刻要能修正，即孔子说的"过则勿惮改"（《论语·学而》）。所以在本爻上的自修，要能知过，要能知改。

（二）应变

1.九三：本爻在内卦之上，面临外卦震动之始的九四，两者皆阳刚，容易冲动冒进，所以爻辞上点出了一个"防之"。本爻在艮止之上，应该是坚守"防"的任务。可是他又是阳刚，在内卦之上，易于骄矜，所以它自己的力道太强，有所欠缺，必须有外援内应。外援即他与上六相应，可承接上六的阴柔。内应是指他下面又有二阴，他可以吸收二阴的柔力。这三面的阴柔中和了它的强势，使刚中有柔，再向九四推进，就可以补九四阳刚独盛之病。这个"防之"，就是防自己之过度冲动，要多听各方面的劝阻的意见。

2.九四：本爻是大臣之位，下对内卦九三之阳，又面临上面阴柔之君，他的应变首重"无咎"两字，就是先要使自己不犯错，清廉自守，不容挑剔。此处"无咎"不是判语，而是要做到"无咎"。接着，因为他在震动之初，容易冲动，所以一再要以"弗过"为念。"弗过"就是做任何事情，不要超过自己职责的范围。"遇之"就是做好自己分内的工作，做得恰恰好，无过与不及。"往，厉"就是不要求进，不要求有功与有成，因为一有此念，便易于急进。接着"勿用"两字，含意甚多，如勿用私心，勿用私党，勿用计谋，勿用刚强，勿用才智。对于"勿用才智"一点，须加以说明。在本爻上的大臣，他本应有为，用他的才能把工作做完善，但他不可自以为有才智而相信他的才智，这即是老子一再告诫的"挫锐""解纷""和光""同尘"，要"能蔽不新成"（十五章）。所以本爻爻辞首重"无咎"两字。总括了"弗过""往，厉""勿用"之义，最后还要"永贞"，即永远地保持内心的真诚，才可以免于咎患。大臣所做的是大事，在大事上要真正做到不小过，实在是不容易的。

3. 上六：本爻在本卦的最高处，又是震动之顶，却是阴爻，由于震动得太轻率，而失去了稳固性，因而"弗遇"，就是无所遇，这是因为小过变成了大过。爻辞上出现的结论是"灾眚"，"灾"是外在的，"眚"是内在的。事实上真正错误的形成，还是由于"眚"，即内心的毛病。一句话就是好高而不能低，知上而不肯下。所以应变之道，就是能低、肯下。在本爻和九三有应来看，在本爻上，必须返于九三。九三是内卦，又是艮止，也就是返于内心中去求安定，要能知止。就飞鸟来说，它知道归巢，知道栖息，知道再蓄养它的精力。就应变来说，就是戒上六之好高与轻率，而转入九三，为平实、为稳重，然后再向上发展。

（三）自处

六五是处变者自处之位，本爻上的自处，综合了本爻爻辞、卦辞和六二爻辞，约有以下各义：

1. 亨：卦辞首说"亨"，即沟通了解。在处理任何事情时，要想不犯小过，便必须对事本身要有彻底的了解，对事所触及的各种关系有深度的沟通，一开始便应以无过为标准。

2. 贞：卦辞上的"贞"，是以本卦主爻六五为对象的，六五是阴爻，以德来说是谦，也就是处理任何事情，即使是小事、不足挂齿的，也应以谦德来对待。譬如赴会，想到我若迟到别人便要等我，浪费了他们很多时间，这是以谦心来尊重别人；有骄心之人，往往以别人的等待自己，来凸显自己的重要。此处"贞"的谦德，就是在这样的小事上也能以谦让尊重别人。

3. 宜小宜下：一位领导者应该注意小事，重视在下的基础。很多人在大事上也许考虑周到，可是在小事上轻忽，结果"几成而败之"。很多人把理想放得很高，往往忽视了下面的基础。所以宜小宜下，就是在小处、低处也不能有小过，差之毫厘便会谬之千里。老子说："合抱之木，生于毫末；九层之台，起于累土；千里之行，始于足下。为者败之，执者失之。是以圣人无为故无败，无执故无失。民之从事，常于几成而败之，慎终如始，则无败事。"（六十四章）无为并非不做，而是为之于小、为之于下。

4. 知过：六二爻辞"不及其君，遇其臣"，颇耐人寻味。很多人追求一个很高的理想，当理想达不到时，便受挫而绝望，于是没有信心而丧志。本爻告诉我们虽然错"过"了，还是有所"遇"，也就是最高的目标达不到，还有其次的目标，应把握这个次要的机会，稳定脚跟，再图奋进。所以这个"知遇"非常重要，就像从山坡上掉下，应尽量抓住到手的任何一根树枝，才有活命的希望。

5. 求才：六五本身软弱，"密云不雨"是指上面没有好机会，但他需向下求贤，也就是说预先储备人才，以等不时之需。

既济　六十三

既济。亨，小。利，贞。初吉，终乱。

初九：曳其轮，濡其尾。无咎。

六二：妇丧其茀，勿逐。七日得。

九三：高宗伐鬼方，三年克之。小人勿用。

六四：繻有衣袽，终日戒。

九五：东邻杀牛，不如西邻之禴祭，实受其福。

上六：濡其首。厉。

一、语译

既济。要能沟通，小事。有利，坚守贞固。开始时有吉，持此以终则会乱。

初九：拖住船轮，濡湿了尾巴，没有过患。

六二：妇人失落了首饰，不要追寻，七日后有得。

九三：殷高宗攻伐鬼方，三年才能克服，小人不要用。

六四：船漏湿，有衣絮可补洞，整天须有戒心。

九五：东边邻居杀牛祭祀，不如西边邻居，用简单的食物献祭，反而实受降福。

上六：濡湿了头面，有危险。

二、解义

1. 本卦名"既济"，"济"是渡河，"既济"是已经渡过了河，即已经完成了所做的事。本爻由内离外坎两卦重叠而成，其象有以下各义：

（1）坎在上，为水；离在下，为火。水向下流，火往上行，两气交流，所以说成事。

（2）坎在外，为暗；离在内，为明。内在的光明照破外在的黑暗，所以说能成事。

2. 卦辞：上下两气交流，需要沟通，所以要"亨"。本卦既济之事，为某一件事情，所以是"小"。能成事，则有利。要成事，则必须把握"贞"。本卦之主爻在六二，为阴、为谦，所以需要用谦德。因为事成，所以有吉。但事成之后又有变化，如果执小成以为有成，反而妨碍了以后的发展，所以戒之以"乱"。

3. 初九：本爻位当，与六四相应。本卦以渡河为象，所以用轮船为喻。此船为大船，在逆水行舟时，必须有人在岸上帮助拖着船上行。本爻又以狐的渡河为喻，"濡其尾"，狐尾在水中沾湿，即行进较缓。以喻船之舵在水中，不仅控制方向，也能节制速度，以策安全。所以为了安全，而说"无咎"。

4. 六二：本爻位当，与九五相应。六二在离火之中，是光明的主导，但夹于二阳之间，以一阴乘初九之阳，有点不胜负荷，所以有"丧茀"之象，"茀"是贵妇车上遮蔽的饰物，不是必需品，所以不必追寻。"七日"，指七天为期，就易的占卜来说，是由既济到了未济卦。总之是指假以时日，自然又会有所得，因本爻位当而应，所以有所得。

5.九三：本爻位当，与上六相应。"高宗"为殷朝的帝王武丁之号。"鬼方"，是当时的西戎，在今贵州省。因鬼方常入侵，所以高宗征伐它，三年才成功，比喻时间之久。因位当，故伐，因相应，故能克之。本爻夹于二阴之间，所以有被小人所围之象，须持阳刚而勿用小人。

6.六四：本爻位当，与初九相应。六四在坎水之初，故喻船在水中。因一阴夹于二阳，阴过弱，有船漏水之虞。但幸好有准备，因位当而应，故能补漏。"繻"，程颐解为"繻当作濡"，也即船湿漏了。"袽"是破旧的衣絮，在船漏时，可以塞洞之用。所以本爻要防船漏，要整日警惕。

7.九五：本爻位当，与六二相应。因位当，而为九五中正之君。作者文王居西边，所以用西邻为喻。文王常至岐山祭祀，表示虽用简单之"禴"祭，但心诚则超过东边之商王，所以实受天的降福。

8.上六：本爻位当，与九三相应。因位当而相应，所以"既济"而成事。可是本爻在"既济"之极，成事之后，需要守成。守成则难，本爻为阴，守不住，所以有"濡其首"之象，也就是水沾满了脸面，视线不清，如成功后的庆功，以酒浇首，反而因骄而造成了以后的危险。

三、处变学

（一）自修

1. 初九：本爻在既济卦之初，应该往前走，"曳其轮"是拖着船走，"濡其尾"，也是调整方向往前行。总之，在本爻上的自修，就是以诚德来产生动力，如《中庸》所谓"至诚无息，不息则久，久则征，征则悠远"，所以健行不息。但须注意的是，"曳其轮""濡其尾"也有止的意思，就像开车一样，一边刹一边行，是指小心翼翼地行进。

2. 六二：本爻在地上，所以用车饰为喻。自修的重点在"勿逐"，也就是说在物质上，不要患得患失，即使有失，也能放得开，听其自然。在自修上的"勿逐"，不只是对失物的不逐，也是对欲望的不逐。因为我们在从事一件工作，希望其完成时，应该一心想着如何去做，如何才能完成，而不应考虑完成之后所得的利益或名誉，否则就会使我们的心不纯，意志就不能集中。内卦离火是光明，但离卦中虚，就是说明了无欲才能有光明之境。所以本爻的自修在"无欲"。

（二）应变

1. 九三：本爻在离火之上，为阳刚之质，易于骄矜，又介于两阴之间，外面又有坎水之险阻挡路，所以他的应变要充分运用阳刚之力。所以爻辞上用"高宗伐鬼方"的故事，来表示要用征伐的强势。如果用占卜上的爻位来解释，上六可代表"鬼方","三年"是指三阴爻，"小人"就指围住他的二阴爻。但在应变上，九三需通过九四的大臣，才能辅助九五，爻辞上的"小人勿用"，只是希望六四不是小人，否则晋见无门。所以九三要能依靠六四的大臣为君子，则所做的大事，必能通过坎水之险而有成。

2.六四：本爻为大臣，位当，但阴柔，夹于两阳之间，如何应付？必须有很高明的应变方法。在爻辞上出现的一个重点字就是"戒"，即戒慎恐惧。他一面要以他的阴柔以柔克刚，软化九三的阳刚，一面又要以他的谦逊，赢得九五阳刚之君的信任。他以一柔弱之质，何以能如此？幸亏他和初九有应，初九的阳刚正可充实六四本身缺阳之不足，所以他能外柔内刚，以应付困局。就像他面临可能的船漏危机时，早有衣袽准备好。他绝不用强势，绝不用力拼，而是谨慎小心，准备周全，使船只安渡彼岸。

3.上六：本爻在坎险之上，当然是险之又险，但却是在"既济"卦之终。"既济"卦表示事已成，应该庆祝与庆功，何来有"濡首"之"厉"？问题就出在这个"首"字。乾卦上九"亢龙有悔"，病在一个"亢"字，所以用九要"群龙无首，则吉。"在本卦的上六之阴上，应该谦柔，可是却以"首"突出，自然要用"濡"来浇其首了。爻辞是从负面来描写，但在应变上，却应逆转，从正面来着手。"濡其首"，负面的解释是脸面被水或酒遮住，而不知前途之忧，相反的，如果以水来沾湿脸面，也表示使自己清醒，使自己警惕，能认清某一事业的成功并不代表永远的成功，前面还有转折，还有挑战，还有新的变化。

（三）自处

九五是处变者自处之位。本爻自处，综合本爻爻辞、卦辞及六二爻辞，约有以下各义：

1. 亨：卦辞首揭"亨"字，是说"既济"卦最要在沟通。就爻象来看全卦各爻都在正位，而都相应。这说明要能成就一件事业，必须遵循正位，而各方都能通气而应，互相和谐。

2. 贞：卦辞接着强调"贞"字，这个"贞"字取象于六二的阴柔，是以谦德为主。六二之谦，不仅要调和上下的双阳，还要和九五相应。"满招损，谦受益"，所以谦是做任何事业的主德。

3. 无欲：六二的"勿逐"，就是表示无欲，"无欲则刚"，以无欲为刚才是真正的刚。九五阳刚中正，他的刚强须以"无欲"为基础，否则刚强便易于摧折。如老子说："坚强者死之徒，柔弱者生之徒。"（七十六章）

4. 至诚：本爻爻辞上的以禴祭献于天，就是以至诚动天，承天命，得天佑。一件事业的成功，人为的努力固然重要，但天的不可预测性，只有人的至诚才能打通。

䷿ 未济 六十四

扫一扫，
进入课程

未济。亨，小狐汔济，濡其尾，无攸利。

初六：濡其尾，吝。

九二：曳其轮，贞，吉。

六三：未济，征，凶。利涉大川。

九四：贞，吉，悔亡。震用，伐鬼方，三年有赏于大国。

六五：贞，吉。无悔。君子之光，有孚。吉。

上九：有孚于饮酒，无咎。濡其首，有孚失是。

一、语译

未济。要能沟通，小狐几乎渡到了岸，尾巴却被濡湿，没有所利。

初六：濡湿了尾巴，有吝羞。

九二：拉着船轮，坚守贞固，有吉。

六三：尚未渡过河，就征伐，有凶。利于跋涉大川。

九四：坚守贞固，有吉。悔事消失，震动可用，征伐鬼方，三年才有赏于大国。

六五：坚守贞固，有吉，没有悔事。是君子的光辉，有诚信，得吉。

上九：有诚信于饮酒庆祝，没有过咎。濡湿了脸面，有诚信却失去了。

二、解义

1.本卦名"未济"，是说尚未能渡过河，引申为没有完成、没有完满，也就是无限的。本卦由内坎外离两卦重叠而成，其象有以下各义：

（1）离在上，为火；坎在下，为水。火向上，水向下，两气不交流，所以有未济之象。

（2）火向上，水向下，各自有自己的路，宇宙万物都各有其位，各有其发展，所以未济，也是无穷的意思。

2.卦辞：未济是不局限于一事，也是无限的意思，但仍然必须沟通，使每物不致互相伤害。未济就像小狐快到岸边时，突然把尾巴沉入水中，以致不能到岸，所以是无所利的。

3.初六：本爻位不当，与九四相应。因位不当，而在坎险之初，尾巴沉在水中，不能前行，所以有羞愧之态。

4.九二：本爻位不当，与六五相应。因位不当，且在水之中，就像船轮被拖着走，但与九五相应，所以可行。如能坚守贞固的诚德，则有与六五柔弱相和之吉。

5.六三：本爻位不当，与上九相应。因位不当，且以一阴夹于两阳之间，所以有未济之象。只能在原位上保守他的谦，如果贸然而往，则有凶象。因在坎水之上，可以涉险，这是因有上九的相应。

6. 九四：本爻位不当，与初六相应。本爻为大臣之位，以诚信召六五君主之信。位不当，本有悔，因有初六之相应，得内助，故无悔。本爻在外卦离火之初，又为阳爻，所以可动，如征伐鬼方等西戎，三年之久，也会有成。"得赏于大国"，即得君王的赏赐。

7. 六五：本爻位不当，与九二相应。本爻位虽不当，但有九四之辅弼，有九二之效力，只要把握他的谦德，必能和二阳相合，所以有吉。虽位不当，夹于二阳，本有悔，但以谦德自处，则无悔。领导者所展露的，乃是君子有德的光辉，可以使群众信服，而有吉。

8. 上九：本爻位不当，与六三相应。因与六三相应，六三在坎水之上，故有饮酒之象。本爻以诚信和六三相应，必然无咎。但如果濡湿了脸面，饮酒作乐过分，反而失去了诚信，便有失德了。

三、处变学

（一）自修

1. 初六：本爻在未济之始，未济既然是尚未完成，所以必须前行，而且与九四相应，也可以前行。但"濡其尾"，表示不想前行，所以有吝。在自修上来说，本爻应该修养谦德。谦好像退，却是为了进，只是要小心。因为坎水毕竟有险，小狐如能"濡其尾"，就像船的舵，在水中虽减低速度，但却是把紧了方向，反而增加了安全性。

2. 九二：本爻在坎水之中，"未济"是尚未渡到彼岸，因此也必须上进。"曳其轮"，就像船在逆水中难进，很多人在岸上拖着船往前走。本爻与六五有应，所以前途看好，他的自修，就是修九二的诚德，虽在二阴之间，但他的诚可以感化二阴，共同合力而上行。在坎水中，本爻是阳爻，处中央之位，所以他必须发挥阳刚之力，以承担同舟共济的重任。

（二）应变

1. 六三：本爻在内坎之上，处危险之地，又夹于二阳之间，所以不能轻率而动，不能勉强而行去与人争斗。在自修上，因本爻为阴爻，当以谦德为修养的重心。六三的谦柔，是他一面提升九二，以九二之阳充实自己，一面又以谦打开九四大臣之心，得到大臣的接纳。在本卦中除了卦名之外，只有六三有"未济"两字，这是提醒应变者，在这一爻上要知道自己的处境。"未济"是尚未完成渡河，因此不能志得意满，也不能中途而废。所以在本爻上的应变，就是在大川上渡河，要谨慎小心，也要勇往直前，所谓"日日新，又日新"。

2. 九四：本爻夹于二阴之间，刚渡了坎水，到了离火光明之始。前途虽看好，但仍须继续努力。一个"贞"字点明了他必须把握诚明之道，一面感化六三，使其来归，一面召六五之君的信任，能发展他的抱负。"震用"是说他的可动，为什么用一个"震"

字？因为处于二阴之间，所以他的动须用力震动。"伐鬼方"，只是比喻，表示他要有征伐之心，去克服许多困难，"三年"之久也就是需要有耐心、有坚持。本爻与初六有应，从好的方面来说，是没有内在的问题，也就是没有国内的内乱，可以专心向外发展；另外一种看法是，本爻不必用太多的心思去照顾初六，即自我与家人等，而能一心为上，所以最后说"有赏于大国"，也暗指为国争光，能得君王的赏赐。

3. 上九：本爻在一卦之极，多半代表事已完成，是既济，可是本爻又是未济的最上一爻，更表示最后还是未济，那么该如何在未济上看未济？就前面既济的意义来说，本爻的"濡其首，有孚失是"和前面既济卦的最上爻上六的"濡其首，厉"是同样的。所不同的是"有孚于饮酒，无咎"是对未济的无限发展来说的。这是以饮酒表示"孚信"，正如中孚卦九二的"我有好爵，吾与尔靡之"，即在本爻上，还有不少的路程要走。本爻与六三有应，六三深明"未济"之义，勇于涉大川，所以能和上九同志同心，而走向无限的未济。六三在坎水之上，本爻又在离火之上，水火相合则"既济"，水火各在宇宙间，分工合作，完成自己分内之事，则对于全宇宙的无限发展，也有它们伟大的贡献。

（三）自处

六五是处变者的自处之位，本爻上的自处，综合本爻爻辞、卦辞和九二爻辞，约有以下各义：

1. 亨：卦辞首重一个"亨"字，"未济"并不是和"既济"对应之辞，也不是在"既济"之前的"未济"。"未济"乃是在"既济"之后的无限开放的空间，并没有一个短程的标准定在那里让我们去完成，而是不断的努力，不断的开放。所以这个"亨"字，是我们沟通天人，了解自己前途的无限。这个"亨"的重要，重要在用之于无限的"未济"之中。

2. 阳的贞诚：九二爻辞的"贞"是以阳爻来说的贞道，即诚德。六五和九二相应，他夹于二阳之间，本身为阴，有点单薄、柔弱，所以他吸收九二之阳刚，以充实自己的诚德，以感化上下两阳。

3. 阴的贞谦：本爻是阴爻，他的"贞"乃是柔软，乃是谦德。因为他能谦，如坤卦之能"含弘光大"，也就是含二阳之弘，而转化为自己之大，这是他的谦德的功夫。

4. 孚信：本爻爻辞上说"有孚"，"有孚"是诚信，本爻为阴，他的诚信从哪儿来的？试看本爻"有孚"前面所接的是"君子之光"。"君子"所指，近为九四，远为九二。"光"即"含弘光大"的"光"。他能以谦柔含弘二阳之刚毅，而为"光"，使他的诚信可以渡坎水之险，而创造离的光明之境。这是在"未济"的无限发展中，所显示出的随时随地的光明。

最后值得我们特别注意的是，《易经》的作者把"未济"卦安排在六十四卦的最后一卦，它的意义不只在占卜上，而是有更深长的哲学意义，我们加以分析，约有以下九义：

1. 在"既济"之后的意义。如果"未济"在"既济"之前，则表示"未济"还有所缺陷，未能完成，直到"既济"才算渡了河，到达了彼岸，才算功德圆满。那么"未济"就变成了"既济"的铺路者，做的是准备工作，而且具有负面的意义。现在"未济"

在"既济"之后，可见"未济"不受"既济"所限，它的意义远超过"既济"。

2. 与乾坤两卦同为形而上。乾卦各爻皆阳，坤卦各爻皆阴，这是在一个理想的境界上说的，因为在现象界，任何事物都有阴有阳，只是阴阳的比例或多或少而已。虽然在占卜上，乾坤都可用各爻的关系来论现实的事物，但乾坤作为纯阳、纯阴本身却是超现象的。同样，未济卦在占卜上仍然可以就各爻关系来讨论现实生活的事例，但就未济的无限意义来说，仍属理境，不见于现实世界，姑称之为形而上学。

3. 水火不通气。既济卦是坎上离下，坎水下流，离火上升，二气交感而事成。未济卦正好相反，离上坎下，离火上升，坎水下流，两气不相交，所以就占卜来说，未济是负面的现象。可是火的上升，是永远的，水的下流，也是永远的。在宇宙中，水火各自运行，并不需要相交，它们的相交，可以成就一事，可是不相交，却各自有它们的作用，有它们的永恒性。

4. 位不当而相应：就未济卦的各爻关系来说，每一爻的位都不当，而各爻却是相应的。就位不当来说，在占卜上，是负面的，可是在未济的宇宙意义上来说，未济本来就不局限在一卦中，为爻位所限，因为在宇宙中，每一处都是适当的位置，而没有固定的阴阳位置可言。至于说相应，是指任何的相遇，都能相应，都能相和。譬如以离火坎水来说，在卦爻中或现象界，离火向上，坎水向下，可是就整个宇宙来说，它是圆的，就无所谓定位，无所谓向上与向下了，只要它们相遇，必能相应而和。这就是未济卦之所以位不当，而各爻却可以相应的意思。

5. 无思无为的本体。《系辞传》说："易，无思也，无为也。寂然不动，感而遂通天下之故。"（上传十章）这是说"易"的本体是无思无为、寂然不动的，到了现象界，到了卦爻中，则有阴阳的感应了。如果未济，是指既济之后的无限开放的空间，即在卦象之外的宇宙空间，那么这也是宋儒所谓未画一爻之前的气象。这是易的本体，是无思无为的境界。

6. 至诚的不息。在卦爻辞上的"孚"，我们都解为诚或诚信，都是就阳爻的诚德来说，这是和阴爻的谦德，同为一种生活行为的德。但在未济的宇宙意义上来说却是至诚。如《中庸》说："诚者，天之道"，又说："至诚无息，不息则久，久则徵，徵则悠远，悠远则博厚，博厚则高明。博厚所以载物也，高明所以覆物也，悠久所以成物也。博厚配地，高明配天，悠久无疆。如此者，不见而章，不动而变，无为而成。"这正说出了在未济中的至诚不息的真义。事实上，未济就是至诚，至诚即是未济。

7. 天地之道的无限义。在乾卦中，我们讲天道，在坤卦中，我们讲地道。虽然天地之道，是就乾坤来讲的，但乾坤虽为两卦，却不限于现象界的天地，而是有它们在形而上学的意义。也就是说，由未济的无限开放，而在未济中的天地也是无限开放的。

8. 不拘于一事。除了乾、坤和未济卦之外，其他六十一卦都是就某一事来说的，也就是限于一事，来告诉我们应变的方法。但未济卦却不限于一个特殊的事物，而是具有普遍性的。《易经》最后说未济，就是要我们把心胸打开、心量放宽，不拘限于一事一物。

9. 不执着于功成。在卦爻辞中的判断语，都是些"吉""凶"

"悔""吝""无咎"等字，都是教我们如何去做，才能做得恰当、合宜，很少是讲做某一件事而成功的，甚至还要我们"无成"的。很多人占卜是为了成功，其实易理是不强调成功的，未济一卦就是说明天下之事，无所谓能否成功。因为某一事之成功，只是一面的、局部的，成功之后，还有更大的变化在后面，有时候，此处的成功，甚至埋下以后失败的种子。"未济"卦就是要我们打开心胸，不执着一事的成功为成功，因为在无限的宇宙中，无所谓成功失败。如果斤斤计较于一时的得失，最多只能做到一事的"既济"而已。庄子说的"道隐于小成"，就是要我们不限于"小成"，而迈向无限的大道。

易经处变学 索引